Reprint Publishing

FÜR MENSCHEN, DIE AUF ORIGINALE STEHEN.

www.reprintpublishing.com

F. Ballard,

Die Wunder des Unglaubens.

Autorisierte Übersetzung aus dem Englischen und mit Zusätzen versehen

von

Eduard König,
Dr. phil. u. theol., ordentlichem Professor an der Universität Bonn.

Zweites Tausend.

Groß Lichterfelde-Berlin
Verlag von Edwin Runge.

Alle Rechte vorbehalten.

Vorwort.

Als im Spätsommer des Jahres 1900 bei T. & T. Clark in Edinburgh das Buch „The Miracles of Unbelief" erschien, hegte ich sofort den Wunsch, es in deutscher Gestalt erscheinen lassen zu dürfen. Aber Hindernisse mancherlei Art bewirkten es, dass dieser Gedanke erst jetzt, nachdem das Original schon vor längerer Zeit eine vierte Auflage erlebt hat, zur Ausführung gekommen ist.

Über die Art der Verdeutschung des Werkes brauche ich nur soviel zu bemerken, dass die kürzeren oder längeren Ausführungen, die ich hinzufügen zu müssen meinte, zwischen eckige Klammern gesetzt worden sind, und dass ich auch die englischen Quellen des Verfassers mit angeführt habe, weil das Buch auch in seinem deutschen Gewande nicht den Anspruch verlieren sollte, dass es auf fleissigem Studium der einschlägigen Literatur beruhe.

Von seinem sachlichen Werte möge das vorliegende Buch selbst Zeugnis ablegen! Ich füge nur den Wunsch hinzu, dass es mir gelungen sein möge, die beredte Zunge und den herzandringenden Ton, die in dem Original zu spüren sind, auch in dem deutschen Werke zur vollen

Geltung gebracht zu haben. Einen Vorzug aber hat das deutsche Werk gewiss vor dem Original voraus: es führt uns das höchste geistige Ringen der Gegenwart wie auf einer fremden Bühne vor. Alle Erörterungen sind so, dass sie unter uns wie in jeder kulturell hochstehenden Nation gesprochen sein könnten; aber das Beklemmende, das es wenigstens für mein Gefühl immer hat, wenn gegen namentlich bezeichnete Vertreter einer andern Anschauung polemisiert werden muss, ist beim Lesen dieses Buches gemildert. Der Leser des deutschen Buches ist gleichsam Zuhörer bei einer fremden Disputation, und doch wird sein Interesse in jedem Moment durch eine ernste Stimme aufgerüttelt, die ihm zuruft: auch deine — höchste — Angelegenheit ist es, die da verhandelt wird.

Bonn, den 8. März 1903.

Eduard König.

Einleitung.

In seinem berühmten Werke über „Analogie" bemerkt Bischof Butler, zu der Zeit, wo er schrieb, habe es schon „für ausgemacht gegolten, dass das Christentum nicht sowohl ein Gegenstand der Untersuchung sei, sondern sich längst als eine Fiktion entpuppt habe". Deshalb habe man zu seiner Zeit nur noch dies leisten zu müssen gemeint, dass man „das Christentum als einen Hauptgegenstand des Gelächters hinstelle, wie wenn man sich dafür rächen müsse, dass es so lange die Vergnügungen der Welt unterbrochen habe". Während des anderthalb Jahrhunderts, das seit jener Zeit vergangen ist, hat die geistige Bewegung, auf die Butler sich bezieht, nach mancher Richtung hin an Stärke und Kühnheit noch zugenommen. Sie erreichte ihren Gipfelpunkt in der schamlosen Veröffentlichung eines „Komischen Lebens Jesu" mit entsprechenden Abbildungen, die ein hervorragender Beurteiler, der selbst keineswegs ein Bibelgläubiger war (Professor Goldwin Smith in der „Contemporary Review"), zutreffend als „ein widerliches Missgebilde, nicht sowohl eine Schmach für Christus, als für die Menschheit" charakterisiert hat. Und wenn er hinzufügte: „Jenes Buch ist der gellende Aufschrei eines hintergangenen Teufels", so giebt es nur zu viel Grund, dieses Urteil für richtig zu halten, wie alle wissen, die mit der betreffenden Litteratur vertraut sind.

Aber es wäre ein offenbarer Irrtum, wenn man meinen wollte, dass der moderne Unglaube in der cynischen Zotenreisserei christentumsfeindlicher Wut seine eigentliche Ausgestaltung besitze. Wenn er in solcher Atmosphäre erwächst, kann er gar nicht richtig beurteilt werden. Jedenfalls verdienen Angriffe auf den christlichen Glauben, wenn sie aus solcher Sphäre sich erheben, nur ein mitleidiges Ignorieren. Aber diese Art von Gegensatz gegen das Christentum ist gewiss im Aussterben begriffen. Sogar unter den Weltmenschen, welche in der Regel die entschiedenste und am wenigsten gebildete Klasse der modernen Ungläubigen ausmachen, giebt es grosse Scharen von nachdenkenden und ernstgesinnten Personen, die weit davon entfernt sind, an den wütenden Äusserungen einiger ihrer Wortführer Gefallen zu finden.

Fasst man deshalb einen weiteren Gesichtskreis ins Auge und vergleicht die von Bischof Butler entworfene Charakteristik der zu seiner Zeit herrschenden Christentumsfeindschaft mit der gegenwärtigen Haltung der Gesellschaft gegen die christlichen Wahrheiten: so kann es nicht fehlen, dass wir deutliche Züge der Verschiedenheit wahrnehmen. Die grosse Veränderung, die inbetreff der Bildung sich im Lande vollzogen hat, hat im Verein mit dem ungeheuren Einfluss der evangelischen Erweckung, die von Wesley und Whitefield angeregt wurde, in wirksamer Weise den Charakter und die Ausdehnung des modernen Unglaubens beeinflusst. Gerade das neuerliche Wiederaufleben des Rationalismus und das Streben des heutigen skeptischen Denkens, in litterarischen und wissenschaftlichen Kanälen zu fliessen, geben jener grossen evangelischen Erweckung das Zeugnis, ihre Mission insoweit erfüllt zu haben, als sie die Gegnerschaft der That zu einer solchen der Theorie und die Angriffe auf den christlichen

Charakter zu einer Kritik des christlichen Glaubens zu gestalten wusste.

Es kann kaum zu stark betont werden, dass das vorige Jahrhundert im ganzen entschieden mehr für den christlichen Glauben, als gegen ihn gethan hat. Der Fortschritt der allgemeinen Bildung, der die Zahl der kleinen Philosophen und der schnellfertigen Zweifler vermehrt hat, hat zugleich mehr, als irgend ein anderer Faktor der Weltgeschichte, dazu beigetragen, die Vorstellungsweise der Menschen zu klären und ihre Urteilsweise zu berichtigen. Weite Scharen sind so zu würdigeren Beurteilern der Prinzipien des Neuen Testamentes geworden.

Ferner hat gerade die Energie der „destruktiven" Bibelkritik, die durch solche Namen, wie Strauss, Baur, Renan u. a., vertreten wurde, ihre Rückwirkung auf die Partei ausgeübt, die sie pflegte: die „Tübinger" Schule existiert nicht mehr. Auch ist es nicht zu viel behauptet, wenn man sagt, dass spätere Angriffe auf die Authentie oder sogar auf die Wahrheit der Evangelien mehr, als alle früheren Bemühungen der Christen, dazu beigetragen haben, die Einsicht zu begründen, dass es überhaupt gar nicht möglich ist, den Evangelien ihre Vertrauenswürdigkeit zu rauben. Sie sind aus dem „Feuerofen" der Kritik im wesentlichen unversehrt hervorgegangen und besitzen nun noch dazu die Geschichte ihrer Unschuldsprobe als eine Urkunde ihrer Bewährung für künftige Generationen.

Es wäre verfrüht, schon jetzt die Ergebnisse der „höheren Kritik" zu würdigen, die sich in der Gegenwart mit den litterarischen Problemen des Alten Testaments beschäftigt. Aber wir wissen jetzt genug von ihr, um mit Ruhe behaupten zu können, dass sie mit ihren wesentlichen und allem Anschein nach unwegdeutbaren Beobachtungen nur einer gewissen — auf allgemeinen Voraussetzungen aufgebauten — Inspirationstheorie den Todesstoss versetzen wird, für die das Christentum ebenso wenig verantwortlich war, wie die Optik für Newton's Theorie von der Bewegung des Lichts. In der That besteht vielmehr — trotz des wohlgemeinten und doch beklagenswerten Vorurteils mancher vortrefflichen Kirchenmänner — die Hoffnung, dass die Kritik des Alten Testaments die im vorhergehenden Absatze besprochene Kritik des Neuen Testaments in der Erzielung ihres heilsamen Ergebnisses unterstützen wird: die Christenheit wird von einem Alpdruck — eben jener Inspirationstheorie — befreit werden, mit dem sie nie hätte belastet werden sollen, und, was die Hauptsache ist, sie wird endlich gegen die ganze Klasse von Angriffen geschützt sein, die in jener Inspirationstheorie sozusagen ihre Ausfallspforte besassen.

Ferner haben die immermehr sich anhäufenden faktischen Ergebnisse der wissenschaftlichen Forschung allerdings scheinbar nur dazu gedient, der aufsehenerregenden Ankündigung von John Mill, dass es nur eine natürliche Theologie geben könne, einen neuen Akzent zu verleihen. Aber sie haben doch eine noch lebhaftere Ahnung von einem endlosen Geheimnis des Guten erweckt, dessen klarere Enthüllung eine besänftigende und segnende Wirkung ausüben muss und die pessimistischen Mühsalsgedanken der Welt schliesslich verscheuchen wird.

Endlich ist sogar der „Agnostizismus" — die Theorie, dass das menschliche Wissen nicht über die menschliche Vorstellung hinausreicht — ein wertvoller Hinweis darauf, dass die geistige Bewegung der Gegenwart zum richtigen Ziele gelangen wird. Dieses unser Urteil über den gegenwärtig so sehr beliebten „Agnostizismus" beruht auf folgenden Erwägungen. Als das wahre Evangelium einst durch die mittelalterlichen Nebel eines verderbten und grausamen

Kirchentums verhüllt war, und als es damals weder Kenntnis noch Geschick gab, um unter jene Oberfläche der Natur hinabzudringen, auf der sie „um das einzelne Leben unbesorgt" zu sein schien, da gab es schwerlich Raum für eine mittlere Position. Nur eine scharfe Linie trennte furchtsame Sklaven des kirchlichen Aberglaubens von furchtlosen aber auch hoffnungslosen — am Siege ihrer Sache verzweifelnden — Freunden der Vernunft. In der Gegenwart aber ist der Aberglaube so weit zurückgeschlagen, dass Glaube und Vernunft, so oft sie in offener Fehde mit einander sich befinden, wenigstens Raum für einen Waffenstillstand besitzen. Sie können ihre Waffen in einer Zone niederlegen, in der ehrliche Neutralität zwischen entschiedenem Glauben und aktivem Unglauben waltet. Eine solche mittlere Position ist vom christlichen Standpunkt aus selbstverständlich angreifbar und ungenügend, aber sie stellt, von demselben Standpunkt aus betrachtet, doch eine weit hoffnungsreichere Situation dar, als die finstern Stätten hierarchischen Fetischdienstes, oder der schwarze Morast des grundsätzlichen Atheismus. Es ist ein wahrer Gewinn, dass wir von seiten unseres klarsten modernen Denkens das einmütige Zugeständnis besitzen, dass kirchlicher Fanatismus, purer Atheismus, mechanischer Fatalismus und verzweifelnder Pessimismus gleichmässig undenkbar sind und dem Herzen keine Befriedigung gewähren. Es ist ein Vorteil für die Sache des Christentums, wenn dieses es nur wenigstens mit solchen Menschen zu thun hat, denen ihr agnostisches Prinzip noch eine gewisse Reserve in religiösen Fragen auferlegt, zumal dieses Prinzip in dem Masse, als es ehrlich gemeint ist, mehr oder weniger Ehrfurcht und Vernunft in sich schliesst. Denn diese beiden sind stets mit dem Glauben nahe verwandt und bieten wenigstens den Boden dar, auf dem eines Tages „die Frucht des Geistes" emporsprossen kann.

Da die Verhältnisse so liegen, darf man wohl fragen, wie sich denn die so häufige Behauptung rechtfertigen lässt, dass der christliche Glaube in der Gegenwart mit — besonderen — „Schwierigkeiten" zu ringen habe. Denn von diesen hören wir überall. Nicht nur in abgebrauchten Redensarten, die von weltvergötternden Tribünen her erschallen, sondern auch in fliessenden oder gar plätschernden Artikeln der Tagespresse, in sarkastischen Abhandlungen der periodischen Zeitschriftenlitteratur und in der gewöhnlichen Unterhaltung der Werkstätten. Von überall her tönt es, dass persönlicher Glaube an die Wahrheiten des Christentums den Predigern, die aus der Verkündigung seiner Lehren nun einmal ihren Lebensberuf gemacht hätten, den Witwen und Kindern zu überlassen sei.

Wenn wir nun nach dem zureichenden Grunde aller dieser Äusserungen forschen, werden wir finden, dass die — fixe — Idee von den „Schwierigkeiten" des Christentums die einzige feste Vorstellung ist, die wir bei dieser Nachforschung entdecken können. Oder liegt der wahre Anlass jener Äusserungen etwa darin, dass der Gatte, der seine Frau allein in die Kirche gehen lässt, ein Weltmensch von bewusster Überzeugung wäre? Liegt der wahre Anlass jener Äusserungen ferner etwa darin, dass der Mann auf der Strasse sich selbst durch ernste Prüfung das Urteil gebildet hätte, dass die Evangelien Produkte des Betrugs seien? Hat etwa die Jugend, die Sonntags, um nur dem Gottesdienst zu entgehen, sich mit jedem primitiven Tummelplatz begnügt, sich irgendwelche bestimmte Gründe für ihre Abneigung zusammengestellt? Nein, in allen diesen und ähnlichen Erscheinungen tritt nur die Thatsache zu Tage, dass unsere ganze moderne Atmosphäre von Vermutungen über „Schwierigkeiten" hinsichtlich der grossen Grundthatsachen wimmelt, auf denen das Christentum beruht. „Wenn die Grundlagen zerstört sind, was soll dann der Gerechte thun?" lautet eine alte und bezeichnende Klage. Es möchte scheinen, dass die moderne Beantwortung dieser Frage so lauten müsse: die Grundlagen der christlichen Lehre sind so unsicher, dass wenigstens der Ungerechte auf keinen Fall etwas zu thun braucht, um sie zu reparieren und zu respektieren. „Schwierigkeiten" hinsichtlich der Inspiration der heiligen Schrift, „Schwierigkeiten" hinsichtlich der Beziehung von Gebet und Naturgesetz, „Schwierigkeiten" hinsichtlich der Wunder, „Schwierigkeiten" hinsichtlich der Menschwerdung und Auferstehung Christi, „Schwierigkeiten" hinsichtlich der Lehre von der Dreieinigkeit und Versöhnung und noch andere „Schwierigkeiten" haben heutzutage ganz die Stelle von Entscheidungsgründen eingenommen, so oft es sich darum handelt, Bestimmtheit des christlichen Charakters zu zeigen. Mit Kühnheit dann und wann vom Lehrstuhl herab von irgendeiner Autorität ausgesprochen, werden sie von wohlbekannten Tageblättern mit Gereiztheit wiederholt, finden sie bei gedankenlosen Lesern einen Widerhall und werden von Parteileuten sorgfältig gebucht. So sickern sie durch die auf einander folgenden Schichten der Gesellschaft hinab. Überall verbinden sie sich mit den endlosen Fragereien kindischer Geister, mit dem unfassbaren Aberglauben des Ignoranten und der immerbereiten Verschlagenheit antichristlicher Volksführer, bis schliesslich ein solcher Knäuel von Unglauben sich gebildet hat, wie selbst Bischof Butler sich ihn nicht vorgestellt hat.

Daher kommt es, dass dem Blick jedes aufrichtigen Beobachters, der das beginnende Jahrhundert vom christlichen Standpunkt aus ins Auge fasst, drei Gruppen von erschreckenden Thatsachen sich aufdrängen, und diese drei Gruppen sind folgende:

1. Rund um die Kirchen giebt es überall ausgedehnte Massen von Männern und Frauen, die „ausser Kontakt" mit den Weihungen und Einrichtungen des Christentums stehen.

2. Diese Massen werden zum grossen Teil weniger durch moralische Gleichgiltigkeit oder praktische Hindernisse oder gesellschaftliche Überlastung vom Besuch der christlichen Vereinigungen ferngehalten. Vielmehr geschieht dies durch Anlässe, die hinreichend die Denksphäre betreffen, um richtig als „Schwierigkeit" hinsichtlich der „rechtgläubigen" Lehre des Christentums charakterisiert zu werden. Dies ist besonders bei dem jüngeren Teil der besser gebildeten, mittleren Gesellschaftsklasse der Fall. Fast ebenso sehr trifft es bei einer beträchtlichen Zahl von Vertretern des Künstlerstandes zu, die ebenso wenig von einem entschiedenen Christentum wie von prinzipieller Irreligiosität wissen mögen.

3. Die unentschiedene und zurückhaltende Geistesart, die so in Bezug auf das Christentum zu Tage tritt, ist beim Eintritt des zwanzigsten Jahrhunderts nach allen Anzeichen eher im Zunehmen, als im Abnehmen begriffen. Sicherlich wird es nicht das Verdienst zahlreicher Schriftsteller unserer Zeit sein, wenn die „Schwierigkeiten", die nach der Zeitmeinung dem Christentum anhaften, nicht noch mehr hervortreten und einflussreich werden.

Dieser stille Rückgang der Kraft der christlichen Überzeugung, wie er in der Mehrheit unserer Zeitgenossen sich vollzieht, ist zugleich die deutlichste und die bedeutsamste unter den religionsgeschichtlichen Erscheinungen unserer Zeit.

I.
Das Verhalten der christlichen Kirche.

Eine der schärfsten und gewichtigsten von den Fragen, die Christus an die Menschen seiner Tage richtete, war diese: „Warum richtet ihr aber nicht an euch selber, was recht ist?" (Luk. 12, 57.) Die seit jenen Tagen vergangenen Jahrhunderte haben das Gewicht jener Frage für uns eher vermehrt, als vermindert. Es ist in der That eine doppelseitige Prüfung, welcher diese Frage ebenso die Bekenner, wie die Nichtbekenner Christi unterwirft. Auf den folgenden Blättern ist diese Prüfung hauptsächlich an den Gegnern des Christentums vollzogen worden. Jedoch scheint es zu allererst ganz ebenso nötig zu sein, ernsthaft die Tragweite ins Auge zu fassen, die jener Frage Christi für die Methoden der modernen christlichen Kirche zukommt.

Jene Frage Christi fand einen Widerhall in folgenden Worten des Apostels Petrus: „Heiliget Gott den Herrn in euren Herzen! Seid aber allezeit bereit zur Verantwortung jedermann, der Grund fordert der Hoffnung, die in euch ist, und zwar mit Sanftmütigkeit und Furcht, und habt ein gutes Gewissen, auf dass die, so von euch afterreden als von Übelthätern, zu Schanden werden, dass sie geschmähet haben euren guten Wandel in Christo!" (1. Petri 3, 15 f.).

Wenn nur jenes einzige Wort Christi und seines Apostels von denen befolgt worden wäre, die seit den Tagen der Apostel Christus als ihren Meister anerkennen wollten, so würde die Geschichte der Christenheit in Europa einen ganz anderen Anblick gewähren. Indes ist jenes Wort Christi und Petri doch höchstens teilweise beachtet worden. Die grossen Prinzipien, die in jenen beiden neutestamentlichen Aussagen so stark hervorgehoben werden, nämlich dass zuverlässige Gründe dem Glauben vorangehen sollen, dass ferner jede Darlegung der Gründe und Bekräftigungen des Glaubens mit der Sanftmütigkeit und Milde Christi vollzogen werden solle, dass endlich alles Bekennen des Glaubens durch die vom Neuen Testament beschriebenen Charakterzüge eines Christen bekräftigt werden müsse, — diese drei Prinzipien sind dem Bekenntnis nach von den heutigen Kirchen angenommen worden, aber in unzähligen Fällen tritt es sattsam zu Tage, dass diese Prinzipien „mehr durch Verleugnung als durch Befolgung geehrt werden."

Wir hören selbstverständlich viel von der „Verkündigung des Evangeliums", und die, welche mit evangelistischen „Missionen" bekannt sind, wissen, welcher häufige Gebrauch dabei von solchen Redewendungen, wie „Predigt Christi", „das einfache Evangelium", „Verkündigung der Wahrheit" etc. gemacht wird. Aber ohne auch nur im geringsten eine Herabsetzung dieser wohlgemeinten Ideale zu beabsichtigen, wollen wir doch einmal ehrlich fragen, was sind sie denn in Wirklichkeit? Sie bedeuten in Wirklichkeit öffentliche Behauptungen von Leuten, die dem Predigerstande angehören, von einer geschützten Kanzel aus. Da muss einem scharfen Beobachter doch sofort der direkte und unverkennbare Unterschied in die Augen springen, der zwischen dieser Methode und derjenigen Christi sowie seiner Apostel besteht. Es kann in der That sicher behauptet werden, dass weder er noch sie jemals „eine Evangelien-Predigt hielten", wie man sich heutzutage ausdrückt. Denn weder der Meister selbst noch seine ersten Zeugen kleideten sich in einen besonderen Anzug und trugen in einem Raum, wo niemand anders die Erlaubnis zum Sprechen besitzt, Ansprachen vor, welche voll von Behauptungen sind, die ohne eine Äusserung des Zweifels anerkannt werden sollen, und welche ebenso voll von Auffassungen sind, die kein Anwesender in Frage ziehen soll. Dies ist doch eine unparteiische und zutreffende Charakteristik fast des ganzen Vorgangs, den wir jetzt als „christliche Predigt" bezeichnen. Einige wenige Fälle, die im Hyde Park (zu London) und möglicherweise in unsern grossen Provinzialstädten vorkommen, wo solche Vorträge über das Christentum gehalten werden, die „Werk ausserhalb des Kirchen- und Stadt-Thores" genannt werden, sind als Ausnahmen zu betrachten. Aber sie sind freilich sehr wenige im Verhältnis zu der Masse der offiziellen christlichen Gottesdienste. Die Heilsarmee kommt bei diesen Ausnahmen nicht sehr in Betracht, denn ihre Botschaft besteht in lauter Behauptung und weder wünscht noch gestattet sie eine Erwiderung von seiten ihrer Zehntausende von Zuhörern.

Aber Christus und seine Apostel thaten immer beides. Er und sie lehrten in der That gleicherweise in Synagogen und im Tempel, wo alle Juden zusammenkamen, und dort war das Fragen der Gemeindeglieder über den gehörten Lehrvortrag nicht nur erlaubt, sondern sogar erwünscht (Apostelgesch. 13, 15. 43; 17, 1. 11 etc.). Ihre Methode konnte nicht besser beschrieben werden, als es in den oben zitierten Worten des Petrus (1. Petri 3, 15 f.) geschehen ist. Der Grundsatz, dass im christlichen Gottesdienst „alles ehrlich und ordentlich zugehen" (1 Kor. 14, 40) soll, bleibt dabei ausser Frage und unfraglich. Aber der ganze gesetzliche Schutz, den der Meister und seine Zeugen hatten, wurde von den beiden Mächten gespendet, die den Namen

„Aufrichtigkeit" und „Wahrheit" tragen. Heutzutage ist in „christlichen" Ländern der Verkündiger von Christi Wahrheit jedenfalls rund herum vom Gesetze eingehegt, welches allen Anwesenden Schweigen auferlegt. Die, welche dieses Verfahren für ungenügend halten, haben nur die einzige Erlaubnis, — wegzubleiben. Dies ist mindestens ein Grund, weshalb im „christlichen" England bei den Sonntagsgottesdiensten viermal mehr Gemeindeglieder abwesend, als anwesend, sind.

Aber diese jetzt übliche stereotype Art des öffentlichen christlichen Lehrvortrags beruht nicht nur auf einer Vernachlässigung des neutestamentlichen Vorbildes. Wir müssen auch noch die Frage aufwerfen: wie wirkt diese hergebrachte Predigtart auf die Prediger selbst? Dass sie auch Menschen sind, wird nicht bestritten werden. Ist es nun nicht im allerhöchsten Grade für die menschliche Natur möglich, dass sie unter solchen Umständen sich über sich selbst täuscht? Ist es nicht in gefährlicher Weise leicht, Argumente zu entfalten, wenn die Sicherheit garantiert ist, dass keine Entgegnung erfolgt? Und dürfen nicht thatsächlich Behauptungen auf der Kanzel gewagt werden, die, wenn sie wo anders vorgebracht würden, sofort einer strengen Diskussion unterworfen werden würden? So ist es zugegangen, dass das Wort „Kanzel-Logik" ein Ausdruck geworden ist, der zugleich das Übertreibende und das Unzutreffende bezeichnet.

Da war der furchtlose und offene Appell, den Paulus auf dem Areopag an vernünftige Menschen richtete (Apostelgesch. 17, 16—34), von ganz anderer Art. Seine bittersten Gegner konnten ihn nie der Unmännlichkeit anklagen. Wie viel schwerer seine Art des Verfahrens, als die bloss aus Behauptungen und Ankündigungen sich zusammensetzende Predigt ist, weiss jeder Missionar. Aber wenn noch heutigen Tags von allen christlichen Predigern, die auf Arbeitsfeldern draussen in der Ferne stehen, erwartet wird, dass sie sich zu dem Muster der Apostel erheben, warum thun dies nicht auch die, welche in der Heimat, umgeben von ihren ausserordentlichen Vorrechten, thätig sind?[1])

Folgende zwei Bemerkungen scheinen deshalb durchaus am Platze zu sein.

1. Wir wissen, dass die gewöhnlichen Leute Jesus „mit Freuden" hörten, und dass die Massen des gewöhnlichen Volkes in Kleinasien, die den Aposteln zuhörten, weit mehr ergriffen wurden, als die „Massen" von heute durch die christliche Predigt gerührt werden. Wenn also das gegenwärtige beklagenswerte Missverhältnis zwischen

---

[1]) Freilich kann der Einwand erhoben werden, dass in einem modernen Gebäude, das doch anerkanntermassen für christliche Zwecke errichtet ist, der Voraussetzung nach nur solche sich versammeln, die schon überzeugte Christen sind, und dass diese doch zum Zwecke der Gottesverehrung und nicht zum Zwecke der Diskussion zusammenkommen. Aber man braucht nur einen Augenblick lang nachzudenken, um zeigen zu können, dass dies weiter nichts heisst, als die Grundsätze des Neuen Testaments zu umgehen. Der „Gottesdienst", der nicht uneigennützig genug ist, um für andere zu sorgen, ist vergeblich, wie Jakobus sagt (1, 27; 2, 8 etc.). Die Christenheit, die sich damit begnügt, ihre eigenen Anhänger wie zu einem Kultus einer Elite behufs ihrer gegenseitigen Beglückwünschung zu versammeln, und die keine Rücksicht auf die Sünde und Sorge und Not der immermehr anwachsenden modernen menschlichen Umgebung nimmt, steht der Intention Christi und der Praxis seiner Apostel so äusserst fern, dass sie des Namens Christenheit ganz und gar unwürdig ist. Der „christliche Zweck" eines Kirchengebäudes besteht durchaus ebenso sehr darin, die Irreligiösen zu retten, wie darin, die Gläubigen zu erbauen.

unchristlichen und christlichen Menschen verbessert werden soll, wenn die weit ausgedehnten Kreise der Künstlerwelt in irgend einem greifbaren Sinne „für Christus gewonnen" werden sollen, so wird von den jetzigen Verteidigern seines Evangeliums sicherlich etwas mehr, als die ordnungsmässige Predigt, dargeboten werden müssen. Wenn die Menschen, die in den Durchschnittspensionaten ausgebildet worden sind, durch einen Appell ergriffen werden sollen, so muss Männlichkeit das Wesen dieses Appells und logisch begründete Wahrheit, nicht klerikale Annahme, die Grundlage dieses Appells sein. Ein solcher Appell aber kann schwerlich erlassen werden, so lange die christlichen Lehrer sich damit begnügen, sich hinter dem Schutz der Gesetze zu verschanzen, und einfach voraussetzen, dass alle, die von ihnen abweichen, entweder schwach oder schlecht sind.

Freilich ist es viel schwerer, die Zuhörer zu überzeugen, als sie anzuschuldigen. Es ist offenbar eine viel schwerere Aufgabe, in freundlicher Geduld klare Gründe für den Glauben an Christus und für die gehorsame Befolgung seiner Lehren zu entfalten, als Predigten zu halten, bei denen alle Behauptungen auf die Autorität des Predigers hin von allen Anwesenden als richtig hingenommen werden müssen. Aber es ist sattsam erwiesen, dass die leichtere Methode nicht genügend ist. Warum denn sonst haben wir in London allein etwa vier Millionen menschlicher Wesen, die in keiner Verbindung mit irgendeiner christlichen Kirche stehen? Warum ferner haben wir eine verhältnismässig gleiche Masse von Fernstehenden in allen andern grossen Städten durch das ganze Königreich hindurch?

Jedes Jahr, das vorübergeht, zeigt durch das stetige Anwachsen dieser Massen, dass der schwerere Weg der Darbietung des Christentums, auf dem wenigstens eine

Verbindung von ernster Ermahnung und offener Begründung erstrebt wird, eine ganz und gar notwendige Methode bei der Behandlung der Menschen des kommenden Zeitalters ist.

Also ohne irgendwelche evangelistische Anstrengung oder eine Missionsunternehmung oder den regelmässigen Sonntagsgottesdienst unterschätzen oder gar verachten und abschaffen zu wollen, müssen wir es doch bestimmt behaupten, dass eine immer steigende Notwendigkeit besteht, zu jenen Arten der Verkündigung des Evangeliums noch andere und zahlreiche Gelegenheiten hinzuzufügen, bei denen der Verkündiger des Christentums sich mit den Gedanken und Gefühlen der heutigen Männer und Frauen auseinandersetzen kann. Die Eindrücke, die durch die zufällige Lektüre eines oft schwachen Traktats hervorgerufen zu werden pflegen, gleichen für den modernen Menschen nicht die Mängel aus, die gemäss den obigen Andeutungen den gewöhnlichen christlichen Predigten anhaften. Ebenso wenig wird ein solcher Ausgleich dadurch geboten, dass man — Sankey's — religiöse Lieder an einer Strassenecke singen lässt und recht kräftige Mahnrufe hinzufügt. Jene Mängel mögen allerdings solchen Gemeindegliedern nicht auffallen, denen die bequemen Sitzplätze, der wohltönende Orgelklang, die erhabene sittliche Atmosphäre, die leichten und doch rührenden Annahmen des Kanzelredners ein vollkommenes Evangelium ausmachen. Aber das moderne Leben macht die Menschen immer härter und dabei zugleich schneidiger, immer schwerer zugänglich und dabei zugleich scharfsinniger, und wenn das wahre Evangelium des Christentums einst ohne ästhetische Hilfsmittel seine ersten Eroberungen in einer bitterlich ernsten Welt gemacht hat, so muss es sich nicht mit den früher angewendeten Mitteln begnügen, um sein jetzt besetztes Terrain zu behaupten oder seine Mission im zwanzigsten Jahrhundert zu vollenden.

2. Indes wir müssen noch einen Schritt weitergehen. Denn schwerlich kann es geleugnet werden, dass die Berücksichtigung, die Zweiflern und Ungläubigen von seiten der Prediger des Evangeliums im allgemeinen zu Teil wird, in ihrer Ignorierung besteht. Predigten über die Beweisgrundlagen des Christentums sind ebenso selten, wie sie gewöhnlichen Kirchgängern „unsympathisch" sind. Solche Reden werden als „polemisierend" und als „ungeistlich" oder ähnlich bezeichnet. Der Prediger, der gelegentlich solche Reden zu halten strebt, bekommt sicherlich die Censur, dass er „Zweifel auf die Kanzel bringt". Viel weniger wird er Dank dafür ernten, dass er den Namenchristen, welche durch die uns bekannten „Schwierigkeiten" dem Christentum halb entfremdet sind, einen Weg zur Rückkehr zu zeigen sucht. Im Vergleich mit ihm wird der „populäre" Prediger, der jeden fraglichen Lehrpunkt sorgfältigst umgeht, oder der Erweckungsprediger, der alles voraussetzt, was er nur immer wünscht, oder der Pietist, der alle Zweifel durch Rezitation religiöser Dichtungen niederschlägt, als korrekter Herold des Evangeliums gepriesen werden. Ja, man wird jüngeren Predigern den „guten Rat" geben, aus der Unbeliebtheit des „Polemikers" eine gute Lehre für ihre Carriere zu entnehmen.

Indes was ist die Folge eines solchen ausschliesslichen Festhaltens an veralteten Methoden? Kann nicht auch hier — obgleich in ganz anderem Sinne, als in der St. Paulskirche zu London — jener lateinische Ausspruch „Si monumentum quaeris, circumspice!" (Wenn du ein Denkmal suchst, so blick nur um dich!) angewendet werden? Ja, fürwahr, in England, das immer noch für das christlichste Land der Erde gilt, besitzen drei Viertel der Bevölkerung augenscheinlich nicht den Glauben an die Gottheit Christi und alles, was mit ihr zusammenhängt, besonders die erhabene fortdauernde Bedeutung seiner Mission an die Menschheit. Von diesen drei Vierteln können wir im besten Falle dies sagen: es sind keine ausgesprochenen Atheisten oder grundsätzlichen Weltmenschen. Man kann nicht entgegnen, dass sie ja nur gleichgiltig seien, denn was ist Gleichgiltigkeit anderes, als Unglaube? Sie ist doch eben ein Mangel an Überzeugtheit. Eine eben solche Gleichgiltigkeit macht sich ja oft in Bezug auf andere Dinge geltend, z. B. in Bezug auf die Ratsamkeit der Lebensversicherung, oder in Bezug auf die Pflicht, sich bei einer Wahl an ein Gelübde zu erinnern, oder sogar in Bezug auf den Wert der Erziehung. Welche Mittel wählen denn die Menschen, um solche geistige Schlaffheit richtig zu behandeln? Nun natürlich Ernst und Nachdruck in der Art von Einwirkung, die geeignet ist, eine entschiedene Überzeugung hervorzurufen. Wenn demnach das Christentum nicht noch weit mehr übervernünftig ist, als sogar Kidd uns glauben machen will, so muss eben dieselbe Methode von den Verteidigern des Christentums angewendet werden, welche Seelen zur vollen Entschiedenheit für Christus bringen möchten.

Leider wissen wir alle nur allzu gut, dass Zuhörerkreise, die sich gern zu Christo bekennen, es doch meist unterhaltend finden, sich an „tröstenden" Reden zu erfreuen, auf allgemeine Sentenzen zu horchen, die rhetorische Kunst des Redners zu bewundern, seine glänzenden Schlagwörter zu würdigen und die Musik seiner pathetischen Vergleichungen in sich nachtönen zu lassen. Jedenfalls finden sie daran viel mehr Gefallen, als wenn die Predigt ihnen zumutet, nüchtern über einen Thatbestand nachzudenken und selbstlose Folgerungen daraus zu ziehen. Eines der neuesten und tüchtigsten Bücher über das Christentum[1]) trägt folgenden Nebentitel: „Versuche zu Gunsten einer vernünftigen, befriedigenden und tröstlichen Religion". Das ist gut genug, so weit es reicht. Aber wie stimmt es mit dem Grundsatze überein, in welchem der Begründer der christlichen Religion selbst sagte: „Geben ist seliger, denn nehmen" (Apostelgesch. 20, 35)? Gewiss ist es richtig, dass wir zunächst selbst befriedigt und getröstet sein sollten. Aber was hat davon jener andere und weit grössere Menschenkreis, der sich von allen Kirchen fernhält? Ist Christus nicht auch für sie gestorben? Bedürfen sie seiner nicht um so mehr, gerade weil sie ihn nicht anerkennen? Ja, gewiss, es ist mehr christlich, an diese zu denken und für sie zu sorgen, als einfach sich selbst mit dem überquellenden Inhalt eines zweifelsfreien Glaubens zu sättigen. Keine Menschenliebe hat einen so thatsächlichen Grund und Sinn, als die, welche solche Menschen von ihrer Angst und Verzweifelung zu befreien strebt, wie sie in David Friedrich Strauss sich wie in einem Urbild darstellen. Denn in einem Atemzuge haucht er das schauerliche Gefühl der Verlassenheit aus, das einen Menschen befällt, der allen Glauben an Gott verloren hat, und mit dem nächsten Atemzuge ruft er aus: Doch welcher Gewinn ist es, sich zu einer Illusion flüchten zu dürfen?[2]) Dieses traurige Schicksal ist in unserm modernen Leben weit gewöhnlicher, als gemütliche Versammlungen sich selbst gestatten, es anzuerkennen. Es leben buchstäblich Tausende von Genossen jenes Schicksals um die heutigen

---

[1]) A. H. Crawfurd's „Christian Instincts and Modern Doubt".

[2]) D. F. Strauss, Der alte und der neue Glaube (9. Auflage), S. 252 (Gesammelte Werke, 6. Band).

Kirchen herum. Ihre Zahl ist ausserdem im stetigen Wachsen begriffen. Es giebt, wie man ruhig behaupten kann, keine Kirche in irgendeiner Stadt des Königreichs, die zu ihren Kirchgängern und Abendmahlsgästen nicht solche zählt, deren Glaube wie durch einen Meltau verderbt, deren Freude umwölkt und deren Charakter verkrüppelt ist? Und woher alle diese Wunden? Von offen anerkannten und sogar wie Leiden empfundenen „Schwierigkeiten".

Deshalb wäre es an der Zeit, dass wir weniger von „Fehlern der Beweisführung" hörten, die in Predigten vorgekommen sein sollen. Die übliche Geringschätzung der sogenannten „Polemik" und die beinahe zur Mode gewordene Verachtung der apologetisch verfahrenden Predigtweise ist ebenso ungerechtfertigt wie unwürdig. Die wirklichen Quellen dieser Geringschätzung und Verachtung sind, wie frei herausgesagt werden muss, Selbstzufriedenheit bei den Gemeinden und Saumseligkeit bei den Predigern. Aber um der stetig wachsenden Massen willen, die durch den niederdrückenden Einfluss des modernen Zweifels den christlichen Gottesdiensten ferngehalten werden, ist es hohe Zeit, dass wir zu den ersten Prinzipien zurückkehren und es uns jede Summe von Arbeit, Selbstverleugnung, Mühe und Geduld kosten lassen, um mit ehrlichen Zweiflern so zu verfahren, wie Jesus mit Thomas. Sie sind weder so gering an Zahl noch auch so unwürdig, wie es oft dargestellt wird. Ausserdem ist es ebenso sicher, wie die wirkliche Existenz der Kirchen, dass die blosse Ermahnung der Zweifler gar nichts bei ihnen ausrichtet, und wenn sich die Ermahnungen vollends mit verkappten Anspielungen darauf verbinden, dass die Zweifler nur infolge einer sittlichen Verderbtheit das ihnen Erzählte nicht anerkennen, dann wirken solche Ermahnungen auf die Zweifler, wie die Politik des Rehabeam (1. Kön. 12, 13—16) auf die Stämme Israels.

Wir plädieren hier nicht für das, was man öffentliche religiöse Diskussionen oder Debatten mit irreligiösen Geistern nennt. Denn im allgemeinen darf behauptet werden, dass dergleichen Veranstaltungen notwendig eher besorgniserregend, als fördernd für die christliche Sache sein müssen. Die geistige Aufregung, die hitzige Parteinahme, die erzwungene Eilfertigkeit der Darlegung, die Unsicherheiten und Zweideutigkeiten des Redens aus dem Stegreif, diese und andere Gründe machen diese Methode so wenig wünschenswert, dass sie nur unter besonderen Umständen angewendet werden sollte. Diese müssen an jedem Platze besonders beurteilt werden. Indes in jedem Falle liegen die unbedingt notwendigen Voraussetzungen eines solchen Unternehmens, wie es zuletzt berührt worden ist, in folgendem: vollkommene Selbstbeherrschung in Bezug auf Höflichkeit und Geduld muss sich mit ausreichenden Kenntnissen des Geistes und mit zuverlässigem Talent im Sprechen verknüpfen.

Das Halten von Vorträgen über die Begründung des Christentums unterliegt nicht diesen Bedenken. Doch muss auch in diesem Falle der Vortragende darauf vorbereitet sein, geduldig und rückhaltlos die Fragen zu beantworten, die nach Beendigung des Vortrags an ihn gestellt werden. So weit hier nun praktische Verhältnisse in unseren Gesichtskreis treten, muss es fast genügen, folgende Praxis zu empfehlen. Gut angekündigte Themata aus der Begründung des Christentums werden in bestimmten Zwischenräumen am Sonntag Abend in einem Vortrag behandelt, und allemal folgt eine freie Diskussion, wo jeder die vollkommene Freiheit haben muss, irgendwelche Behauptung des Vortrags in Zweifel zu ziehen oder irgendeine Schwierigkeit zur Debatte zu stellen.[1]) Denn der Sonntag Abend ist weitaus die beste, ja in Wirklichkeit die einzige verwendbare Zeit für einen solchen Zweck. Ausserdem ist es wahr, dass gewöhnliche Christengemeinden beinahe ebenso sehr der Belehrung über solche Gegenstände bedürfen, wie Zweifler, die sich vom Gottesdienst fern halten. Wollte man aber gegen dieses Verfahren den Einwand erheben, dass es eine „Neuerung" sei, so genügt es sicher, nur einfach darauf hinzuweisen, dass eben dieses Verfahren fast stets die Praxis der Apostel (Apostelgesch. 19, 8 f. etc.) und auch des Herrn selbst war (man vergleiche nur die Evangelien, besonders das vierte). Es kann doch nicht gefährlich sein, sich in solcher „apostolischen Nachfolge" („successio apostolica") zu befinden. Oder begeht man etwa gar ein Unrecht, wenn man des Meisters eigenem Beispiel folgt?

Ein solcher Vorschlag beansprucht selbstverständlich mehr Selbstlosigkeit auf seiten der christlichen Gläubigen und legt den Predigern mehr Arbeit auf, als der gewöhnliche „Gottesdienst". Aber was wäre ein Christentum wert, welches nicht dieses grössere Mass an Selbstlosigkeit und Arbeit ermöglichen würde? Auf jeden Fall kann man nicht anders, als folgendes Urteil zu fällen. Möchten auch die Unruhe und Selbstverleugnung, die mit dem neuen Verfahren verknüpft sind, noch so gross sein, irgend eine solche Anstrengung ist der einzige Weg, auf dem heutzu-

---

[1]) Dass dies ganz ausführbar ist, wird durch die eigene Erfahrung des Verfassers erwiesen. Denn diese Methode wird schon seit einigen Jahren in seiner Kirche durchaus mit gutem Erfolge angewendet. Die notwendige Voraussetzung ist nur diese, dass der Prediger den betreffenden Gegenstand des Vortrags richtig kennt und übrigens den Geist seines Meisters zeigt.

tage grosse Scharen von Fernstehenden für die Botschaft vom Christentum überhaupt erreichbar sind.

Denn es darf kein Ausweichen gegenüber der Thatsache geben, dass der erste Appell des Evangeliums Christi sich nicht an die Gefühle der Menschen, sondern an ihr Urteil wendet. Man darf diese Thatsache nicht verschweigen. Denn wie wir gesehen haben, ist es Christi eigene Frage: „Warum beurteilt ihr nicht schon an euch selbst, was recht ist?" (Luk. 12, 57). Der verstorbene Sir Andrew Clark befand sich deshalb im vollen Rechte, als er in seiner Erklärung der angeführten Frage Christi bemerkte: „Die Gründe, die einen Menschen bei seiner Annahme des christlichen Glaubens beeinflussen, liegen in zwei Richtungen: zuerst in seinem Kopfe, sodann in seinem Herzen" (A Physician's Testimony for Christ, p. 14). Die Anerkennung einer Thatsache muss stets den Gefühlen vorausgehen, die aus ihr entspringen. Wenn Rührung einen Wert besitzen soll, muss sie immer aus einem Urteil hervorfliessen. Durch urteilendes Erfassen, nicht durch — urteilsloses — Glauben, muss sich in Wirklichkeit die erste Überzeugung, obgleich nicht der abschliessende Beweis von der Vertrauenswürdigkeit des Evangeliums Christi bilden. Je eher dies freimütig von allen wahren Schülern Jesu anerkannt und bei der Begründung des Christentums praktisch angewendet wird, desto besser wird es sowohl für die sein, die innerhalb der Kirchen stehen, als auch für die, die sich jetzt von ihnen getrennt halten.

Indem man dies behauptet, setzt man aber keineswegs die Beweisführung herab, die aus der Erfahrung abgeleitet wird. Wenn die letztere nicht hinzukäme, würde alle Verteidigung des Christentums nur das Eintreten für eine Luftspiegelung sein. Indes muss man zugestehen, dass die auf Sittlichkeit und Erfahrung sich gründenden Charakterzüge der christlichen Religion in allen religiösen Körperschaften der Gegenwart mehr als genug Lobredner besitzen. Nach dieser Seite hin gerät die Reinheit und der Adel des christlichen Ideals nicht leicht in Gefahr, der schirmenden Verteidiger zu entbehren. Doch alles dies gleicht nur einem menschlichen Körper ohne Rückgrat, wenn ihm nicht diejenige logisch vorwärtsschreitende Beweisführung vorangeht, die nach Ausweis der Evangelien einen so grossen Teil von Christi eigenem Lebenswerk ausmachte. Es ist daran ja auch noch dies zu beobachten, dass das vierte Evangelium, obgleich es das einfachste, tiefste und am meisten auf die Erfahrung sich berufende ist, doch die grösste Summe von dem in sich schliesst, was so viele Christen in unsern Tagen unter dem Titel „Polemik" missachten.

Gedruckte Bücher über diese Gegenstände giebt es zwar in grosser Zahl, und ihr Wert an sich soll nicht herabgesetzt werden. Aber allen unsern modernen Bedürfnissen genügen sie ebenso wenig, wie die geschriebenen Quellen oder Handschriften unserer Evangelien einstmals ohne das lebendige Zeugnis der Apostel genügten. Schwerer nun, als ihr Werk, ist das des Verteidigers der christlichen Religion in der Gegenwart auch nicht. Aber in dem Grade, als er Vertrauen zu seiner hohen Aufgabe besitzt, sie mag ihn noch so viel Mühe und Geduld kosten, hat er ein Recht auf jenes Ziel hinzublicken, über das es sich so leicht singt, das aber aus so weit entlegener Ferne herüberwinkt: — die „Bekehrung der Welt".

So sind wir auf den Punkt aufmerksam geworden, wo wir die Beweisführung brauchen, die auf den folgenden Seiten entfaltet ist. Sie ist nicht ein Appell an das Herz, sondern eine Herausforderung an den Geist eines jeden, der sich zum Zweifeln veranlasst fühlt. Sie gipfelt, wie ohne Zweideutigkeit und Zögern ausgesprochen werden soll, in folgender Behauptung. Der erste schwere Vorwurf, den der christliche Glaube gegen alle Formen des modernen Unglaubens erhebt, besteht nicht darin, dass sie offenbare Beweise von sittlicher Verderbtheit sind, sondern dass sie unfraglich eine Geknicktheit der menschlichen Denkkraft darstellen. Die Behauptung des Glaubens geht dahin, dass der Unglaube nachweisbar unlogisch ist.

Nun dies schliesst zweifellos die ernsteste Anklage in sich, die gegen ein System des Denkens oder eine Richtung des Lebens erhoben werden kann. Der verstorbene Professor Jevons pflegte zu sagen, dass „wir nichts sind, wenn wir nicht logisch sind". Will sich jemand gegen die unwiderstehliche Energie der Vernunft auflehnen, die in einem solchen Geständnis zum Ausdruck kommt? Nein, wir wollen weiter nichts hinzufügen und brauchen auch weiter nichts hinzuzufügen, als dass wir dem treu anhängen wollen, was wir erkannt haben (Apostelgesch. 4, 20 etc.).

Wenn die Vernunft die Hilfe des Glaubens verschmäht, so wird sie ja ein armer Galeerensklave, der aussichtslos sich an einem unabänderlichen Verhängnis abarbeitet. Aber wenn der Glaube die Vernunft in Verruf erklärt, so ist das Übel noch grösser. Denn er verachtet ganz das Beispiel seines Herrn, abgesehen davon, dass er seinen eigenen Aufbau zum Einsturz bringt. Von den erhabenen Höhen seiner frommen Reflexionen stürzt er sich in die Tiefe unkontrollierbarer Voraussetzungen. Sein Enderfolg bei solchem ablehnenden Verhalten gegenüber der Logik ist aber nur dieser: das Menschenwesen wird verstümmelt durch Aberglauben, verdorben durch Fanatismus, zermalmt durch Verzweiflung. Wenn es eine grössere Sünde geben könnte, als die Auflehnung gegen das logische Denken, so würde der Auftrag des Evangeliums nicht lauten: „Gehet hin in alle Welt und machet alle Völker zu Jüngern dadurch, dass ihr sie taufet, indem ihr sie lehret halten alles, was ich euch befohlen habe" (Matth. 28, 19 f.). Wenn es anders wäre, würde dieser Auftrag jedenfalls nicht von der ewigen Gerechtigkeit und Liebe seine feierliche Besiegelung in folgenden Worten empfangen haben: „Wer nicht glaubet, der wird verdammt werden" (Mark. 16, 16).

II.
Die Feststellung der Frage.

In einer seiner ernstesten Auseinandersetzungen mit seinen Zeitgenossen rief Christus aus: „O, ihr verblendeten Leiter, die ihr Mücken seihet und Kamele verschlucket!" (Matth. 23, 24). Dieser Vorwurf war zweifellos ein strenger. Aber es giebt Fälle, in denen jeder treue Lehrer nicht nur streng sein darf, sondern streng sein muss. Unrecht, das auf blossem Nichtwissen oder Schwäche oder Irrtum beruht, darf er mit freundlichem Tadel und zarter Geduld behandeln. Indes darf er nicht ebenso über eine Verirrung hinweggleiten, die nicht nur in Unvernunft wurzelt, sondern sich über alle sonstigen Schranken in roher Selbstüberhebung hinwegsetzt. Es ist keine Frage, dass die zuletzt charakterisierte Art die allgemeine Manier der Pharisäer war, und dass sie so in Wirklichkeit die strenge Behandlung verdienten, die sie empfingen. In unserer Zeit dürften wir wahrlich kaum genug Geduld besitzen, die kleinlichen und gewundenen Einfälle auch nur zu lesen, mit denen ihre Überlieferungen grossartige Wahrheiten entstellten und heilige Grundsätze lächerlich machten.

Die sprichwörtliche Ausdrucksweise, die von Christus in jenem Ausspruch zitiert wurde, war deshalb ganz geeignet, die strafbare Thorheit der pharisäischen Denkweise treffend zu veranschaulichen und richtig zu verurteilen. Die Mücke und das Kamel gehörten beide zu den sogenannten unreinen Tieren (Lev., Kap. 11). Ihre Vergleichung veranschaulicht also nur das Missverhältnis, das zwischen den beiden Arten des Verfahrens besteht, wenn man einerseits auf Kleinigkeiten viel Gewicht legt und andererseits Hauptsachen nicht beachtet. Derselbe Sinn liegt in folgenden Worten: „Ihr verzehntet Minze, Till und Kümmel, aber vernachlässigt das Schwerste im Gesetz, nämlich das Gericht, die Barmherzigkeit und den Glauben" (Matth. 23, 23). Solche Lehre und solches Beispiel werden selbstverständlich die schroffste Zurückweisung erfahren, so lange Sittlichkeit unter Menschen irgendwelche Bedeutung besitzt.

Aber die menschliche Natur wiederholt beständig ihre Thorheiten von einer Periode zur andern. Die Geistesverwandten der Pharisäer haben sich als eine schier unausrottbare Rasse erwiesen. Die christliche Kirche selbst hat immer manche Glieder eingeschlossen, welche die Schärfe der Zurückweisung Christi verdient haben, so wenig sie sich ihres Fehlers bewusst waren. Wir haben indes guten Grund zu der Annahme, dass solcher Pharisäismus entschieden an Verbreitung abgenommen hat, während seine Eigenart immer treuer gewürdigt worden ist.

Wir dürfen unsere Gedanken deshalb nach einer anderen Richtung lenken, wo jenseits der Grenze der Kirche dieselbe Unart noch in weiten Gebieten ihr Wesen treibt.

Blicken wir doch einmal in das Gebiet des sogenannten „Agnostizismus" (s. o. S. 4)! Da brauchen wir leider nicht lange zu suchen. Denn es ist unleugbar, dass „ehrlicher Zweifel", wie das Schlagwort lautet, rings um alle unsere

Kirchen die Oberhand gewinnt. Die Zahl derer, die als aufrichtige Zweifler alles mögliche Mitleid von Seiten der Lehrer des Christentums verdienen, ist geradezu Legion. Sie bilden eine immer zunehmende Klasse, deren Bedürfnissen mit immer grösserer Freimütigkeit und Geduld Rechnung getragen werden muss. Das Christentum fordert nach der Vorstellung, die Paulus von ihm hat, „vernünftigen Gottesdienst" (Röm. 12, 1), und einer von den gediegensten unter unseren neueren Gelehrten hat sehr fein bemerkt: „Das menschliche Wesen verlangt darnach, sowohl religiös als auch vernünftig zu sein. Und ein Leben, das nicht beide Eigenschaften zugleich besitzt, besitzt keine von beiden."[1]

Gewiss besteht nun in unserer Zeit eine grosse Geneigtheit, den Unglauben mit aller Zartheit zu behandeln. Nichtsdestoweniger giebt es ein sehr weit verbreitetes Vorurteil betreffs des Glaubens, gegen das ein unmissverständlicher und nachdrücklicher Protest erhoben werden muss. Manchmal wird es nur ganz mild unter dem Schein eines gebildeten „Agnostizismus" (s. o. S. 4) angedeutet, manchmal aber wird es von einer unverblümten Irreligiosität unter Ausstossung roher Beteuerungen herausgepoltert. Der wesentliche Inhalt der Behauptung ist in beiden Fällen derselbe, nämlich dass es so viele „Schwierigkeiten" gebe, die gerade in unseren Tagen mit dem christlichen Glauben verknüpft seien, dass einem Menschen es wohl verziehen werden müsse, wenn er zögere, sich der Kirche anzuschliessen, oder wenn er gar ein entschiedener Skeptiker sei. So hat es den Anschein gewonnen, dass der beste und schliesslich einzige Weg, aus den religiösen „Schwierigkeiten" herauszukommen, darin besteht, dass man allen Glauben an die

---

[1] Aubrey L. Moore in dem Buche „Lux Mundi", S. 109.

christlichen Wahrheiten aufgiebt oder wenigstens ein erklärter „Agnostiker" (s. o. S. 4) wird.

Gerade dieses Vorurteil ist es nun, das hier in diesem Buche offen und entschieden bekämpft wird. Die folgenden Seiten haben geradezu den Zweck, folgenden Nachweis zu führen. Selbst wenn wir den Ungläubigen nicht im entferntesten den Vorwurf sittlicher Geknicktheit machen und jedem Ungläubigen vielmehr die reinste moralische Lauterkeit zutrauen, so bleibt doch aus klaren Gründen der Logik allein genug Anlass, dem modernen Skeptizismus gegenüber denselben Tadel auszusprechen, den Christus gegen den Pharisäismus richtete.

Es handelt sich auch jetzt noch ganz deutlich um ein Herausseihen von Mücken und ein Verschlucken von Kamelen. Mit anderen Worten: im christlichen Glauben mag es noch so viele Schwierigkeiten geben, die Schwierigkeiten des Unglaubens sind doch grösser. Was auch immer für logische Verwickelungen den Pfad des Glaubens zu versperren scheinen, die Hemmnisse, die auf dem Wege des Unglaubens getroffen werden, sind unermesslich schlimmer. Wenn das Christentum verworfen wird, weil seine Wunder als unglaublich erscheinen, so sind die Wunder, die der Unglaube „sich gezwungen sieht", anstatt ihrer zu „ponieren", noch weit mehr unglaublich.

Im ganzen dürfte es doch gewiss als ein Prinzip der Vernunft anerkannt werden, dass die Menschen bei der Gewinnung ihrer Überzeugungen immer auf der Bahn vorwärts schreiten, welche die wenigsten logischen Schwierigkeiten darbietet. Nun dann sind wir vollständig berechtigt, wenn wir sie auffordern, Christen zu werden. Denn welches ist denn die Grundlage, von welcher aus sie geneigt sein könnten, jener Aufforderung zu widerstreben? Das Vorhandensein von Schwierigkeiten. Gerade diese aber müssen ein hinreichender Grund für den Menschen werden, dem Christentum zuzustimmen. Denn wenn er nicht zustimmt, sieht er sich einer noch viel grösseren Zahl noch grösserer Wunder gegenübergestellt.

Dies ist es, was wir beweisen wollen.

Indem wir an die Ausführung unseres Planes hinantreten, müssen wir noch ein Urteil über einige neuere Versuche abgeben, die in guter Absicht gemacht worden sind, um die vorausgesetzten Hemmnisse des christlichen Glaubens auf ein Minimum zurückzuführen.

Nun ist es gewiss, dass einige Schwierigkeiten, die manchem den christlichen Glauben als allzu schwer erscheinen lassen, nicht notwendig festgehalten werden müssen. Sie sind aus besonderen Theorien in Bezug auf die Bibel, oder die menschliche Natur, oder die letzten Dinge entstanden, werden aber vom Evangelium nicht wirklich vorausgesetzt. Solche schwierige Lehrpunkte treten auch in der gegenwärtigen Verkündigung des Evangeliums gewöhnlich ganz zurück. Wird es nun dann trotzdem verworfen, so ist eine solche Ablehnung nur um so weniger logisch.

Aber diese Neigung, die Schwierigkeiten des christlichen Glaubens vermindern zu wollen, hat ihre bestimmten Schranken. Es giebt ein Minimum von Schwierigkeiten, das nicht beseitigt werden kann. Man hat ja z. B. gemeint, man brauche nur alle Wunder als mythische Zusätze zum Evangelium aufzugeben, oder auf das Übernatürliche im allgemeinen zu verzichten, und das Glauben würde viel leichter sein. Oder man hat gesagt, die Menschwerdung und die Auferstehung Christi könne als legendenhafter Heiligenschein preisgegeben werden, der „als blosses Produkt der Einbildungskraft" sich um Geburt und Tod Jesu herumgeschlungen habe. Wenn solche

Meinungen sich hervorwagen, dann ist es Zeit, ihnen ein „Halt ein!" zuzurufen.¹)

Denn wenn wir nicht das Neue Testament in Fetzen zerreissen und es entweder für einen abgefeimt betrügerischen Mischmasch oder wenigstens für eine äusserst unzuverlässige Sammlung von Schriften erklären wollen: so bilden zunächst jene Sätze von Christi Menschwerdung und Auferstehung die allerunveräusserlichsten Momente des Christentums. Da müsste es möglich sein, dass ein Mensch, dem seine Lebensorgane entrissen wären, doch noch weiter lebte und wirkte, wenn man annehmen wollte, dass das Christentum Christi weiter bestehe, nachdem die erwähnten beiden Momente — Menschwerdung und Auferstehung — von demselben abgetrennt wären. Ein Wundarzt könnte sich zweifellos anheischig machen, einem, der an Luftröhrenschwindsucht leidet, dadurch Erleichterung zu verschaffen, dass er ihm „leicht" das Herz heraus-

---

¹) Der Verfasser des Buches „The Kernel and the Husk" (Kern und Schale) bemerkt allerdings: „Wir alle fühlen, dass wir im Lichte des Gesetzes von der Anziehungskraft der Weltkörper die Astronomie besser verstehen, und auf dieselbe Weise können wir fühlen, dass das Christentum geistlicher und klarer wird, wenn es natürlicher wird." Aber damit beweist er nur selbst die Richtigkeit des Hauptprinzips, von dem die vorliegende Untersuchung sich leiten lässt. Denn der Hauptpunkt, den die folgenden Seiten beleuchten wollen, ist dieser: das wunderhafte Christentum ist nachweisbar viel natürlicher, als das wunderlose. In der That kann das, was wir hauptsächlich feststellen wollen, kaum besser ausgedrückt werden, als wie es Dr. Abbott selbst ausgesprochen hat: „Viele von den sogenannten Schwierigkeiten des Christentums verblassen oder verschwinden sogar, wenn man sieht, dass das, was man seine himmlischen Faktoren nennen kann, auf denselben Prinzipien beruht, wie seine irdischen Faktoren".

nähme. Aber Arzt und Kranker wissen beide gleich gut, dass nach der Operation nicht ein Gesunder, sondern ein Leichnam vorhanden sein würde.[1])

So würden entsprechende Operationen auch auf das Christentum wirken. Wenn die Menschwerdung, wie sie durch die wunderbare Empfängnis zu Stande kam, nur als Mythus gefasst würde, so wäre es absolut sicher, dass durch den bloss menschlichen Sohn einer Ehebrecherin keine Erlösung gewirkt wird.[2]) Wenn die Auferstehung

---

[1]) In dem angeführten Werke „The Kernel and the Husk" (p. 3) wird auch die Annahme gemacht, dass die moderne Bibelwissenschaft, besonders die Textkritik sich folgendem Resultat zuneigt: es giebt zwei verschiedene Schichten der Evangelienerzählung. Die eine ist wunderlos und steht auf einem höheren Niveau, die andere aber ist von Wundern durchflochten und stellt ein niedrigeres Niveau dar und ist unzuverlässig. Gewiss giebt es einige Kritiker, die eine solche Aufstellung billigen würden, aber eine weit grössere Anzahl, die gleiche wissenschaftliche Autorität besitzen, würden jene Behauptung entschieden zurückweisen. Zu den letzteren gehört z. B. Dr. Plummer, der das Lukasevangelium für Clark's *International Critical Commentary* bearbeitet hat.

[2]) In demselben Werke „Kern und Schale" heisst es (p. 71): „Ich kann mit dem Verfasser des vierten Evangelium von Herzen an die übernatürliche Menschwerdung glauben und doch aus meinem Evangelium jede Erwähnung der wunderbaren Empfängnis weglassen." Wirklich? Hat das auch der vierte Evangelist gethan? Alles in seinem Werk spricht für die Verneinung dieser Frage. Ausserdem dürfte er die Synoptiker gekannt haben und hat es nur für überflüssig gehalten, ihre Erzählungen über die Kindheit Jesu zu wiederholen. Er hat sie aber indirekt bestätigt (6, 38), und das Zeugnis des Lukas über seine kritischen Forschungen (1, 1—3) ist nicht zu vernachlässigen. Jedenfalls ist es unwissenschaftlich, die jungfräuliche Geburt für unglaublich zu erklären, weil man sie für unmöglich hält.

nur eine subjektive Augentäuschung oder ein hysterisches Phantasiegebilde wäre, so würde der Hauptapostel des Christentums Recht haben, wenn er immer und immer wiederholte: „Dann ist unser Glaube vergeblich" (1. Kor. 15, 14). Wenn es im Leben, Wirken und Sterben Jesu Christi überhaupt nichts Wunderbares gäbe, d. h. nichts über die Linie der natürlichen Entwickelung hinausginge, so würde die Frage, mit der wir uns beschäftigen, gar nicht mehr bestehen, brauchte man über das Christentum nicht mehr zu debattieren. Es ist sicherlich wahr, was Dr. Salmon in seinem Buch über „Wunderloses Christentum" gesagt hat: „Wenn die Wunder, die über Christus berichtet werden, auf Übertreibung, Missverständnis und falsche Ableitung natürlicher Vorgänge aus übernatürlichen Ursachen zurückgeführt werden müssen, dann müssen wir sagen, dass der Fehler, den die Kirche begangen hat, schon in Christi eigener Lebenszeit begangen und von ihm mitbegangen wurde" (Non-Miraculous Christianity, p. 8).

In Bezug auf die Lösung der Schwierigkeiten des Christentums ist deshalb keine Hilfe in der Operation zu finden, die oft als die „Naturalisierung" des Christentums bezeichnet worden ist. Oder betrachtet man es als eine Förderung für die Denkkraft eines Menschen, wenn man ihm seinen Kopf nimmt? So soll man auch für den christlichen Glauben keine Hilfe darin suchen, dass man die allernotwendigsten Lebensfaktoren des Christentums zerstört. Es giebt freilich — sogar inmitten der „evangelischen" Kirchen — eine kleine Zahl von Denkern, die in steigendem Masse zu der Meinung neigen, dass das Wunderbare ein ganz unwesentliches Element des Christentums sei. Man vergleiche nur z. B. in *„Christian World"* Juliheft 1898. Aber dagegen lese man auch z. B. Wainright's *Question of Questions* und Teile des erwähnten Werkes *Lux Mundi* und besonders folgenden Satz von Dr. Salmon („Non-Miraculous Christianity"): „Ein wunderloses Christentum ist ein ebensolcher Widerspruch in sich selbst, wie ein viereckiger Kreis". Deshalb kann man es nicht genug betonen: Die Versuche, die Menschwerdung zu „retten" durch Verwerfung der wunderbaren Geburt, oder den auferstandenen Christus durch Verneinung der „leiblichen" Auferstehung „festzuhalten", oder die Herrschaft Christi durch Verspottung der Himmelfahrt Christi zu „befestigen" — diese Versuche sind alle gleichmässig schlimmer, als eine abgewirtschaftete Wirtschaft. Jedenfalls wäre ein so präpariertes „Christentum" nicht mehr die Religion der Apostel und Blutzeugen.

Kein unparteiischer Leser des Neuen Testaments kann auch nur einen Augenblick lang daran zweifeln, dass die allgemeine Auffassung von Christo und seinem Werk, wie diese im Neuen Testament vertreten wird, alle die Elemente in sich schliesst, die nach dem gewöhnlichen Urteil in die Sphäre des Übernatürlichen und Wunderbaren fallen, aber jetzt von manchen als bloss traditionelle Überflüssigkeiten angesehen werden.

Dabei ist der Wunsch deutlich der Vater des Gedankens, und der Wunsch wird von dem Bestreben eingeflösst, den Pfad des Glaubens dadurch zu erleichtern, dass man den Anstoss des Übernatürlichen aus dem Wege zu wälzen sucht. Die unterste Wurzel dieser Tendenz ist aber die Voraussetzung, dass „der wissenschaftliche Geist oder die historische Methode" es nötig mache, das wunderhafte Element des Neuen Testaments auszuscheiden, um das Christentum vor dem Schiffbruch zu retten. Aber was heisst dies anderes, als die Frage, deren Beantwortung gegeben werden soll, durch eine unbegründete Voraussetzung lösen wollen?

Ausserdem ist hier noch das Schlagwort *„Übernatürlich, nicht wunderhaft!"* einer Kraftprobe zu unterwerfen. Denn das Neuchristentum bemüht sich ja, eine willkürliche Unterscheidung zwischen „übernatürlich" und „mirakelhaft" wie man sich wohl auch in verächtlichem Tone ausdrückt, zu machen, und beide Begriffe zu einander ausschliessenden Gegensätzen zu stempeln. So sagt z. B. der Verfasser von „Kern und Schale": „Der Glaube an das *Übernatürliche* schliesst nicht im geringsten einen Glauben an das *Mirakelhafte* in sich. *Übernatürlich* ist das Attribut, das der Existenz Gottes und seiner Schöpfung und der ununterbrochenen Entwickelung des Weltalls gegeben wird. Die göttliche Wirksamkeit wird dabei nicht als ein Gegensatz zur Natur, sondern als etwas über die Natur Erhabenes betrachtet. Gottes Wirken hebt den ursächlichen Zusammenhang der Natur nicht auf, sondern ist sein Ausgangspunkt und fortdauernder Kraftquell." Aber der Sinn, der in diesen Äusserungen mit dem Ausdruck „übernatürlich" verbunden wird, ist etwas eigenartig. Denn wenn da gesagt wird „die ununterbrochene Entwickelung des Weltalls", so ist dies mehr der Ausdruck für das Natürliche, als für das Übernatürliche. Und wie darf jener Schriftsteller so sich ausdrücken, als wenn das Übernatürliche oder Wunderbare bei den Christen den Gegensatz zur Natur bildete? Kein christlicher Denker der Gegenwart, der Beachtung verdient, findet im Wunder einen Widerspruch zum Natürlichen.

An einer anderen Stelle (p. 71) nimmt jener Autor an, dass ein Wunder eine Verletzung des ursächlichen Zusammenhangs der Dinge der materiellen Welt bezeichne, während er anderwärts richtig im Wunder nur eine Aufhebung dieses Kausalzusammenhangs findet. In der That sind „Aufhebung" und „Verletzung" zwei verschiedene

Dinge, und jener Autor spricht sich ja auch selbst mehrmals so aus, dass er im Wunder richtig nur eine — vorübergehende Aufhebung des — gewöhnlichen — Kausalzusammenhangs der Erscheinungswelt sehen muss. Denn wir lesen bei ihm auch z. B. folgenden Satz: „Wunder oder Machtthat ($δύναμις$) bezeichnet eine seltsame Folge der Naturereignisse, in der grossartige Wirkungen durch Ursachen hervorgerufen werden, die jenen scheinbar nicht entsprechen, obgleich dies in Wirklichkeit selbstverständlich nicht der Fall sein kann". Wenn jemand solche Sätze schreibt, wie kann er da — mit allem Respekt vor der Ehrlichkeit und Gelehrsamkeit des Verfassers muss es gesagt werden — doch prinzipiell die Auffassung vertreten, dass das Wunder etwas anderes als das Übernatürliche sei und dass es einen Gegensatz zur Natur bilde?

Übrigens muss noch folgendes beachtet werden:

1. Macht das Neue Testament einen Unterschied zwischen „Machtthaten" ($δυνάμεις$) und „Wundern" ($τέρατα$), als wenn die ersteren möglich, obgleich selten, aber die letzteren unmöglich und unglaublich wären? Nein, wo Christus die erwähnten Ausdrücke gebraucht hat und an den zehn andern Stellen, wo sie vorkommen, findet sich nicht der geringste Hinweis auf eine solche Unterscheidung. Es giebt auch keinen kritischen oder wissenschaftlichen Grund, einen solchen Unterschied vorauszusetzen. Die beiden Ausdrücke benennen nur dieselbe Art von Vorgängen unter verschiedenen Gesichtspunkten, teils mit Rücksicht auf die besondere Kraftquelle, die in diesen Vorgängen sprudelte, und teils mit Rücksicht darauf, dass diese Vorgänge vom gewöhnlichen Verlauf der Dinge abwichen. Folglich gilt auch von den Wundern das, was der Verfasser von „The Kernel and the Husk" nur von Machtthaten sagt: „dass sie durch Ursachen hervorgebracht

wurden, die ihnen bloss scheinbar, nicht wirklich *nicht* entsprachen". Die entsprechende Ursache der Vorgänge, die, wie gesagt, aus verschiedenem Gesichtspunkt Machtthaten oder Wunder genannt sind, war der Wille und die übernatürliche Macht Christi selbst.

2. Weder in Bezug auf die „Machtthaten" noch in Bezug auf die „Wunder" ist von Verletzung des ursächlichen Zusammenhangs des Naturverlaufs zu sprechen. Denn dies hiesse eine Stufe der wissenschaftlichen Erkenntnis voraussetzen, die noch nicht erklommen ist. Es heisst in der That, wie einer unserer tüchtigsten Naturforscher vor kurzem versichert hat, zu weit gehen, wenn man voraussetzen will, dass wir den Kräftezusammenhang auch nur des einfachsten Stosses durchschaut hätten. Es ist auch durchaus nicht notwendig, die Wunder als „Verletzungen des beobachteten Naturzusammenhangs" zu definieren. Sie können und dürfen nur als Aufhebungen oder Überwältigungen des gewöhnlichen Weltlaufs betrachtet werden. Die Schwerkraft oder Anziehungskraft wird ja nicht zerstört, sondern nur einmal besiegt, wenn trotz derselben ein schwerer Körper vom Boden aufgehoben wird. Endlich gilt folgendes Zweifache. Erstlich üben wir selbst, kraft unserer Kenntnis und unseres Willens, eine solche Bewältigung der natürlichen Wirkungen der Weltkräfte aus. Zweitens ist es voreilig, wenn man annehmen will, dass unsere geringe Kenntnis der Erscheinungen und Ideen der Natur uns zu der Behauptung berechtige, es könne keine Besiegung des gewöhnlichen Zusammenhangs der Weltkräfte geben, die über unsere Erfahrung hinausläge.

3. So weit unser Wissen reicht, können wir im Gegenteil so sagen: Ein Wunder ist nicht mehr unglaublich, als ein gewöhnliches Ereignis, falls man nur die göttliche

Weltlenkung und Macht nicht leugnen will. So lange man nicht daran rüttelt, sind Wunder und gewöhnliche Vorgänge die natürlichen Ausströmungen übernatürlicher Kraftquellen. Das Wunder ist dann nur eine lebhaftere Bethätigung jener göttlichen Energie, die immer „die ununterbrochene Entwickelung aller Dinge" durchströmt und auch unser gewöhnliches natürliches Leben ermöglicht.

4. Nun ist aber die ganze Erzählung der Evangelien ein einheitliches Zeugnis von der göttlichen Weltlenkung und göttlichen Macht. Die Mission Jesu Christi bestand ja darin, die heilige Liebe eines allmächtigen Vaters zu enthüllen, die den Plan gefasst hat, die Menschheit vom sittlichen Übel und dessen Konsequenzen zu erlösen und eine unermessliche geistliche Entwickelung der menschlichen Natur zu begründen. Folglich ist das wunderbare Element im Evangelium nur die Enthüllung des Übernatürlichen, die notwendig war, um den besonderen Plan der Erlösung zur Ausführung zu bringen. Dies liegt ja für den, der das vierte Evangelium nicht als unzuverlässig bei Seite schiebt, auch deutlich in Christi eigenen Worten: „Thue ich nicht die Werke meines Vaters, so glaubet mir nicht! Thue ich sie aber, so glaubet doch den Werken!" (Joh. 10, 37f.)

Die allgemeine Haltung des schon zitierten Buches „The Kernel and the Husk" findet sich auch wieder in Dr. Gardner's neulich erschienenem Werke „Exploratio Evangelica". Man kann dieses Buch freilich nicht durchlesen, ohne den Ton der Ehrfurcht, der Rücksicht und Bildung zu bewundern, der es durchdringt. Und doch legt man es mit einem Seufzer aus der Hand, in welchem Verwunderung und Wehklage sich in einander mischen. Denn das ganze Verfahren, das wir da angewendet sehen, ist genau dem Vorgang ähnlich, der vor einigen Jahren in der

Samoa-Bai sich abspielte, als da das Schiff „Calliope" mit Hilfe vertrauenswürdiger Maschinen sich doch seinen Weg durch den fürchterlichen Orkan hindurch erkämpfte, wenn auch in der Mitte dieses Kampfes einige von den Offizieren den Rat erteilten, dass man, um das Schiff zu retten, die Maschinen abbrechen und über Bord werfen solle.

Höre da, wie im Gleichnis das, was einige, die sich als Führer unter Christi Mannschaft ansehen, raten! Sieh aber auch ein verheissungsvolles Abbild dessen, was Christi Werk — gemäss der ihm gegebenen Grundlage und Kraft — im Sturm des Kampfes leisten wird!

Ja, wenn nicht dem voraussetzungsvollen Vorurteil und extremen Aburteilungsstreben („Hyperkritizismus") unserer Zeit die Erlaubnis erteilt werden soll, das Neue Testament auszuschlachten, so ist es sehr berechtigt, was ein tüchtiger Schriftsteller über die erörterte Frage sagt:[1]) „Wenn wir uns von Wundern losmachen wollen, so müssen wir uns von Christi Menschwerdung, Auferstehung, Himmelfahrt, ja thatsächlich von dem ganzen christlichen System ganz und gar losmachen. Das Wunder kann als Beweisgrund für das Christentum für unser Denken in den Hintergrund zurückgetreten sein, aber auf das Wunder als Thatsache kann nicht ebenso verzichtet werden. Ohne die Lehre von einer übernatürlichen Ordnung der Dinge, welche die Thätigkeit der sichtbaren Dinge nach ihrem Willen beeinflussen kann, muss das Christentum aufhören zu existieren. Es ist untrennbar mit der Geschichte eines Wesens verknüpft, das „viele mächtige Thaten wirkte, denn Gott war mit ihm" (Apostelgesch. 9, 38), und

---

[1]) Dr. Lias, Are Miracles Credible (Sind Wunder glaublich?), S. 258.

das „als Sohn Gottes in Kraft gemäss Heiligkeitsgeist erwiesen wurde seit der Auferstehung von den Toten" (Röm. 1,4).

Die eigentliche Frage ist heute noch die alte, die Paulus an Agrippa stellte: „Warum wird das bei euch für unglaublich erklärt, dass Gott Tote auferwecket?" (Apostelgeschichte 26, 8). Warum sollten wir die wunderhaltigen Erzählungen über Christus und sein Versöhnungswerk deshalb nicht für wahr halten, weil das moderne wissenschaftliche Denken diese Erzählungen mit Lasten von „Schwierigkeit" überhäuft? Eine kräftige Antwort wird im folgenden Paradoxon gefunden. Wenn das Christentum wegen seiner übernatürlichen Momente für unglaublich gehalten werden sollte, so ist es ohne das Übernatürliche noch weit unglaublicher. Und der Unglaube kann seine Einwände gegen die Wunder des Christentums nur so ins Feld führen, dass er bei seiner Beweisführung uns noch viel grössere und gröbere Wunder zumutet.

Je mehr man bei der Entfaltung dieses Paradoxons ins einzelne geht, desto mehr wird sich zeigen, dass es auf unleugbaren Thatsachen und logischen Schlüssen beruht. In den folgenden Kapiteln werden wir indes fast nur eine kurze Perspektive auf den ganzen Beweisgang eröffnen können und müssen es dem Leser überlassen, die Gedanken, die in jedem Abschnitt angeschlagen werden, bis in die letzten Tonschwingungen zu verfolgen.

Die Bibel im allgemeinen und die christliche Religion im besonderen betrachten das menschliche Wesen als ein solches, das in mehreren Sphären lebt. Diese entsprechen ebenso unserm einfachsten Bewusstsein wie unsern höchsten Bestrebungen. Physische, intellektuelle, sittliche und geistliche Momente dringen auf unser innerstes Wesen ein und bilden unsere alltägliche Umgebung. In jeder von diesen Sphären wollen wir nun zeigen, wie die Geistesrichtung, die den christlichen Glauben wegen seiner Schwierigkeit ablehnt, durch eben diese Ablehnung dazu gedrängt wird, weit grössere Schwierigkeiten in den Kauf zu nehmen. So wird diese Geistesrichtung sich immer wieder gezwungen sehen, das „Kamel zu verschlucken", während sie darauf hinarbeitet, die „Mücke zu seihen".

Eine einzige Voraussetzung muss bei der folgenden Beweisführung gemacht werden. Für jedes Ereignis muss eine wirklich entsprechende Ursache gefordert werden. Eine solche Forderung wird aber kein Mensch verweigern, der logisch denken kann. Die einzige Frage, die betreffs dieser Forderung auftauchen kann, lautet: Welche Ursache ist denn aber eine entsprechende? Für das gesunde menschliche Nachdenken kann es als sicher behauptet werden, dass diejenige Ursache in jedem Falle entsprechend ist, die das betreffende Faktum am leichtesten und am vollständigsten erklärt. Die Leichtigkeit einer Erklärung giebt sich stets von selbst zu erkennen, wenn die in einem Falle gegebene Erklärung nicht der Thätigkeit der Denkfähigkeiten widerstrebt, die notwendigerweise unsere entscheidenden letzten Führer sein müssen. Alles dies liegt in der oben zitierten Frage Christi: „Warum richtet ihr nicht an euch selber, was recht ist?"

Wenn man von solchen echten Prinzipien des logischen Denkens ausgeht, so wird die Stellung des modernen Unglaubens gut durch die Geschichte von dem Manne beleuchtet, der sich gar sehr darüber beunruhigte, dass in seinem Garten mehrere Erdhügel waren. Endlich gab ihm ein Freund den guten Rat, er solle ein grosses Loch aushöhlen und die Erdhügel darin vergraben.

III.
Das Gebiet der Naturwissenschaft.

Wir sind durch das, was allgemein als der niedrigere Bestandteil unseres Wesens gilt, mit der ganzen Welt rund um uns her verknüpft. Nicht nur finden wir uns allen andern Formen des tierischen Lebens, sondern auch unserer ganzen physischen Umgebung verwandt. Unsere Körper sind aus denselben Elementen gebildet, aus denen die Luft zusammengesetzt ist, die wir atmen, und aus denen der Boden besteht, auf dem wir treten. So bilden wir einen Teil des „Kosmos", der seit unvordenklicher Zeit das Denken des Menschen herausgefordert hat, um seinen Ursprung zu erklären.

Nun finden wir nirgends in den Evangelien, dass Christus den bestimmten Versuch gemacht hat, den Glauben an Gott oder überhaupt die theistische Weltanschauung zu beweisen und einzuschärfen. Das übrige Neue Testament thut dies ebenso wenig. Aber die Enthüllung der Vaterstellung Gottes, die im Neuen Testament in so trostreicher Weise betont wird, setzt den entschiedensten Glauben an Gott voraus. Die folgerichtige Lehre des Christentums ist daher diese, dass es einen, persönlichen und allmächtigen, Gott giebt, der die grosse letzte Ursache des ganzen Weltalls und daher auch unseres kleinen Weltballs ist, den man die Erde nennt. Für alle, die sich von seiner Unermesslichkeit Rechenschaft geben, ist diese Vorstellung eingestandenermassen überwältigend. Es ist nur natürlich, dass wir bei jedem Versuch, diese Vorstellung ganz und gar auszudenken, das Ziel verfehlen müssen. Insoweit darf es anerkannt werden, dass der christliche Glaube schwer ist. Ehe wir indes aus einem solchen Grunde das Christentum verwerfen, dürfte es sich empfehlen, erst einmal die Frage aufzuwerfen, was wir ihm vom Standpunkt des Atheismus oder Agnostizismus (s. o. S. 4) gegenüberstellen könnten.

Gehen wir zu diesem Zwecke von dem einen Grundprinzip oder Axiom aus, dass für jedes Ereignis eine entsprechende Ursache vorhanden sein muss (s. o. S. 40)! Dann ist es unleugbar, dass wir jeden Tag unseres Lebens uns in Berührung mit der Gesetzmässigkeit, der Anpassung und der Harmonie befinden, die ebenso in der ganzen Natur rund um uns herum, wie in unserer eigenen Beschaffenheit herrschen. Dies ist einfach Thatsache. Als solche muss sie nun in entsprechender Weise erklärt werden. Denken wir uns, dass wir eine von den soeben aufgezählten Erscheinungen „Gesetzmässigkeit etc." herausnehmen und ihr durch die Mittel eingehendster Beleuchtung ebenso gerecht werden könnten, wie es z. B. in Sir Charles Bell's Abhandlung über die Hand, oder in Helmholtz's Vorlesungen über das Auge, oder in Sir G. Stokes „Burnett Vorlesungen" über das Licht geschehen ist! Dann würde jedenfalls die Realität des Thatbestandes weit eindrucksvoller und unsere Empfindung von ihr weit lebhafter werden. Es würde in der That ein grosser Gewinn sein, wenn alle modernen Zweifler dazu gebracht werden könnten, Paley's „Natürliche Theologie" einer gründlichen Prüfung zu unterwerfen. Denn unter den hin- und herflutenden Wahnvorstellungen von heutzutage ist keine trügerischer, als die gewöhnliche Meinung, die in manchen Kreisen so eifrig gepflegt wird, dass solche Darstellungen, wie die eben erwähnte *Natural Theology,* zu sehr veraltet seien, um noch irgendwelchen Wert zu besitzen. Wie ungerechtfertigt diese Meinung ist, kann dem gesunden Urteil jedes sorgfältigen Lesers überlassen werden. Die Thatsachen, die von Paley und seinem Fortsetzer Le Gros Clark hervorgehoben worden sind, bleiben Thatsachen, in welcher Weise auch immer wir sie erklären. Es ist nicht zuviel behauptet, wenn wir sagen, dass in der genauen und vollen Betrachtung des menschlichen Auges oder der menschlichen Hand genug Wunderbares liegt, um alle atheistischen oder gottesleugnerischen Theorien über das Weltall in Verwirrung zu bringen.

Lasst doch ein Kind den modernen Physiologen darnach fragen, wie das menschliche Auge überhaupt dazu kommt, sich zu bilden, sodass es regelmässig in jedem neugeborenen Kinde auftritt! Darauf giebt es gewiss keine Antwort ausser der berühmten, die Tennyson in die Worte kleidete: „Seht da, wir wissen nichts!" Würde dann das Kind bei der Behauptung bleiben, Gott habe dem Auge den Trieb eingeflösst, sich so zu bilden: so würde es völlig über das Vermögen aller modernen Wissenschaft hinausgehen, diese Behauptung zu widerlegen. Der Agnostizismus macht allerdings ein Prinzip daraus, weder etwas zu bejahen noch etwas zu verneinen. Aber der eben angeführte Fall ist einer von denen, in denen geistige Neutralität unmöglich ist, nämlich wenn wir wünschen, logisch denkende Wesen zu sein. Zwar wenn wir nicht wissen, dass zweimal zwei vier ist, bezweifelt niemand, dass die Mathematik von so etwas nicht abhängt. Das Universum aber muss bei seinem Ursprung den denkenden Geist entweder in sich geschlossen haben, oder nicht. Ein Mittleres zwischen diesen beiden Extremen ist undenkbar. Da dieselben also sich einander ausschliessen, so ist die Abneigung, das eine zu bejahen, in Wahrheit soviel, wie die Bejahung des andern. Der ausgebildete Skeptizismus mag freilich behaupten, dass die christliche Lehre von Gott nur eine Hypothese sei. Aber sie ist wenigstens eine ausreichende

Hypothese. Ob der Kosmos von einem Schöpfungsakt, oder von langsamer Entwickelung herstammt, bildet hier gar keinen Unterschied, nur dass, wie Darwin sagte, die letztere Annahme dem Vorgang die Erhabenheit der Einfachheit verleiht.

Setzen wir jetzt den Fall, dass, so oft ein menschliches Kind geboren würde, die Augen in einem besonderen angewachsenen Hautbeutelchen gefunden würden, und die Eltern würden sie an ihren richtigen Platz zu setzen haben. Schon dieses würde schwierig genug sein, wenn die besondere Gewebestruktur des Auges in Betracht gezogen wird. Ausserdem würden alle Arten von Anpassungen und gegenseitigen Beziehungen in Bezug auf Knochenbau, Nerven und Muskeln nötig sein, um einen vollkommenen Sehakt zu erzielen. Die Augen könnten folglich durchaus nicht in die richtige Lage gebracht werden, ohne dass die Denkkraft vorher in Thätigkeit träte. Geschieht es also ohne Denken, was die tägliche Erfahrung lehrt, dass die Augen schon in den allerersten Entwickelungsstadien des entstehenden Menschen an ihren richtigen Platz kommen?

Ferner was auch immer unsere Beziehung zu andern Säugetieren ist, die ebenfalls die Fähigkeit des Sehens besitzen, so dürfen wir um der Ehrlichkeit willen uns doch nicht gegen die Wunderbarkeit des Sehwerkzeuges verblenden, welches menschliche Wesen jetzt in Wirklichkeit haben. Denn nehmen wir an, der Augapfel sei richtig in seine Knochenhöhle gesetzt — d. h. die Hornhaut nach aussen und nicht etwa nach innen zu gewendet etc. etc. — was sollten wir nun weiter anfangen? Dann müsste der Sehnerv gehörig angeknüpft werden, um richtig in das Gehirn zu verlaufen. Ferner müsste jedes Auge mit folgenden Bestandteilchen ausgestattet werden: mit zwei fein gearbeiteten und genau einander entsprechenden Linsen;

zwei ausgezeichneten Arten von dazwischen liegenden durchsichtigen Medien; sechs Muskeln, einschliesslich einer Rolle, die durch eine Höhlung so hindurchgeht, dass sie die Richtung des Stosses von zweien jener Muskeln in die umgekehrte verwandelt; zehn überaus feinen Nervenenden, die zartesten Fasern des Sehnervs entsprechen und die Aufgabe besitzen, massenhafte unendlich feine Eindrücke aufzunehmen, zu sortieren und weiter zu befördern, die von dem Äther herkommen. Dazu kommt noch ein sich durch seinen eigenen Mechanismus bewegender Vorhang, der die Lichtquantität zu regulieren hat, die in jedem Moment eindringen darf, und dieser ganze Apparat von besten optischen Instrumenten, die jetzt erst noch in roher Weise nachgeahmt werden, ist zu seinem Schutze in einen dauerhaften Hautüberzug eingeschlossen.

Die Aufzählung dieser Bestandteile des Auges erreicht aber bei weitem noch nicht das Ziel, das Geheimnis des Sehens zu erklären. Wie z. B. müssen, um die violette Farbe wiederzuspiegeln, Ätherwellen durch die zarten Linsen hindurchgehen und — übrigens in überaus kurzen Zeitmomenten — auf die Netzhaut einwirken?[1]) Und wie gut fungiert dieser Apparat bei den Millionen, die auf dieser

---

[1]) Das Geheimnisvolle dieses Vorgangs wird auch von unsern grössten Physikern anerkannt. So sagt Sir G. G. Stokes, indem er von dem Wahrnehmen der Farben spricht: „Dieser Vorgang leitet uns zu einigen interessanten Erwägungen an, und eins wenigstens muss nach meinem Dafürhalten einen starken Eindruck auf uns machen, nämlich die erstaunliche Zusammengesetztheit dieses bewunderswerten Organs, des Auges, und der überraschende Beweis, den es, wenigstens nach meinem Urteil, dafür liefert, dass bei seiner Konstruktion ein Plan verfolgt worden ist".

Erde lebten und noch leben.[1]) Ausserdem ist dieses ganze Sehwerkzeug nur ein kleines Bruchstück von der überwältigenden Feinheit, die sich schon an der Beschaffenheit des Menschen zeigt, wenn auch nur diese für sich allein betrachtet wird. Thatsächlich aber treffen wir dieselbe Zusammengesetztheit der Struktur in der ganzen Natur, nur dass entsprechend der Stufe, die das betreffende Wesen im Naturgebiete einnimmt, Grade der Zusammengesetztheit sich unterscheiden lassen. Nur durch die wiederholten Anstrengungen eines sorgfältigen Studiums können wir zuletzt eine schwache Idee von allen den Faktoren gewinnen, aus denen unsere körperliche Beschaffenheit und Umgebung sich zusammensetzt.

Dieses unermessliche und zusammengesetzte Ganze muss nun aber doch irgendwie abgeleitet werden. Das simple Nichtwissen, mit dem der blosse Agnostizismus (s. o. S. 4) sich zufrieden geben will, ist nichts als kindische Thorheit, denn es besteht schliesslich in dem Opfer der Vernunft, d. h. in der Verleugnung der menschlichen Stufe. Wir mögen ja unfähig sein, das Ganze der Natur zu begreifen oder auch nur zu erfassen, wenn es als Gesamtmasse genommen wird; aber irgendwelchen Teil von ihr können wir nach seinem Bestand und Ursprung würdigen, solange uns die Vernunft bleibt und sie die unausweichliche Forderung stellt, dass ebenso für jeden Teil wie für die unermessliche Gesamtheit des Naturlebens irgend eine entsprechende Ursache vorhanden sein muss.

Das moderne Zauberwort, mit dem man alle Erscheinungen des Naturlebens erklären zu können meint, ist „Entwickelung" oder „Evolution". Mit diesem Ausdruck

---

[1]) Die Ausnahmen berühren die Eigenschaften, nicht das Dasein eines höchsten Wesens.

ist aber gar nichts gesagt, so lange man nicht weiss, ob eine Entwickelung gemeint sein soll, die Gottes Existenz anerkennt („Theistische Evolution"), oder ob eine Entwickelung vorausgesetzt werden soll, die von Gottes Existenz abstrahieren zu können meint („Atheistische Evolution"). Die erstere Annahme kann als verständlich und zureichend betrachtet werden.[1]) Für diese theistische Evolution als Theorie des Weltalls dürften wir wohl die wahre Formel in den Worten finden, mit denen das erste Buch der Bibel beginnt: „Am Anfang . . . . Gott". Wenn diese Formel aber wegen der Schwierigkeiten, die der Anerkennung eines göttlichen Wesens anhaften sollen, abgelehnt werden sollte, so bleibt vernünftigerweise nur dies übrig, eine atheistische Evolution vorauszusetzen und zu fragen, ob diese Annahme uns wenigere oder geringere Schwierigkeiten darbietet.

In diesem Falle ist es von vornherein deutlich, dass alle Dinge sich selbst veranlasst haben müssten, so zu werden, wie sie sind. Denn bei der Annahme einer atheistischen Entwickelung ist es nicht erlaubt, eine Ursache ausserhalb der Dinge anzunehmen. Für einen solchen Weltprozess muss also sowohl das Material als auch der richtunggebende Impuls gesucht werden. Der einzige Gedanke aber, den die Logik dabei zulässt, ist dieser, dass im allerersten Anfang das Material in Nichts bestand und dass der richtunggebende Impuls in der blossen Veränderung lag. Aber fürwahr, wenn das blosse Streben nach Veränderung durch seine Einwirkung auf Nichts dieses Weltall mit Einschluss der Menschen hervorge-

---

[1]) Dr. Iverach hat in seinem Buche „Christianity and Evolution" (p. 231) mit gutem Grund gesagt, dass „die christliche Betrachtung der Welt die einzige ist, die allen Faktoren der Entwickelung gerecht wird und ihre ganze Zusammengesetztheit anerkennt".

bracht hat, so hat eine so erstaunliche Verletzung alles dessen, was wir als natürlich und vernünftig kennen, stattgefunden, dass im Vergleich damit alle Schwierigkeiten der Annahme eines Weltengottes und alle Wunder des Christentums ein Nichts sind.

Indes wird es gut sein, den Fall ein wenig mehr im einzelnen zu prüfen.

„Evolution" bezeichnet in Wirklichkeit blosse Entfaltung. Diese aber ist das stufenmässige Hervortreten einer vorher existierenden Anlage. Evolution ist demnach der Prozess, durch den das zur Erscheinung gebracht wurde, was in den Weltmaterialien vorher bereits latent, also nach seiner Möglichkeit oder Anlage schon vorhanden war. Denn es ist sicher, dass ein stufenmässiges Wachstum, wenn es nur auf seine eigenen inneren Triebkräfte angewiesen war, im Verlauf einer ganzen Ewigkeit niemals irgend etwas aus einem Keim oder einem aufgelösten Kügelchen hervorgehen lassen konnte, was darin nicht schon vorher vollständig vorgebildet war. So setzt die Annahme von Entwickelung immer mit Notwendigkeit sozusagen eine Einwickelung voraus, und die letzte Frage unter allen Weltfragen bleibt immer die, wie diese Einwickelung zu erklären ist, wenn auch sogar die Entwickelung sich denkbar machen liesse.[1])

---

[1]) Ein bedeutsames Schlaglicht auf diese Frage fällt aus den Worten des grössten neueren Vertreters der Entwickelungslehre. „Wenn", sagt Herbert Spencer (Synthetic Philosophy, section 118, p. 109), „eine einzelne Zelle unter geeigneten Umständen im Verlaufe weniger Jahre ein Mensch wird, so kann es sicherlich keine Schwierigkeit machen zu verstehen, wie eine Zelle unter geeigneten Umständen im Verlaufe ungezählter Millionen von Jahren die Menschenrasse entstehen lassen konnte." Aber sehen wir jetzt auch ganz von Spencer's

Christliche Denker haben allen Grund, Entwickelung als die allgemeine Art der Weltentstehung anzuerkennen. Denn auch abgesehen von dem jedem Christen gebührenden Respekt vor der Wahrheit, der ihn zur Anerkennung nachgewiesener Ursachen unleugbarer Thatsachen antreibt, giebt es absolut nichts, was einen Widerspruch zwischen der Annahme der Entwickelung als eines wirksamen Weltprinzips und der Annahme eines Weltengottes enthalten könnte. Dr. Lyman Abbott hat in seinem Buche „Theology of an Evolutionist" (p. 29f.) mit Recht bemerkt: „Nimmt diese Lehre von einer durch Entwickelung vermittelten Schöpfung Gott aus der Welt weg? Es scheint mir, als brächte diese Lehre Gott um ein gutes Teil näher an die Welt heran. Es giebt keine Kluft von sechs Tausend Jahren zwischen dem, der eine Entwickelung annimmt und seinem Schöpfer. Wer sie annimmt, lebt vielmehr noch in den Schöpfungstagen und sieht die schöpferischen Akte sich vor seinen Augen vollziehen".

Eine gründliche Feststellung dieses Standpunktes findet der Leser in Dr. Iverach's Werk „Christianity and Evolution" und in Professor Le Conte's Werk „Evolution and its Relation to Religious Thought". Auch der verstorbene Professor Drummond sagt in seinem Buche „Ascent of Man" (p. 438): „Bis hierher

---

falscher Voraussetzung ab, dass ein Naturforscher die Entwickelung des Menschenkeims im Mutterleibe „verstehe", so kann sogar der Verstand eines Kindes ein solches Wortkunststück durchschauen, wie es in den zitierten Worten Spencer's liegt. Ja freilich, wenn man eine aufgewickelte Garnwinde als gegeben voraussetzt, wie leicht ist es dann, sie abzuwickeln! Aber ist es ebenso leicht, wenn eine zum Abwickeln bereite Garnwinde nicht gegeben ist? Woher kommen die geeigneten Umstände, durch die allein die Zelle ein Mensch wird? Das ist die Frage, vor die ein gewissenhafter Denker sich gestellt sieht, und die es zu beantworten gilt.

habe ich noch kein Wort gesagt, um Christentum und Entwickelungslehre zu versöhnen. Und warum? Weil beide eins sind".

Zusatz des Übersetzers. Ein biblischer Anhalt für die prinzipielle Zulässigkeit dieser Annahme liegt in Folgendem. So sehr auch die Bibel den Gottesgeist als die Wesenheit betont, die vor der Welt existierte, sie souverän beherrscht und ihren innersten Kraftquell bildet (Gen. 1, 1. 3, Joh. 1, 1 bis 3 etc.; Jes. 40, 7 f., Ps. 33, 8 f.; 104, 29 f.): so ist sie doch weit davon entfernt, das Walten der Zwischenursachen (causae secundae) der Welt- und Geschichtserscheinungen zu verkennen. Sie sagt ausdrücklich, dass noch kein Pflanzenwuchs da war, weil Gott noch nicht hatte regnen lassen etc. (Gen. 2, 5 f.), und sie spricht vom beständigen Wechsel von Frost und Hitze als der Voraussetzung der Aufeinanderfolge von Saat und Ernte (8, 22). Ja, sie sagt: „Gott sprach: die Erde lasse hervorgehen Gras und Kraut etc." (1, 11). In diesen Worten liegt, dass der Schöpfergeist eine neue Etappe seines Gesamtwerkes mit Hilfe der von ihm vorher ins Dasein gerufenen Voraussetzungen eines neuen Weltbestandteils erreichen wollte.

Schon Augustin bemerkte in seiner Schrift De Genesi ad litteram beim dritten Tagewerk folgendes: „Wenn gesagt wird: „„die Erde bringe hervor . . . und die Erde brachte hervor"" (Gen. 1, 11 f.), so ist damit ausgedrückt, dass die Erde die Kraft und das Vermögen empfangen habe, zu seiner Zeit die einfachen Gattungen herauszubilden. Die Pflanzen wurden der Anlage nach, der Ursache nach geschaffen. Es wurden den Stoffen jene keimartigen Kräfte mitgeteilt, aus denen sich unter den festgesetzten Bedingungen, gleichwie aus einem Samenkorn oder aus einer Wurzel, die wirklichen Arten und Wesen entfalten sollten". Diese Worte scheinen mir etwas zuviel in den Text von Gen. 1, 11 f. zu legen. Aber soviel scheint mir in diesem angedeutet zu sein, dass der Gottesgeist eine Unterstufe der Naturerscheinungen bei der Entstehung der vollkommeneren Erscheinungen mitwirken liess. Insofern darf man sagen, wie ich oben gethan habe, dass die Bibel der Annahme einer

Entfaltung des Naturlebens unter Mitwirkung der Naturkräfte nicht prinzipiell widerspricht. Aber die Bibel ist weit davon entfernt, die Annahme zuzulassen, dass bei dieser Entfaltung neue Arten zunächst von Pflanzen entstanden seien. Denn die Bibel sagt auch dies, dass die Erde hervorgehen lassen solle Gras (Moos und ähnliches) und Kraut, welches Samen trage, und Fruchtbäume, die ein jeglicher nach seiner Art Frucht tragen, in der Samenkerne gemäss der betreffenden Art sein sollen (Gen. 1, 11). Also es ist ausgesagt, dass jede Pflanzenart durch ihre Samenkerne sich in ihrer Bestimmtheit fortpflanzen solle.

Wenn indes die Weltanschauung, die man in flüchtiger Ausdrucksweise als die „Gott-Hypothese" bezeichnet hat, zurückgewiesen wird, dann ist es selbstverständlich ganz ausgeschlossen, die Entwickelung mit Hilfe einer vorausgehenden Einwickelung verständlich zu machen. Dann bietet sich uns vielmehr das Schauspiel dar, dass eine Pyramide nicht nur auf ihre Spitze gestellt ist, sondern dass auch die Spitze selbst auf nichts ruht. Dies annehmen und dann aussagen, dass man bedenkliche Schwierigkeiten in der Bibel finde, heisst in Wahrheit, über einen Berg springen und über einen Strohhalm stürzen.

Um ein charakteristisches Beispiel zu geben, wollen wir die Sache im Spiegel der Darstellung betrachten, die einer der volkstümlichsten und anerkanntesten Verteidiger der agnostischen Philosophie (s. o. S. 4) gegeben hat. In Mr. E. Clodd's Buch „Story of Creation and Plain Account of Evolution" (veröffentlicht von Longmans, p. 137 ff.) finden wir das Folgende: „Über den Anfang, über das, was vor dem gegenwärtigen Zustand der Dinge war, wissen wir nichts, und *darüber nachzudenken, ist bodenlos.*"[1]) Diese

---

[1]) Der *Kursivdruck* hier und im folgenden Zitat ist von Ballard veranlasst worden.

Äusserung ist besonders interessant und bemerkenswert, wenn man sie im Lichte dessen betrachtet, was unmittelbar hinter ihr folgt, nämlich: „Aber da alles auf die begrenzte Dauer des gegenwärtigen Weltalls hinweist, *so müssen wir irgendwo einen Ausgangspunkt der gegenwärtigen Weltentwickelung annehmen*. Und wir sind deshalb *gezwungen,* einen uranfänglichen nebelhaften, lichtlosen Zustand *vorauszusetzen,* in welchem *die Atome mit ihren inwohnenden physikalischen und chemischen Kräften* getrennt neben einander standen. Sie können da nicht gleichmässig verteilt gewesen sein, sonst würde die physikalische Kraft sie zu einer einförmigen kugeligen Masse rund um einen gemeinsamen Mittelpunkt zusammengezogen haben, und die chemische Kraft, die *durch das Zusammentreffen von Atom mit Atom erregt worden wäre,* würde *nutzlos* in der Form von Hitze zu dem ätherischen Medium übergegangen sein. Sie wichen nur abweichend von einander ab in der Stellung und hatten eine *spezielle* Schwerkraft resp. Anziehungskraft in Bezug auf *spezielle Mittelpunkte.* Alle Zustandsveränderungen rühren von *Neuanordnung* der Atome her, die durch das Spiel von *anziehenden* physikalischen Kräften und *zurückstossenden* chemischen Kräften herbeigeführt wird, und das Ergebnis ist die Entwickelung des scheinbar Gleichen zum thatsächlich Ungleichen, des Gestaltlosen zum Gestalteten, des Einfachen zum immermehr Zusammengesetzten, bis die höchste Zusammengesetztheit in der Entfaltung des Lebendigen erreicht ist".

Nun, das ist gewiss lehrreich, dass wir in einem Atem gesagt bekommen, das „Nachdenken über die Uranfänge sei bodenlos" und „wir seien gezwungen vorauszusetzen", dass eine uranfängliche Nebelmasse herrschte. Oder ist diese letztere Behauptung etwa irgendetwas anderes, als ein Produkt des Nachdenkens über den Anfang der Dinge?

Sie ist in der That eine blosse Annahme, gestaltet im Hinblick auf die Hypothese, welche folgt. Aber dann muss es uns erlaubt sein, zu fragen: Ist diese „uranfängliche Nebelhaftigkeit oder Nebelmasse" selbst nicht die Wirkung einer vorausgehenden Ursache? Und wenn wir „gezwungen sind" die Wirkung „vorauszusetzen", sind wir dann nicht ebenso gezwungen, die vorausgehende Ursache dieser Wirkung vorauszusetzen?

Ein einziger Blick indes genügt, um zu zeigen, dass das, was der zitierte Schriftsteller gleich nicht wenigen andern in den angeführten Worten thut, nichts weiter ist, als mit Hilfe der „wissenschaftlichen Einbildungskraft" eine „Einwickelung" dessen vorauszusetzen, was er für nötig hält, um die darauffolgende Entwickelung der Erde und des Menschen annehmen zu können.

Aber seine ganze Reihe von Sätzen muss noch in anderen und deutlicheren Ausdrücken erörtert werden. Was bedeutet sie, wenn man nach ihrem thatsächlichen Sinn fragt? Sie ist ein Gewebe von Annahmen, die ebenso unwissenschaftlich in ihrem Inhalt, wie voreilig hinsichtlich ihrer Kühnheit sind. Denn folgendes ist es, was in jener Reihe von Sätzen unausweichlich enthalten ist: Im Anfang machte der Stoff selbst sich. Das heisst: das Nichts schuf etwas und zwar aus nichts. Dieser nun so selbstgeschaffene Stoff erschien zuerst als eine anfängliche Nebelmasse, die so äusserst dünn war, dass — nach der Schätzung Helmholtz's — mehrere Millionen Kubikmeilen von ihr kaum soviel wie ein einziges Sandkorn wiegen würden. Ausser diesem Nebel gab es im ganzen Weltenraume nichts, was noch existiert hätte. Jene Nebelatome waren ferner einander ganz gleich, denn es giebt keinen vernünftigen Grund, weshalb sie von einander verschieden sein sollten. Aber sie schritten dazu fort, sich in vielen

Fällen gänzlich verschieden von einander zu machen. So wurden sie, ohne dass eine Kraft ausser ihnen selbst überhaupt verhanden war, plötzlich — denn es muss irgend einen bestimmten Moment der Veränderung gegeben haben, — so äusserlich verschieden, wie die uns jetzt bekannten Atome des Kohlenstoffs, Wasserstoffs etc. Sodann geschah es weiter irgendwie, dass diese Atome, während sie keinem Dinge nahestanden und mit keinem sich in Wechselwirkung befanden, sich mit allen den Fähigkeiten — „den ihnen anhaftenden physikalischen und chemischen Kräften" — ausstatteten, aus denen alle die unbegrenzten Möglichkeiten von künftigen Welten entwickelt werden sollten. Weiterhin sodann begannen diese Atome, die selbst sich von einander unterschieden hatten, sich zu bewegen, ohne dass irgendwelche Gewalt ausser ihnen den Anlass gegeben hätte. Sie waren „nicht gleichmässig verteilt", wie es in jenen Worten Clodds hiess, d. h. sie selbst verteilten sich ungleichmässig und offenbar zu einem Zwecke, nämlich so, dass eine physikalische Kraft, die von nirgendsher kam, sie nicht um einen gemeinsamen Mittelpunkt — der irgendwo war — zusammenziehen konnte, und „eine chemische Kraft, die durch Berührung von Atom mit Atom erregt wurde" — welche Berührung sich in jedem Falle durch sich selbst erregte — durfte nicht „fruchtlos" an ein Weltall verloren gehen, in welchem es nirgends einen Verstand gab, der Gewinn oder Verlust hätte unterscheiden oder den letzteren hätte verhindern können. Weiterhin waren alle folgenden Veränderungen von der „Neuordnung von Atomen" abhängig, ohne dass man einen ordnenden Verstand existieren sieht.[1]) Dieselben vollzogen sich durch

---

[1]) Herbert Spencer sagt in der Vorrede zu seiner „Epitome of Synthetic Philosophy" (p. VIII f.): „Durch das ganze Weltall hindurch giebt es im allgemeinen und im besonderen eine

das Spiel von „anziehenden und zurückstossenden Kräften", die notwendigerweise von nirgends her kamen und die, da sie absolut jeder Leitung entbehrten, aufs Geratewohl thätig waren und nirgendshin strebten. Also durch nichts, was immer jenseits dieser unendlich kleinen und mit dem Nichts verwandten Atome existiert hätte, und was von nichts anderem als von selbstgeschaffenen, verstandlosen und ziellosen Kräften beeinflusst worden wäre, entstand, wie wir von Clodd hörten, das Ungleiche aus dem Gleichen, das Gestaltete aus dem Gestaltlosen, das Nützliche aus dem Nutzlosen und endlich durch einen besonders kühnen Streich das Lebendige aus dem Leblosen.

Diese letzterwähnte Umbildung war in der That wunderbar. Denn wenn die moderne Wissenschaft eines Satzes sicher ist, so ist es der, dass Leben nur aus vorhergehendem Leben entspringen kann.

Man höre darüber die Worte eines, der die Sache versteht! Professor Lionel S. Beale, M. B., F. R. S., etc. sagt: „Leben ist nicht eine Konsequenz der Organisation von Materie, sondern ihre Ursache. Das Leben geht der Organisation voraus, anstatt ihr nachzufolgen" (Life Theories and Religious Thought, p. 83). Über das Wesen des Lebens bemerkt dieselbe Autorität sodann weiter: „Ich habe während der letzten vierzig Jahre über die Gewissheit nachgedacht, die ich über das Wesen des Lebens erlangen könne. Ich habe die gegenwärtig lebende Materie, die lebende Zelle studiert. Ich habe ihre charakteristischen Eigenschaften, ihre Anordnung und ihre Beziehung zum umgebenden Gewebe beobachtet. Ich habe sie so betrachtet, teils während sie sich noch im Leben befand und teils kurz nach ihrem Tode,

---

unaufhörliche Neuverteilung von Stoff und Bewegung. Diese Neuverteilung bringt die Entwickelung zu stande." Ja, so ist es! Aber ist Verteilung oder Neuverteilung ohne die Annahme eines leitenden Verstandes denkbar?

teils während ihrer Gesundheit und teils während ihrer Krankheit. Ich habe dies auch mit den stärksten Vergrösserungsmitteln der neueren Optik gethan. Das Ergebnis ist, dass ich es jetzt für meine Pflicht halte, öffentlich die Lehre zu verteidigen, dass bei allem Leben durch die ganze lebendige Welt hindurch etwas mitwirkt, was man Lebenskraft (Vital Power) nennen kann, eine Energie, die von allen physikalischen und chemischen Kräften der Weltmaterie verschieden ist." „Es ist mir nicht gelungen, irgendwelche Thatsachen zu entdecken, die einen nachdenkenden Erforscher der lebendigen Natur zögern lassen könnten, die Existenz einer Lebenskraft anzuerkennen. Ebenso wenig bin ich im Stande gewesen, eine Hypothese in anderen Schriften zu entdecken oder selbst zu gestalten, die ausreichend wäre, irgendwelche Art von lebendiger Materie zu erklären, ohne dass sie den Einfluss einer unendlichen Macht, Voraussicht und Weisheit zuliesse. Wenn man auch ausschliesslich von einem rein wissenschaftlichen Gesichtspunkt aus die Sache betrachtet, so kann nach meiner Überzeugung die Ursache aller Lebenserscheinungen beim gegenwärtigen Stand unserer Erkenntnis nur in dem unmittelbaren Einfluss einer allmächtigen Kraft gefunden werden, und ich spüre in meinen Forschungen einen Grund zu der Zuversicht, dass auch jeder weiterhin eintretende Fortschritt der Naturerkenntnis sich als ein solcher erweisen wird, der, um mit dem Wahlspruch des „Victoria Institute" zu sprechen, „Ad majorem dei gloriam" führen wird."

Ebenso bemerkt Professor E. Hull, L. L. D., F. R. S.: „Ich sage, dass es unmöglich ist, durch irgendwelche vernünftige Hypothese den Ursprung des Lebens auf dem Erdball zu erklären, wenn man nicht die Einwirkung einer Allgewalt zu Hilfe ruft." „Wenn wir daran gehen, uns mit organischen Wesen zu beschäftigen, so ist der Unterschied zwischen toter und lebendiger Materie so ungeheuer, dass wir nach meiner Überzeugung zu dem Schlusse berechtigt sind: nicht nur die gewöhnliche Leitung, sondern auch die wiederholte Einwirkung einer Allgewalt ist anzunehmen. Der Abstand zwischen träger unorganischer Materie und einem lebenden Organismus ist so weit, wie der Raum selbst."

Es wäre leicht, noch viele derartige Äusserungen von Männern anzuführen, deren wissenschaftliche Qualifikation über allen Zweifel erhaben ist.

Ja, das Protoplasma, die einfache Zelle, ist, wie Sir Henry Roscoe gezeigt hat, in Wirklickeit nicht eine Zusammensetzung, sondern ein Gebilde, das auf vielen verwickelten Faktoren aufgebaut ist und das alle Hilfsmittel der neuesten Chemie herausfordert und diese dabei zum Teil sogar in Verlegenheit bringt. Aber man sehe doch, was in den guten alten Zeiten geschah! Ein Zufall, der auf die uranfängliche Nebelmasse wirkte, machte die Entstehung jenes Gebilde ganz leicht. So war es wenigstens nach Clodd (s. o. S. 52). Denn dieser sagt: „Ist die Materie *gegeben,* aus der ein Gebilde sich zusammensetzt, und ist ebenso das Spiel von physikalischen und chemischen Kräften *gegeben,* deren Träger jene Materie ist, worin liegt dann der Unterschied, der als Produkt von Stoff und Kraft das eine Mal eine unlebendige und das andere Mal eine lebendige Masse auftreten lässt? Die Antwort lautet *selbstverständlich,* dass, *da die Bestandteile dieselben sind, der Unterschied in ihrer Mischung liegen muss.*"

„Selbstverständlich!" Ja, wahrhaftig. Ich will nichts über die unbescheidene Annahme sagen, die gleich im Anfange jenes Zitats liegt, indem er genau die Stoffe und Kräfte „voraussetzt", die zur Entstehung der gegenwärtig vorhandenen Gebilde nötig waren. Aber das muss beanstandet werden, dass die „Mischung", die zu erklären oder zu wiederholen der ganzen Geisteskraft der modernen Wissenschaft nicht gelungen ist, das einfache Produkt eines blinden Zufalls sein soll, der auf eine anfängliche Nebelmasse gewirkt hätte!

Und doch ist dieses erstaunliche Ereignis nur erst der Anfang einer ganzen Reihe von Wundern. Nachdem ein Zufall die Zellsubstanz oder das Protoplasma hergestellt hatte, fuhr er in seiner Wirksamkeit so gut fort, wie er konnte. Ohne eine Hilfe von aussen, ohne Verstand oder Tendenz unternahm er es, jene wunderbare verwickelte Wesenheit hervorzubringen, die der Wissenschaft vom Leben (Biologie) als die ausgebildete Zelle bekannt ist. So entstanden durch nichts, ja absolut nichts, ausser dem zufälligen Zusammentreffen von Molekülen der Zellsubztanz, stufenweise jene verwickelten Verbindungen von Zellen, die in grösserer oder kleinerer Anzahl den Bau aller lebendigen Körper bilden. Diese unterschieden sich wieder in Pflanzen und Tiere, und brachten ohne irgendwelche Leitung die Gesamtheit aller bekannten Arten des Pflanzen- und Tierreichs hervor bis zu deren höchsten Gestaltungen herauf. Das heisst: aus nichts ausser der verstandlosen, empfindungslosen und ziellosen Einwirkung eines reinen Zufalls auf die von Clodd angenommene anfängliche Nebelmasse entstand nicht nur alle Geordnetheit, Aneinanderpassung und Zusammenstimmung, die Schönheit und Gesetzmässigkeit der Natur, sondern auch die Philosophie des Sokrates und Plato, das Genie von Shakespeare und Goethe, die Dichtkunst eines Dante und Tennyson, die Menschenfreundlichkeit von Wilberforce und Howard, die Frömmigkeit eines Wesley und Whitefield, die Staatskunst eines Bismarck und Gladstone, die Theologie eines Dorner und Fairbairn und sogar die Meinungen des modernen Agnostizismus (s. o. S. 4). Alles dies entstand aus einem Nichts, das durch einen blossen Zufall beeinflusst wurde!

Angesichts dieses Wunders, dessen Annahme die ganz

unvermeidliche Folge der agnostischen Hypothese ist, war Dr. Lionel Beale („Protoplasm", p. 247) vollauf zu dem Ausruf „O über die wunderbare Leichtgläubigkeit!" berechtigt. Dies alles anzunehmen, nachdem man den christlichen Glauben auf Grund seiner „Schwierigkeiten" verworfen hat, das heisst in der That ein Kamel verschlucken, nachdem man eine Mücke herausgeseiht hat. Denn die christliche Lehre von einem unendlichen, aber persönlichen Gott — der Übersetzer sagt dafür gern: von einem mit Selbstbewusstsein und Selbstbestimmung begabten Gottesgeist (Joh. 4, 24 etc.) — erklärt in logischer und vollständiger Weise den Bestand des Weltalls. Die einzige Schwierigkeit der christlichen Lehre besteht nur darin, dass wir die Beschaffenheit dieses Gottes nicht begreifen können, mögen wir auch den Begriff des uns bekannten Persönlichen ausdehnen, oder mögen wir auch das Unendliche nach dem Massstab unserer Kenntnis reduzieren. Diese Schwierigkeit ist natürlich. Sie entsteht in natürlicher und notwendiger Weise aus den Schranken unserer Fähigkeiten. Ein Gott, der vom Menschen begriffen werden könnte, würde nicht der Gott des Weltalls sein. (Der Übersetzer meint trotzdem, dass man die Gottesidee sich näher bringen dürfe, indem man den Gottesgeist als mit einem Zentrum ausgestattet denkt, in welchem wie in der menschlichen Seele sein Selbstbewusstsein und seine Selbstbestimmung und damit sein persönliches Leben sich vollzieht, während von da aus gleichsam Nervenfäden des göttlichen Pneuma das Universum durchziehen können).[1]

---

[1] „Sage: „„Im Anfang schuf Gott Himmel und Erde"", und du hast deinem Schüler wenigstens ein Universum gelassen, das mit den wahren Bestandteilen seiner Erkenntnis nicht im Widerstreite liegt. — Wenn die Existenz einer göttlichen Ersten Ursache zugelassen wird, so ist es schwer, zu sehen, welcher

Aber die atheistische oder, was hier dasselbe ist, die agnostische Theorie (s. o. S. 4) vom Ursprung des All übersteigt nicht nur unser vernünftiges Denken, sondern sie widerspricht diesem auch in grober und nachdrücklicher Weise. Wir sehen, dass nicht einmal die geschicktesten Schriftsteller bei Vertretung jener Theorie eine Weltauffassung darbieten können, ohne Annahmen zu machen, die entweder die Beantwortung der ganzen Frage von vorn herein voraussetzen, oder die ganze Beobachtung und Erfahrung des gesunden Menschenverstandes in Misskredit bringen.[1]) Wenn also Clodd gegen die Gottesidee als gegen

---

Einwand gegen diese Auffassung des Ausgangspunktes des Lebens erhoben werden kann, von dem unser Erdball vielleicht nur ein Teil ist. — Nicht weniger schwer ist es zu sehen, welche gesicherten Thatsachen betreffs des Lebens und seiner Erscheinungen diese Betrachtungen verbieten könnten, die zugleich mit der Offenbarung, der Vernunft und der wissenschaftlichen Erkenntnis im Einklang steht" (Dr. Walter Kidd, F. Z. S. im Journal des Victoria-Instituts, No. 123, p. 199).

[1]) Lord Kelvin wird von allen kompetenten Beurteilern als ein Physiker geschätzt werden, der grössere Auktorität, als Mr. Clodd, besitzt. Daher sind die Worte, die er in Bezug auf die oben erörterte Frage gesprochen hat, wert, beachtet zu werden. Sie lauten aber so: „Sir George Stokes sprach von einem Weltenplan. Ist es auch in der That begreiflich, dass der lichtfortpflanzende Äther seine Wirkungen durch Zufall äussern sollte, — dass die Farben des Schmetterlings oder einer schönen Blume aus einem zufälligen Zusammentreffen von Atomen aufleuchteten? Sollten diese zufällig farbenausstrahlenden Atome einem andern zufälligen Zusammentreffen von Atomen, das mich selbst ins Dasein rief, ein Vergnügen bereiten, und sollte ich — doch ich weiss nicht, wie ich fortfahren soll. Die atheistische Vorstellung ist so unfassbar, dass ich nicht weiss, wie ich sie in Worte kleiden soll" (Journal des Victoria-Instituts, No. 124, p. 267).

eine „unverifizierbare (also eine nicht zu erhärtende) Annahme einer dogmatischen Theologie" eifert, so widerspricht und widerlegt er sich selbst. Der Agnostizismus (s. o. S. 4), der „nur ein völliges Nichtwissen bekennen kann", wie Clodd selbst in seiner „Story of Creation" (p. 152) sagt, sollte doch sicherlich nicht irgendetwas als „unverifizierbar" bezeichnen. Gegenüber einem Lehrsystem, das sich selbst nur durch grobe und wahrhaft aussergewöhnliche Voraussetzungen aufbauen kann, wie der am Anfang von Kapitel IX aus Dr. Momerie's „Belief in God" gegebene Auszug beweisen wird, genügt es, im Anschluss an Matth. 7, 5 zu erwidern: Nimm erst den Balken aus deinem Auge, und dann wirst du klar sehen, um den Splitter aus dem Auge der christlichen Philosophie herauszuziehen! Die Worte des grossen Newton, in denen er seine tiefgehenden Forschungen zusammenfasste, klingen uns da als ein erfrischender Kontraakkord entgegen. Sie lauten: „Aus einer blinden metaphysischen Notwendigkeit, die selbstverständlich überall und immer die gleiche ist, konnte keine Mannigfaltigkeit hervorgehen. Die ganze Verschiedenheit, die den geschaffenen Dingen nach Ort und Zeit anhaftet, konnte ihren Ursprung nur in den Ideen und dem Willen eines notwendigerweise existierenden Wesens haben."

Wir haben in so nachdrücklicher und ausführlicher Weise bei den Worten Clodds verweilt, weil sein Buch zugleich volkstümlich ist und zugleich den Grundcharakter vieler anderen Schriften ausprägt, die in der englisch sprechenden Welt verbreitet werden, als wenn sie die neueste und genaueste Wissenschaft darböten. Wie wenig diese Schriften dies in Wirklichkeit leisten, ist deutlich genug.

Ehe wir aber die Betrachtung des Naturgebiets beenden, ist es nötig, wenigstens einen Überblick darüber zu gewähren, wie es mit der Richtigkeit dreier anderen Gedankengänge steht, die mit dem Naturgebiet in nahem Zusammenhang stehen. Diese drei sind die folgenden: 1. der Beweis für das Dasein einer Gottheit, der auf Naturzeugnissen über einen verständigen Weltplan beruht; 2. die unverkennbare Ausprägung von Schönheit und Feinheit in dem ganzen bekannten Universum und 3. die Frage nach der Unmöglichkeit und Unglaublichkeit von Wundern.

1. Seit undenklicher Zeit, lange Jahrhunderte bevor Paley's „Natural Theology" verfasst wurde, erschloss das menschliche Denken die Existenz eines allmächtigen Schöpfers aus der Wunderbarkeit der zweckentsprechenden Einrichtungen, die der Mensch auf Schritt und Tritt, und zwar ganz deutlich auch an sich selbst, beobachten musste. Der 139. und andere Psalmen zusammen mit solchen Äusserungen wie Hiob XL und XLI etc. können als hinreichende Beweise für diese Behauptung gelten. Paley's Werk verfolgte die Absicht, diese allgemeinen Überzeugungen der Menschen in kurzer und lebhafter Form zusammenzufassen. Der Eindruck, den Paley mit seinem Buch hervorrief, war natürlicherweise grossartig und weitreichend. In der Gegenwart indes will man uns belehren, dass alle solche Vorstellungen „nicht mehr zeitgemäss" seien, dass die Annahme eines in der Natur waltenden Planes nur eine „altmodische Vorstellung" sei, und dass Paley's Werk „antiquiert" sei und nur verdiene, vergessen zu werden.

Die Ausdehnung, in welcher derartige Behauptungen gemacht und von grossartigen Massen von Künstlern, Handwerkern und jungen Leuten gutgeheissen werden, ist bedeutsamer, als die christlichen Kirchengemeinschaften im allgemeinen annehmen. Man darf sich auch nicht wundern, wenn in jeder „Freien Bibliothek" des Königreichs Grossbritannien und Irland die Schriften von Spencer, Darwin, Tyndall, Huxley, Proctor, Clodd, Grant Allen, Romanes und anderen nicht nur zu haben sind, sondern ununterbrochen gelesen werden.

Den Geist, der in diesen Schriften weht, wollen wir nur durch ein einziges Beispiel kenntlich machen. In seinen Aufsätzen über „Scientific Evidences of Organic Evolution", die in „Nature" Series, p. 12, 13, 14, 76 f. erschienen und den Ursprung der Natur behandeln, schrieb der verstorbene Professor Romanes folgendes: „Zwei Hypothesen und nur zwei kämpfen um den Sieg. Die eine von ihnen behauptet, dass ein intelligenter Plan sich in der Schöpfung auswirkte. Die andere Hypothese behauptet, dass alle Naturerscheinungen auf natürlicher Auslese (oder Zuchtwahl) beruhen, die sich während zahlloser Zeitalter der Vergangenheit vollzog. Nun würde ein positiver Beweis für das Walten eines intelligenten Weltplans darin liegen, wenn gezeigt werden könnte, dass alle Arten (= Spezies) von Pflanzen und Tieren geschaffen, d. h. plötzlich in die verwickelten Bedingungen ihres Lebens eingeführt wurden. Denn ganz unfassbar ist es, dass irgendwelche andere Ursache, als eine Intelligenz, im Stande hätte sein können, einen Organismus plötzlich an seine Umgebung anzupassen. So führt die ganze Frage, die zwischen natürlicher Auslese und übernatürlicher Absicht schwebt, sich auf folgende zurück: „Sind alle Arten von Pflanzen und Tieren getrennt geschaffen worden, oder haben sie sich langsam entwickelt? Denn wenn sie jede für sich geschaffen wurden, so bleibt der Beweis eines übernatürlichen Planes unwiderlegt und unwiderleglich. Dagegen wenn sie sich langsam entwickelten, so ist jener Beweis völlig und für immer zerstört" ... Er meint, dass dies der Fall sei, und sagt daher weiterhin: „Die „„natürlichen Theologen"" können nicht länger den Beweisgründen solcher Schriftsteller, wie Paley, Bell, Chalmers, zustimmen, ohne bewussterweise das einzige logische Prinzip zu verletzen, das die Wissenschaft vom Fetischismus trennt".

Diese Worte besitzen wenigstens das Verdienst, klar und schneidig zu sein. Es ist nicht sehr zu verwundern, dass eine solche Behauptung, die von einer solchen Seite her und in einer so volkstümlichen Gestalt gemacht wird, einen tiefen und andauernden Eindruck auf die Geister der gewöhnlichen Leute unter unseren Zeitgenossen machen konnte. Trotzdem kann es unmöglich zu deutlich oder vielmehr auch nur mit genügendem Nachdruck gesagt werden, dass jene Behauptung absolut ungerechtfertigt und unwahr ist.

Wie es geschehen konnte, dass begabte Männer, die gleicherweise mit den Thatsachen der modernen Wissenschaft bekannt waren, betreffs der Ergebnisse dieser Wissenschaft ganz entgegengesetzte Auffassungen gewinnen konnten, haben wir hier nicht zu erörtern. Wenigstens soviel muss aber gesagt werden: Gewiss bildet es für den Christen eine Schwierigkeit, das Verhalten von atheistischen Vertretern der Wissenschaft zu verstehen, wenn er sie für ebenso ehrlich, wie befähigt hält. Noch schwerer aber ist es für den Ungläubigen, die grössere Zahl von gleich hervorragenden wissenschaftlichen Forschern zu verstehen, die es nicht nötig finden, ihren Glauben wegen ihrer Kenntnis aufzugeben.[1]) Es wäre eine leichte Aufgabe, einander

---

[1]) So bemerkt Professor J. H. Gladstone, Ph. D., F. R. S.: „Viele von uns christlichen Männern der Wissenschaft erkennen an, dass es einen einheitlichen Plan und Zweck giebt, der sich durch die Werke Gottes hindurchzieht. Wir behaupten, dass die darwinische Theorie vom Überleben des Passendsten den

gegenüberstehende Listen von Namen aufzustellen. Sicherlich würde die Reihe der christlichen Vertreter der wissenschaftlichen Forschung ebenso nach Quantität wie Qualität der der Atheisten nicht nachstehen. Allerdings hat Haeckel in seiner „Natürlichen Schöpfungsgeschichte" den Standpunkt vieler mit folgenden Worten charakterisieren zu können gemeint: „Ich behaupte bezüglich des vielbelobten Zweckes in der Natur, dass er gewiss nur für solche Leute existiert, die Erscheinungen an Tieren und Pflanzen in der oberflächlichsten Weise beobachten".[1]) Aber da wird ihm von führenden Vertretern des Entwickelungsstandpunktes aufs nachdrücklichste widersprochen. Fühlte doch

---

Gedanken, dass ein göttlicher Zweck und Plan in der Natur waltet, nicht zerstört, sondern befestigt und uns einen willkommenen Einblick in den Weg gewährt, auf dem das Naturleben durch die Jahrhunderte hindurch sich vollzog, nicht als eine Reihe von zufälligen Ereignissen, sondern als das Ergebnis eines ordnenden Gesetzes". — Anmerkung des Übersetzers: Selbstverständlich muss jener darwinistische Satz aber erst als richtig erwiesen sein. Wenn aber z. B. gesagt wird, dass die grössere Schönheit mancher männlichen Tiere aus deren Streben, den weiblichen Tieren zu gefallen, sich erkläre, so muss man fragen: Warum sollten die weiblichen Tiere nicht das gleiche Streben gefühlt haben?

[1]) „In der oberflächlichsten Weise"! Dies ist leider keineswegs der einzige Beleg der Unverfrorenheit einiger Leute, die über moderne Wissenschaft schreiben. Da wollen wir uns doch an die Namen aller der Naturforscher erinnern, die nach vielen Jahren der Untersuchung mit Überlegung das Urteil von Sir G. Stokes unterschreiben: „Die Verwickeltheit dieses wundervollen Organismus giebt wenigstens meinem Nachdenken einen grossartigen Beweis von der Planmässigkeit seiner Konstruktion". Dessen eingedenk werden wir wohl urteilen, dass es mit einer Sache jämmerlich stehen muss, die eine Unverfrorenheit, wie die oben erwähnte, zu ihrer Verteidigung bedarf.

Darwin selbst sich in seinen späteren Jahren zu dem Geständnis getrieben: „Ich bin mir bewusst, dass ich mich in einer äusserst hoffnungslosen Verwirrung (muddle) befinde". Wieviel mehr darf der bescheidene Leser der Schriften seiner Nachfolger durch solche Widersprüche verwirrt werden! Setzen wir also den Fall, es wäre zuzugestehen, dass das, was Huxley „die gewöhnlicheren und plumperen Formen der Lehre von der Weltzweckmässigkeit" nannte, den Todesstoss bekommen habe! Ja, setzen wir den Fall, dass das Bekenntnis „Ich fand ihn nicht in Welt und Sonne, im Adlers Fittich nicht, nicht in der Spinne Aug'" als eine unwidersprechliche Wahrheit anerkannt wäre! Dann entspräche es wenigstens ebenso der Wahrheit, wenn man hinzufügte: „Ich fand ihn auch nicht durch die Fragen, die Menschen oft zu stellen wagen, nicht durch die Spinngeweb', die dünnen, an denen Menschen so gern spinnen".

Wenn Haeckel und Romanes[1]) mit ihren oben zitierten schroffen Äusserungen Recht haben, dann haben Huxley und Gray und Darwin selbst Unrecht. Denn Huxley erklärt, dass „die Entwickelungstheorie nicht im entferntesten mit dem Gottesglauben als einer philosophischen Überzeugung in Kollision gerät". Ferner Asa Gray schrieb: „Wir wollen den grossen Dienst anerkennen, den Darwin der Naturwissenschaft dadurch erwiesen hat, dass er ihr die Anerkennung der Zweckmässigkeit wiedergab, sodass die Lehre von den Naturformen (die Morphologie) der Lehre von der Weltzweckmässigkeit (der Teleologie) nicht mehr gegenübersteht, sondern wir die Morphologie gleichsam im Ehe-

---

[1]) In dem oben auf S. 63 gegebenen Zitat. Die, welche mit Romanes „Thoughts on Religion" bekannt sind, werden wissen, wie die oben zitierten Behauptungen nach seinen späteren Überzeugungen zu modifizieren sind.

bunde mit der Teleologie finden". Endlich Darwin stimmte dem völlig mit den Worten zu „Was Sie über die Teleologie sagen, gefällt mir ganz besonders". Und gerade in dem Jahr, wo er gemäss dem Zitat auf S. 66 von seiner Verwirrung sprach, sagte er auch: „Ich bin geneigt, alles als Ergebnis einer geplanten Gesetzmässigkeit anzusehen". So können Professor Huxley's Worte mit gutem Grund als eine abschliessende Beleuchtung der Haeckel'schen Schroffheit aufgefasst werden, wenn er versichert, „man müsse notwendigerweise sich daran erinnern, dass es einen weiteren Begriff von Teleologie gebe, der von der Entwickelungstheorie nicht umgestossen wird, sondern thatsächlich auf dem Fundamentalsatz von der Entwickelung sich aufbaut".

Aber es bleibt noch mehr zurück. Um dies zu erkennen, brauchen wir nur einen einzigen sorgfältigen Blick auf die Hauptartikel des populären Glaubens an die atheistische Entwickelung zu lenken. Dann werden wir sehen, wie bei jedem einzelnen Punkte eine grössere Schwierigkeit des atheistischen Standpunktes für eine geringere Schwierigkeit der christlichen Weltanschauung gesetzt ist.

Betrachte zuerst die „Plötzlichkeit", auf die Professor Romanes in seinen oben S. 63 f. zitierten Worten so grossen Nachdruck legte! Was schliesst sie in sich? In Wirklichkeit, obgleich ohne Absicht, eine Ignorierung der Thatsachen und eine mit ihr zusammenhängende Flucht vor den Konsequenzen dieser Thatsachen. Es giebt ja keine stufenmässige Anpassung, die nicht aus *plötzlichen* Veränderungen sich zusammensetzte. Was bedeutet die „Modifikation" eines Organs oder eines Organismus anderes, als das Auftreten thatsächlicher, also begrenzter und daher notwendigerweise *plötzlicher* Veränderungen, die in den grundlegenden Zellen eintreten, aus denen jener Organismus zusammengesetzt ist? Eine schliesslich totale, obgleich stufenmässig eintretende Anpassung eines Naturbestandteils an seine Umgebung ist auf keine andere Weise begreiflich.

Überdies kann schon der ganz gewöhnliche Verstand sicher das Trügerische durchschauen, das darin liegt, wenn jene „Plötzlichkeit" im allgemeinen als ein genügendes Kennzeichen für das Walten eines Weltenplanes bezeichnet wird.[1]) Oder kann ein einfacher Kasten aus Tannenholz, der in einer Stunde zusammengenagelt werden kann, als ein positiver Beweis vom Wirken einer Intelligenz angesehen werden? Soll dagegen die Konstruktion eines hochvollkommenen Chronometers, der einen geschickten Arbeiter viele Monate beschäftigt, einfach deshalb, weil er langsamer zu seiner erstrebten Beschaffenheit gelangt, keine Intelligenz erfordern? Das wäre eine Täuschung, die schon für die Augen eines Kindes hinreichend durchsichtig sein würde. Aber die Wahrheit ist, dass gar keine solche Vergleichung zwischen Zeit und Gedanke jemals gemacht werden durfte. Die beiden Kategorien sind durchaus nicht mit dem gleichen Massstabe messbar. Eile und Absicht besitzen keine Berührungspunkte. Langsamkeit hat absolut nichts mit der Anwesenheit oder Abwesenheit von Intelligenz zu thun. In jener oben zitierten Behauptung

---

[1]) Es ist lehrreich, im Gegensatze zu jener Betonung der „Plötzlichkeit" die Äusserungen anderer Männer der Wissenschaft anzumerken, die ebenso sehr, wie Romanes, befähigt sind mitzusprechen. Z. B. lesen wir: „Bei der Betrachtung der Vorbereitung der Heimstätte des noch zukünftigen Menschen dürfen wir nicht das interessante Faktum ausser Acht lassen, dass die Pflanzen bereits existierten, die er als Nährfrüchte anbauen konnte, und dass die grossen Klassen der Tiere bereits vorhanden waren, die sich von ihm zähmen liessen". (Dr. W. Kidd, F. Z. S. im Journal des Victoria-Instituts, Nr. 123, p. 207.)

von Romanes sind also die Kräfte, die natürlich und notwendigerweise dem unendlichen Verstand angehören, nur geleugnet, um alle Attribute der Gottheit dem zufälligen Zusammentreffen hypothetischer Atome zu verleihen!

Aber die Sache ist noch schlimmer. Man gefällt sich in unsern Tagen nicht selten darin, das, was man das Zweckmässigkeits-Argument für Gottes Dasein nennen kann, als eine „grobe Zimmermanns-Theorie von der Schöpfung" zu verhöhnen. Aber denkt man auch nur einen Augenblick darüber nach, so wird es schwer, zu meinen, dass der erste Urheber und die späteren Verwender einer so falschen Redensart mit gewissenhafter Überlegung zu Werke gegangen ist und gehen.[1]) Wir wollen nichts von der Beschaffenheit einer Wissenschaft sagen, die für Lebenserscheinungen eine mechanische Lösung vermuten kann, schon der blosse Schein von Gewaltsamkeit, der in jener Redensart liegt, muss sie als eine Zumutung erscheinen lassen, die der Berechtigung völlig entbehrt. Denn kein menschlicher Handwerker hat sich je selbst die Materialien verschafft, die er bearbeiten wollte. Aber auch abgesehen davon, so würde jene Redensart, so weit sie ernst zu nehmen ist, zuviel beweisen. Denn jeder „Zimmermann" besitzt wenigstens Persönlichkeit und Verstand. Wenn Herbert Spencer diese beiden Eigenschaften dem Urheber

---

[1]) Wer sich für eine umfassende Prüfung des ganzen agnostischen (s. o. S. 4) Standpunktes, wie er von Herbert Spencer vertreten wird, interessiert, findet eine solche in Nr. 68 des Journals des Victoria-Instituts, in dem Aufsatz von Sir. E. Beckett (Lord Grimthorpe) über die Frage „Wie entwickelte sich die Welt?" und auch in Ground's Schrift „Spencer's Structural Principles examined", die bei Parker und Comp. erschienen ist.

der Natur zugestehen will, so giebt es zwischen Spencer und dem christlichen Glauben keinen Streit mehr.

Man spricht auch von „rudimentären Organen" oftmals so, als wenn deren Vorhandensein alle weitere Beachtung der Idee eines Weltplans völlig überflüssig machte. Eine solche Annahme ist viel zu voreilig. Denn das aus den sogenannten „rudimentären Organen" sich ergebende Problem kann schwerlich besser formuliert werden, als es in folgenden Worten Professor Huxley's geschehen ist: „Entweder sind diese Rudimente von keinem Nutzen für die betreffenden Tiere, und in diesem Falle mussten sie verschwinden, oder sie besitzen irgendwelchen Wert für das betreffende Tier, und in diesem Falle besitzen sie keinen Wert als Beweise gegen die Zweckmässigkeit der Welt" („Darwinism and Design" St. Clair, 151). Übrigens können doch die sogenannten rudimentären Organe ebenso wohl Anfänge als auch Endstadien einer Formation darstellen, und müssen ja alle Organe mit Rudimenten begonnen haben.[1]) Folglich drängt sich uns die Frage auf, woher kam der Ausgangspunkt der Entwickelung, und wie kam es, dass in der Materie die Befähigung für die Hervorbringung der Entwickelungsreihen vorhanden war? Diese grösseren Schwierigkeiten der Haeckel'schen Entwickelungstheorie warten noch immer auf eine Lösung.

Zusatz des Übersetzers. Auch in Bezug auf den Menschen beruft man sich vielfach auf die Beweiskraft der sogenannten „rudimentären" Organe. Man sagt, wie es neuestens z. B. wieder bei R. Steiner („Haeckel und seine Gegner" 1901, S. 38) heisst, der Mensch habe im inneren Winkel seines Auges eine Hautfalte, die für die Verrichtung eines Sehorgans ohne jeden

---

[1]) Anmerkung des Übersetzers. Dies erscheint mir fraglich, und auf jeden Fall möchte ich den Schlusssatz meiner obigen Bemerkung (S. 50 f.) hier noch einmal betont haben.

Zweck sei. Der Mensch habe auch Muskeln, welche denen entsprechen, durch die gewisse Tiere ihre Ohren willkürlich bewegen können. Dennoch können die meisten Menschen ihre Ohren nicht bewegen. Die Entwickelungstheoretiker meinen nun, solche Bestandteile des menschlichen Organismus, wie jene Hautfalte und Muskeln, könnten nur von den Vorältern des Menschen ererbt sein. Aber auch ein Anatom, wie Professor His in Leipzig, nimmt diese Erklärung nicht an. Er betrachtet derartige Bestandteile als solche, denen „bis jetzt keine physiologische Rolle sich hat zuteilen lassen". Diese Erklärung wird man in Bezug auf die erwähnte Hautfalte im inneren Winkel des Menschenauges auch wirklich gelten lassen müssen. In Bezug auf die Muskeln, die zum Bewegen der Ohren dienen, erlaube ich mir die Bemerkung, dass diese Muskeln beim Menschen nicht von Vererbung und also nicht aus dessen Stammesgeschichte (Phylogenie) herrühren müssen, sondern dass auch die Möglichkeit von Parallelentwickelungen im Auge behalten werden muss, die ja bei der Sprachvergleichung eine bedeutsame Rolle spielen. Solche Muskeln zum Bewegen der Ohren konnten ebenso einen Bestandteil der Ohren des menschlichen Organismus, wie ein Element anderer animalischer Lebewesen bilden. Sie konnten aber beim Menschen meistens ausser Gebrauch kommen, wie er ja überhaupt auf den Gebrauch des auch ihm möglichen Geberden- und Mienenspiels zu verzichten sich gewöhnte.

Vielleicht der wirksamste Trumpf, den man gegen die Annahme eines Weltplans auszuspielen pflegt, besteht in der Zitierung des Ausspruchs, dass die Natur „an Zahn und Klaue die Blutröte zerrissenen Frasses zeige". Diesem viel verwendeten Zitat ist oft eine Absicht aufgedrängt worden, die es selbst gar nicht erreichen wollte. Ein wissenschaftlicher Grundsatz pflegt doch mit Recht nicht in dichterische Ausdrucksweise gekleidet zu werden. Dieser oft wiederholte Ausspruch enthält auch gar keinen Gegengrund gegen die Annahme eines Weltplans. Bei unserer jetzigen weiterblickenden Kenntnis der Natur fällt es freilich niemanden ein zu leugnen, dass es einen Kampf ums Dasein und ein Überleben des Stärksten giebt. Aber wenn man dies anerkennt, so ist das etwas ganz anderes, als wenn man behauptet, die Summe von Grausamkeit und Leiden, wie sie z. B. in dem Verhalten der Sphex-Wespe oder der fleischfressenden Tiere beobachtet wird, verbiete durchaus den Gedanken an irgendwelche Spuren des Fingers Gottes in der Natur. Paley z. B. schrieb über diese Frage folgendes: „Dies ist nach allem eine glückliche Welt. Die Luft, die Erde, das Wasser sind voll von ergötzlichem Dasein". Von einem solchen Urteil pflegt man heutigentags zu sagen, dass „kein verständiger Mensch es jetzt niederschreiben könne". Aber wir fragen: Warum nicht? Hat das „ergötzliche Dasein" ganz aufgehört, sodass es im Leben der Welt, wie wir es jetzt sehen, kein Glück gäbe, das der Erwähnung wert wäre? Keine Meinung könnte möglicherweise mehr irreführend sein, als diese.

Es ist ja eine einfache Thatsache, dass das ganze „Geheimnis der Mühsal" in starker und empfindsamer Weise aufgebauscht worden ist, während das weit grössere Geheimnis der Mühelosigkeit, also des Wohlbefindens, als eine selbstverständliche Nebensache behandelt, oder auch als gar nicht vorhanden ganz mit Stillschweigen bedeckt worden ist. Hier tritt uns wieder einmal das fast launenhafte „Herausseihen" (Matth. 7, 5) der geringeren und das anstandslose Verschlucken der grösseren Schwierigkeit entgegen. Wenn man manchem Darsteller zuhört, könnte man auf den Gedanken kommen, dass jede Fliege, die im Herbst von Pilzen überdeckt an der Fensterscheibe gefunden wird, einen langandauernden Todeskampf darstelle, der einem mühsamen und aufreibenden Dasein ein erschütterndes Ende gemacht habe. Wenn dies wirklich behauptet würde, so wäre es kaum mehr unwissenschaftlich, als folgende, nicht seltene Äusserung: Die Mühsal des Lebens und die Art des Sterbens in der Tierwelt seien so beschaffen, dass sie das bewusste Dasein zu einem fühlbaren Elend machten und für immer den alten Glauben vernichteten, dass der Herr gütig ist gegen alle. Es giebt nur einen Weg, auf dem man es versuchen könnte, eine solche pessimistische Weltanschauung zu begründen. Dieser Weg nimmt folgende Richtung: den kleineren Teil des Naturwirkens bauscht man auf und dessen Dunkelheit verdichtet man über Gebühr, während man gleichzeitig den überwiegenden Teil des Naturlebens unterschätzt und das unfragliche „Süsse und Lichte", was in ihm auftritt, als nicht in Betracht kommend behandelt.

Nun wir besitzen als gläubige Christen vollkommene Freiheit, anzuerkennen, dass das Geheimnis der Mühsal hinsichtlich ihrer Menge und Beschaffenheit über unser Verstehen hinausgeht.[1]) Aber ein solches Geständnis schliesst weder die Zerstörung des vom Weltplan hergenommenen Gottesbeweises noch die Rechtfertigung eines trostlosen Pessimismus in sich. Jenes Geständnis spricht nur die Begrenztheit unserer menschlichen Sehweite aus, und dies sollte für vernünftige Menschen keine so aufregende oder zurückstossende Lektion sein. Denn so weit

---

[1]) Anmerkung des Übersetzers. Die Bibel giebt nach meiner Ansicht die Anschauung an die Hand, dass die Übel in der Welt teils von vorn herein — das „gut" von Gen. 1, 31 kann relativ gemeint sein — zur Erziehung oder Läuterung der mit Willensfreiheit ausgestatteten Menschen und teils im weiteren Verlaufe der Weltgeschichte zur Bestrafung und Wiedergewinnung der die Freiheit falsch verwendenden Menschen (Gen. 3, 14. 17 etc.) entstanden sind.

die niederen Ordnungen des Lebenden in Betracht kommen, so besitzen wir weder die Erkenntnis, um die thatsächliche Summe von erduldeter Mühsal genau abzuschätzen, noch auch die Fähigkeiten, um zu entscheiden, ob Weisheit und Wohlwollen oder ihre Gegensätze es bestimmten, dass der aufwärtssteigende Weltprozess aus einem Kampf ums Dasein entsprang. Für eine oberflächliche Empfindsamkeit ist es freilich leicht, zu der Behauptung zu gelangen, dass es überhaupt keinen Kampf geben sollte. Aber diese Behauptung besitzt keinen grösseren intellektuellen Wert, als die Meinung des Kleinen in der Kinderstube, dass sein Vater an einem regnerischen Tage nicht ins Geschäft gehen sollte.

In Bezug auf das Wesen und die Bedeutung des menschlichen Leidens ist die jetzt erörterte Frage zugleich mit Fragen der Moral verknüpft. So weit nun das menschliche Leiden ein rein körperliches ist, so hat der Mensch es im allgemeinen mit den übrigen lebenden Wesen gemeinsam. Aber das Vorhandensein von Mühsal in der menschlichen Existenz wird immer gleich zu moralischen Ursachen und Wirkungen in Beziehung gesetzt. Diese letzteren können schlecht sein. Sie können aber auch gut sein. Zu welcher von beiden Klassen sie gehören sollen, fällt in weitem Umfange der Entscheidung des Einzelnen anheim. Sicher ist es, dass Mühsal der erfolgreichste Schulmeister des Menschengeschlechts auf dem intellektuellen Gebiete gewesen ist, und dass sie zweifellos das Mittel bildet, durch welches die erhabensten und edelsten Seiten unseres Wesens enthüllt worden sind. Wenn dies nun nicht gänzlich ausser Betracht gelassen werden darf, so ist es ebenso richtig, diese intellektuellen und sittlichen Fortschritte als Mittel der Rechtfertigung aller sie bedingenden Vorgänge zu beurteilen, wie man in der menschlichen Körperform ein wertvolles physisches Ergebnis langer Zeitalter eines aufwärtsgehenden „Fortschrittes durch Differenziierung" erblickt. Das zugestandene Geheimnis der Mühsal entbehrt demnach keineswegs strahlender Randflächen, die es in einem milderen Lichte erscheinen lassen und es aufschliessen können.

Aber mag unsere Schätzung dieser Milderung des Leidensproblems auch nur niedriger sein, so bleibt doch eine überragende Wahrheit stehen, die oft ignoriert und doch unbestreitbar ist. Welche Stufe des Lebens auch immer ins Auge gefasst wird, mag das beobachtende Auge auch vom untersten Insekt bis zum höchsten Säugetier hinaufsteigen: das Geheimnis der Leidensfreiheit ist grösser, als das Geheimnis des Schmerzes. Jene ist grösser in Bezug auf die Qualität, denn Schmerz ist der Ausdruck von irgend etwas Abnormem an einem Organismus, während Gesundheit das Ergebnis eines Gleichgewichtes ist, zu dessen Zustandekommen tausend einzelne Faktoren einen Beitrag leisten. Die Leidensfreiheit ist ferner auch grösser in Bezug auf die Quantität, denn die Zahl gesunder Geschöpfe bildet zu jeder Zeit einen starken Überschuss über die Zahl der Kranken, und bei jeder Person, die ein höheres Lebensalter erreicht, ist die Dauer der Periode der Leidensfreiheit und gewöhnlich auch des bestimmten Glückes vielmal länger, als die Stunden des Schmerzes. Übrigens die niederen Arten der Tierwelt kennen nach überwiegender Wahrscheinlichkeit überhaupt nicht den Schmerz.

Ja, im ganzen Bereiche der Poesie giebt es keine Worte, die einen falscheren Eindruck hervorgerufen hätten, als das folgende Zeilenpaar, dessen Anfang schon oben S. 71 zitiert wurde: „Natur, rot an Zahn und Klaue von zermalmtem Beutestück, schreit: doch ja dem Satz nicht traue „„Gottes Wesen war nur Lieb', die ihn auch zur

Schöpfung trieb"". Wenn man die Natur ruhig und unparteiisch betrachtet, so thut sie nichts, was diesen Ausspruch rechtfertigen könnte. Denn die vielfach behauptete „Grausamkeit" der Natur ist in unberechtigter Weise von einer unwissenschaftlichen Empfindlichthuerei aufgebauscht worden, die zu gleicher Zeit in befremdlicher Weise die Beweise von Wohlthätigkeit herabsetzte, die sich im Weltleben beobachten lassen.[1])

Eine ehrliche Erwägung verlangt es, dass wir das Leiden manches armen Opfers der Krebskrankheit oder der Schwindsucht in Anschlag bringen, dessen Sterben vielleicht zwölf Monate lang sich hinzieht. Aber dann müssen wir uns auch an die längeren, manchmal bis zu dreissig und vierzig Jahren sich ausdehnenden Perioden erinnern, in denen derselbe Mensch sich der Gesundheit und eines fröhlichen Lebens erfreut hat.[2]) Diese nicht zu beachten, kann

---

[1]) Eine kurze Monographie von J. Crowther Hirst, die den Titel „Ist die Natur grausam?" führt und bei James Clark & Comp. erschienen ist, ist wohl der Beachtung wert als „eine teilweise Antwort" wenigstens, gegründet auf die „Erfahrungen von vornehmen Freunden des Waidwerks und anderen unter dem Angriff wilder Tiere". Der Beweis zeigt: „In der Mehrzahl von Fällen des Angriffs hätte die weichherzigste Person sich kein erwünschteres Lebensende vorstellen können, als dieses. Mag die physiologische Erklärung sein, welche sie wolle, man kann sich kaum der Schlussfolgerung entziehen, dass für Personen, die fleischfressenden Tieren zum Opfer fallen, die Natur selbst eine mitleidvolle Fürsorge zur Minderung des Todesschmerzes getroffen hat."

[2]) „Welches Glück herrscht in der Tierwelt! Welche Leichtigkeit, Annehmlichkeit, Musse und daraus fliessende Zufriedenheit! Beobachte nur einmal diese lebendigen Punkte, wie sie durch ihre Wälder von Algen gleiten, alle „„ohne Unruhe und Sorge"", als wenn ihr „„spannenlanges Leben"" wirklich die tausend Jahre hindurch dauere, nach denen das alte

nur ein Akt absichtlicher Verblendung genannt werden. Will man gerecht urteilen, so ist in der Regel, die durch Ausnahmen nicht aufgehoben werden kann, wohl einzusehen, dass die Behauptung, das Walten eines huldvollen Planes in der Natur sei wegen des Geheimnisses des Schmerzes zu leugnen, nur wieder ein neues Beispiel davon ist, dass man Berge übersieht, aber eine jämmerliche Furcht vor Maulwurfshügeln äussert.

Noch einmal, bevor wir die Frage nach dem Weltenplan verlassen, scheint es nötig, folgendes zu betonen. Die, welche ihn wegen der Schwierigkeiten verwerfen, die er im Lichte der Entwickelungslehre zeigt, verwickeln sich dadurch nur in ein bodenloses Sumpfgestrüpp von grösseren Schwierigkeiten. Darwin z. B. schrieb über die Orchideen folgendes: „Je mehr ich die Natur studiere, desto mehr drängt sich mir folgender Schluss auf: die Entwürfe und schönen Anpassungen, die von jedem ihrer Teile erworben worden sind und in einem geringen Grade, obgleich auf viele Arten von einander variieren, und ferner auch die Erhaltung oder natürliche Auslese derjenigen Variationen, die für den Organismus in der Vielfältigkeit der immer variierenden Lebensbedingungen wohlthätig sind, leiten zu einem unvergleichlichen Grad der Entwürfe und Anpassungen hinüber, welchen sich nur die fruchtbarste Phantasie des phantasievollsten Menschen aussinnen könnte, wenn er unbegrenzte Zeit zu seiner Verfügung hätte."[1]

Lied sich sehnt. Hier giebt es kein gieriges Gedränge nach dem Mahl, das die Natur für sie ausgebreitet hat, kein gegenseitiges Fürchten, sondern ein mussevolles Betrachten des Gefildes, das weder der Druck des Hungers noch die Furcht vor einem Feinde bedroht" (Dr. Hudson in seinem *Address to Royal Microscopical Society* 1890).

[1] Man bemerke auch folgende anderen Äusserungen derselben Auktorität: „Jeder junge Beobachter wird über die Voll-

Gewiss können keine Worte nachdrucksvoller als diese sein. Hier also liegt der Punkt, wo man sich entscheiden muss. Diese wundervollen „Anpassungen" haben entweder keinen leitenden Gedanken hinter sich, oder sie werden von einem solchen beeinflusst. Langsamkeit oder Plötzlichkeit, Unmittelbarkeit oder Mittelbarkeit des Vorgangs entscheiden nicht im geringsten über dessen ursächlichen Zusammenhang. Wenn diese eingestandenermassen grösseren Wunder keinen denkenden Geist zu ihrer Erklärung bedürfen, so brauchen diesen auch die geringeren Werke von Menschen nicht. Dann sind alle Beispiele sorgfältiger Konstruktion, die wir als Beweise menschlicher Intelligenz zu betrachten pflegen, vom Chronometer bis zur Brücke über den Forth, nichts derartiges, sondern einfach das Ergebnis des langsamen und zufälligen Zusammentreffens von Materialien. Da ist wohl das Sprichwort „Credat Judaeus!" am Platze. Wenn aber demnach unser gesunder Menschenverstand diese Schlussfolgerung zurückweist und darauf besteht, dass solchen Konstruktionen, wie sie beispielsweise angeführt worden sind, irgendwo und irgendwie ein vernünftiges Nachdenken vorangegangen sein müsse: nun wie kann man denn die Intelligenz als notwendige Voraussetzung gewöhnlicher „Anpassungen" fordern, aber für die grossartigeren und feineren leugnen?

---

kommenheit der Anpassungen entzückt sein, durch welche Insekten gezwungen werden, ohne Bewusstsein ihrerseits Samenstaub von den Staubfäden einer Pflanze auf die Narbe einer andern zu tragen. Die Frage nach dem Walten einer Absicht in der Natur hat lange Zeit viele Menschen aufs höchste interessiert, und obgleich dieser Gegenstand jetzt von einem andern Gesichtspunkt betrachtet werden muss, als es früher der Fall war, so ist er dadurch nicht weniger interessant geworden" (in der Vorrede von Charles Darwin zu Müller's Buch über „Fertilisation of Flowers").

Wer ferner, der Professor Huxley's Beschreibung der Entwickelung der Kaulquappe in ihrer schleimigen Wiege einmal gelesen hat, kann jemals die Kraft seines Schlusssatzes vergessen? Derselbe lautet aber so: „Nachdem man den Prozess Stunde auf Stunde beobachtet hat, ist man unwillkürlich von der Vorstellung erfüllt, dass irgendein Hilfsmittel, welches eine achromatische Objektivlinse an Feinheit noch überträfe, den verborgenen Künstler mit seinem vor ihm liegenden Plan zeigen würde, wie er mit geschickter Bethätigung darnach strebt, sein Werk zu vervollkommnen" (Lay Sermons, p. 286). Doch alles dies ist nach Haeckel nichts weiter, als das zufällige Zusammenstossen von Atomen!

Oder prüfen wir weiter! In früherer Zeit wurde das menschliche Auge für ein so wundervolles Organ gehalten, dass es mit gutem Grund als ein sicherer Beweis eines Weltenplanes gelten konnte. Jetzt aber ist es Mode geworden, dunkle Andeutungen darüber fallen zu lassen, dass es ein sehr „unvollkommenes Werkzeug" sei, und der hochberühmte Physiker Professor Helmholtz wird als Gewährsmann für ein so abschätziges Urteil zitiert. Indes eine halbe Wahrheit kann den Unwert einer ganzen Lüge bekommen. Einige wenige Worte werden aus des Professors wohlbekannten „Wissenschaftlichen Vorlesungen" (Scientific Lectures, p. 227) geschöpft, um zu belegen, dass „das Auge jeden möglichen Mangel besitzt, der an einem optischen Instrument gefunden werden kann, und dazu kommen noch einige, die gerade dem Auge angehören". Aber die darauf folgenden Worte pflegen wie auf Verabredung weggelassen zu werden. Wir wollen aber jenes Zitat vervollständigen, und Helmholtz fuhr so fort: „Aber diese Fehler sind alle wieder so durch Gegenwirkungen ausgeglichen, dass diese Ungenauigkeit der Bilder sehr wenig die Grenzen überschreitet, die der Zartheit der Wahrnehmung durch die Massverhältnisse der Netzhautkegel gezogen sind. *Die Anpassung des Auges an seine Funktionen ist daher höchst vollständig und zeigt sich in den richtigen Schranken, die seinen Mängeln gesetzt sind. Das Ergebnis, das nach dem darwinischen Gesetz der Vererbung durch unzählige Generationen erreicht worden sein kann, trifft mit dem zusammen, was die weiseste Weisheit im voraus erdacht haben kann.*"

Die Bezugnahme auf diese hohe wissenschaftliche Auktorität ist also einigermassen ungünstig für die, welche die Annahme eines Weltplanes und göttlicher Schickungen entwurzeln möchten. Diese Bezugnahme erinnert einen an die Versuche, die Balak in alter Zeit machte, um Bileam herbeizurufen, damit er Israel verfluche. Denn in Wirklichkeit läuft jene Bezugnahme auf folgende vierfache Behauptung hinaus. 1. Sogar ein nach theoretischer Betrachtung unvollkommenes Instrument kann ein vollkommen starkes Zeugnis für einen intelligenten Weltplan bilden. 2. „Die richtigen Grenzen, die den Unvollkommenheiten gesetzt sind", sprechen dadurch für einen Weltenplan, dass sie die Absicht, die in der Herstellung des Auges waltet, noch deutlicher verraten. 3. Theoretische Unvollkommenheit kann manchmal in praktischer Hinsicht vollkommener sein, als theoretische Vollkommenheit. Jedes Pianino und jede Orgel z. B. ist unvollkommen gestimmt. Wenn in der That eines von beiden vollkommen gestimmt wäre, so würde es praktisch nutzlos sein, denn keine Melodie irgendwelcher Art könnte darauf gespielt werden. Wir horchen auf eine pochende Wiedergabe eines Werkes von Beethoven oder Mozart bloss deshalb, weil das Pianino eben im Hinblick auf solche praktische Anwendungen unvollkommen gestimmt ist. In jedem entsprechenden Falle, mag es sich um Gesicht oder Ton handeln, wird die Unvollkommenheit ein nachdrücklicheres Zeugnis für das Walten einer Absicht, als die Vollkommenheit. Eine Extra-Intelligenz, um so zu sagen, wird erfordert, um theoretische Vollkommenheit im Hinblick auf praktische Zwecke zu vermeiden. 4. Das Gesamtergebnis der exakten physikalischen Untersuchung des Auges trifft nach Helmholtz' eigenen Worten mit der Annahme zusammen, dass bei der Entstehung des Auges die Fürsorge der weisesten Weisheit gewaltet habe. Diese Annahme ist billionenmal wahrscheinlicher, als dass das Auge das Ergebnis eines ungeleiteten Zufalls wäre.

Ferner wäre nach der Entwickelungstheorie das menschliche Auge für menschliche Wesen dadurch passend geworden, dass es mehrere Stufen eines niedrigeren Zustandes durchschritten hätte. Wenn dies wirklich so sein sollte, so wäre das Auge doch auf jeder von diesen Stufen für den Gebrauch eines entsprechenden niedrigeren Wesens wenigstens in praktischer Hinsicht schon vollkommen gewesen. Das Auge der Ameise ist im Vergleich mit dem menschlichen Auge arm, aber es ist doch vollkommen den Gewohnheiten des erwähnten Insektes angepasst, und ebenso entspricht das Auge des Fisches der Umgebung desselben. „Man mag so viele stufenmässige Verbesserungen durch eine die Lebensverrichtungen betreffende Entwickelung zugestehen, so viele man wolle, oder man mag die Schöpfung von kleinen oder grossen Veränderungen annehmen, *die dann sich den wechselnden Umständen anpassten:* jedes Wesen ist irgendwie dazu gelangt, dass es so gut wie möglich für sein eigenes Wirken hergestellt ist" (Sir E. Beckett [Lord Grimthorpe] im Journal des Victoria-Instituts, Nr. 68, p. 303).

Leihen wir aber der Darstellung, wie sie vom Standpunkte des Agnostizismus (s. o. S. 4) gehalten zu werden pflegt, einmal ein offenes Ohr und fragen den besten bekannten Vertreter desselben nach der entsprechenden Ursache der ganzen Natur mit Einschluss des Menschen! Was bekommen wir da thatsächlich zu hören? „Die abschliessende Formulierung" der entwickelungstheoretischen Weltanschauung wird uns von ihrem angesehensten Vertreter in folgenden Sätzen vorgelegt: „Entwickelung ist eine Ergänzung und Vervollständigung von Materie (integration of matter) und damit parallel gehende Aussendung von bewegender Kraft (and concomitant dissipation of motion). Während dieses Doppelvorgangs geht die Materie aus einer unbestimmten, unzusammenhängenden Gleichartigkeit (indefinite, incoherent homogeneity) zu einer bestimmten, zusammenhängenden Verschiedenartigkeit über, und während eben dieses geschieht, unterliegt die Bewegung einer damit parallel gehenden Umbildung" (Herbert Spencer, First Principles, p. 397). Für das uneingeweihte und ungeschulte Denken besitzt diese Darlegung sicherlich das Verdienst, eine erhabene Ausdrucksweise gewählt zu haben. Dagegen einer unserer befähigsten Juristen, der ebenso ein vollkommener Mathematiker ist, zögert nicht, öffentlich und vor einer kritischen Zuhörerschaft folgendes zu behaupten: „Jedes wichtige Wort in dieser Definition ist entweder sinnlos oder falsch und müsste in sein Gegenteil umgewandelt oder damit wenigstens verbunden werden" (Lord Grimthorpe im Journal des Victoria-Instituts, Nr. 68, p. 291). Ein solches Urteil aus solchem Munde reicht mindestens aus, um jene Formeln Spencer's aller gebieterischen Auktorität zu entkleiden und giebt uns die Freiheit wieder, uns unser eigenes Urteil über die Entwickelungsfrage zu bilden. Sehr wenig Nachdenken genügt sodann, um zu zeigen, dass der, welcher jene „abschliessende Formulierung" Spencer's an Stelle der Sätze des christlichen Gottesglaubens annehmen kann, wahrhaft wunderbare Kräfte der geistigen Verdauung haben muss. Denn wenn wir jene Formulierung ruhig betrachten, so finden wir, dass nicht nur eine „Materie" stillschweigend vorausgesetzt ist, sondern eine höchst passende Materie. Vorausgesetzt ist also erstens der Stoff, zweitens dessen Befähigung zur Vervollständigung und drittens auch der Vorgang der Vervollständigung selbst. Woher aber kam dieses Dreifache? Sicherlich fordern sie doch ebenso eine entsprechende Ursache, wie jedes Ding, das wir rund um uns herum sehen.

Aber wir müssen noch weiter gehen. Bei aller Achtung vor einem grossen „Denker" müssen wir doch sagen, dass die Ausdrücke „unbestimmt, unzusammenhängend, Gleichartigkeit" im Widerspruch miteinander stehen. Denn „Gleichartigkeit" ist deutlich ein bestimmter Zustand und „unzusammenhängend" ist wenigstens ein ebenso bestimmter Begriff, wie „zusammenhängend". Dazu kommt weiter noch folgende Thatsache. Wenn die Schwerkraft auf jener vorausgesetzten Entwickelungsstufe nicht gänzlich ausser Rechnung gelassen werden darf — und damit müsste diese Kraft erst auf einer späteren Stufe entstanden sein —, so ist nach gesunden physikalischen Prinzipien eine „unzusammenhängende Gleichartigkeit" einfach undenkbar. In einer eingehenden Beurteilung von Herbert Spencer's Werk „First Principles" könnte weit mehr gesagt werden und ist in der That weit mehr gesagt worden.[1]) Doch ist

---

[1]) So ist es von seiten Lord Grimthorpe's in seinem oben S. 81 erwähnten Aufsatz geschehen. Betrachten wir beispielsweise zwei Fälle! Spencer schreibt: „Alles was aus Schlussfolgerungen abgeleitet wird, muss auf einem anerkannten Vordersatze (postulate) beruhen, und jeder, der die Beziehung be-

hier schon ganz deutlich betont worden, was den Hauptsatz, der in diesem Buche bewiesen werden soll, rechtfertigt, nämlich dass die Meinung, man könne durch den Übergang vom Glauben zum Unglauben Schwierigkeiten entgehen, weniger hoffnungsvoll ist, als wenn jemand von der Scylla zur Charybdis flieht. In der That ist es nicht im geringsten eine zu starke Ausdrucksweise, wenn der oben zitierte Autor hinzufügt: „Schon die Idee einer Kraft, die sich selbst hervorbringt oder enthüllt, steht im Widerspruch mit der ganzen modernen Wissenschaft und könnte nur einen Moment lang in einer der Nebelregionen einer sich selbst in Szene setzenden (automatischen) Weltentstehung Beachtung finden, für die jede Hypothese gut genug erscheint."

---

trachtet, in der das Erschlossene zu den wissenschaftlichen Wahrheiten im allgemeinen steht, wird sehen, dass ein solcher über diese Wahrheiten hinausgehender Nachweis in dem Prinzip von der Erhaltung der Kraft vorliegt." Aber sein Beurteiler bemerkt dagegen mit Recht folgendes: „Sogar wenn er beweisen könnte, dass alles aus der Erhaltung der Kraft folgen könne, so ist seine Philosophie doch nichtig, so lange er nicht nachweist, dass dieses Prinzip eine ohne Begründung feststehende (a priori) Notwendigkeit und nicht ein Naturgesetz ist, das seinerseits wieder zu seiner Aufstellung und Aufrechterhaltung einer ersten Ursache bedurfte. Seine Darlegung ist gleich bei seinem ersten Satze völlig missglückt, und damit ist seine ganze Position in die Brüche gegangen. Eine in abstracto vorausgesetzte Kraft, die in keiner speziellen Richtung und auf keinen bestimmten Punkt gewirkt hätte, ist etwas Undenkbares."
— Ferner behauptet Spencer, dass die „absolute Ursache aller Veränderungen unbegreiflich sei". Aber da ist es ganz am Platze, zu erwidern: „Zweifellos könnten wir dieselben Worte gebrauchen, nur würden wir mit ihnen meinen, dass die Ursache aller sich scheinbar aus sich selbst ergebenden Verän-

Die Vorstellung, dass der aus der Annahme eines Weltplanes geschöpfte Gottesbeweis „völlig und für immer zerstört" sei, wie Romanes oben S. 63 sich ausdrückte, ist durch die Geschäftigkeit einiger wohlbekannten Schriftsteller so weit in unserer Zeitgenossenschaft verbreitet, dass es sich der Mühe verlohnt, noch eine oder zwei unzweideutige Äusserungen von Männern anzuführen, deren anerkannte Hervorragendheit sie wohl geeignet macht, in dieser Sache das Wort zu ergreifen. So lenkt Lord Grimthorpe die Aufmerksamkeit auf die jedem Anatomen bekannte Thatsache (Journal des Victoria-Instituts, Nr. 68, p. 397), dass „es Fälle von Höhlungen giebt, die in gewissen Knochen für den Durchgang von Adern gemacht sind. Ebenso giebt es Fälle, wo Sehnen durch Schleifen in andere, wie Seile durch einen Flaschenzug, hineingehen,

---

derungen der Wille eines Schöpfers ist, der selbst über das hinaus unbegreiflich ist, was er uns selbst enthüllt hat. Aber Spencer überlässt sich einer Mannigfaltigkeit von Unbegreiflichkeiten, die er selbst geschaffen hat, und diese vermögen nichts zu thun und sind auch nichts weiter, als blosse Worte, die es zum Ausdruck bringen, dass er nichts über einen der Vorgänge weiss, die er in dogmatisierender Ausdrucksweise Folgesätze „„Korollarien (also: Folgesätze) aus dem Prinzip von der Erhaltung der Kraft"" nennt" . . . . „Vielleicht wird Spencer oder einer von seinen Bewunderern, die seine Philosophie zu verstehen meinen, sich dazu herablassen, eines Tages auseinanderzusetzen, wie tiefe Geheimnisse von Erfahrung notwendige Ergebnisse oder „„Folgesätze"" einer selbstgewissen Wahrheit sind, die selbst nur durch einen langen Gang experimenteller Forschung entdeckt werden konnte. Vielleicht wird er auch dies erklären, wie alle Erkenntnis dadurch eine einheitliche wird, dass man uns sagt, dass alle diese Dinge unergründbar sind, und dass der Philosoph selbst sich betreffs ihrer in hoffnungsloser Dunkelheit befindet."

um ihre Richtung zu ändern. Schon Paley hat dies betont und es ist noch nie erklärt worden. Denn da ist es klar, dass diese so beschaffenen Höhlungen und Sehnen entweder ganz oder gar nicht vorhanden sein müssen und *nicht stufenweise entstehen konnten.* Bei Tieren ferner, die vom Nagen und Beissen harter Gegenstände leben, wie die Nagetiere und die Elefanten, wachsen die Zähne immer wieder nach, und doch konnten sie diese Eigenschaft nicht von einer vorhergehenden Tierstufe ererben, denn diese konnte nicht jene Eigenschaft der Zähne besitzen. Welcher begreifliche sich selbst erregende (automatic) Prozess konnte dieses Nachwachsen der Zähne verursachen? Und hat ein solcher auch dies veranlasst, dass die Zähne der erwähnten Tierarten nicht nur nachwachsen, sondern auch in abwechselnden harten und weichen Schaufeln senkrecht stehen, so dass die zermahlenden Zähne immer rauh und die nagenden Zähne immer scharf bleiben und doch nicht zu dünn werden? Es giebt unzählige andere Fragen, wie diese, auf welche die Entwickelungstheoretiker niemals eine Antwort zu geben versuchen."

Es verlohnt sich gleichfalls der Mühe, hier den Protest anzuführen, den Grimthorpe a. a. O., p. 302 erhoben hat: „Es ist notwendig, das Volk daran zu erinnern, dass es zwischen zwei allein möglichen Urteilen zu wählen hat, je nachdem das Gewicht von Wahrscheinlichkeit mehr die eine oder die andere Wagschale zum Sinken bringt. Es giebt keinen Mittelweg zwischen einer Welt, die einen Weltplan verwirklicht, und zwischen einer Welt, die dies nicht that. Deshalb glauben wir thatsächlich das eine von beiden und haben nicht bloss die Möglichkeit, das eine von beiden zu glauben, sobald wir das andere von beiden nicht glauben. Es kann ja freilich jemand sein Nachdenken nicht darauf gerichtet haben, dass er sich entscheide, welche von jenen beiden Überzeugungen zu wählen sei. Aber eines solchen Meinung ist nichts wert. Ein solcher hat thatsächlich gar keine. Ein Anhänger des Agnosticismus (s. o. S. 4) muss unrecht haben, mögen nun die Gottesgläubigen (die Theisten) oder die Gottesleugner (die Atheisten) recht haben. . . . Ein Mensch also, der die Planmässigkeit der Welt verneint, aber nicht irgend eine andere vernünftige Art der Entstehung des Universums feststellen kann, verurteilt sich selbst. Denn das steht ausser Frage, dass ein plansetzender Gottesgeist das Universum herstellen konnte und also dies gethan haben muss, wenn nichts sonst dieses Werk leistete. Auf den Nachweis aber, dass etwas anderes einer vernünftigen und verstehbaren Beschreibung und Erweisung seiner Fähigkeit, das vor uns liegende Weltall hervorzubringen, fähig sei, — nun darauf lässt man uns noch immer warten."

Diese „vernünftige und verstehbare Beschreibung" eines Etwas, woraus die gegenwärtige Welt erklärt werden könnte, ist, wie wir oben gesehen haben, der agnostischen Entwickelungstheorie unmöglich, wenn sie sich nicht einer völligen Vorausnahme der Problemlösung, was man in der Gelehrtensprache „petitio principii" nennt, schuldig machen will [Zusatz des Übersetzers: Die Entwickelungstheorie muss nämlich dann die Materie mit Kräften und Strebungen ausstatten, welche physikalischen Molekülen und chemischen Elementen nach dem Ergebnis der empirischen Forschung nicht eigen sind. Diese Theorie verlässt also dann ihre eigene Voraussetzung und zertrümmert somit selbst den Boden, auf den sie sich stellen wollte.]

Professor Le Conte's wohlerwogenes Urteil lautet folgendermassen: „Es ist einfach unmöglich, über solche Strukturen zu sprechen, ohne Ausdrücke zu gebrauchen, welche die Annahme des Waltens einer Absicht einschliessen. [Zusatz des

Übersetzers: Dies ist mir auch von einem medizinischen Kollegen, Professor Martius, bestätigt worden.] Schon gleich der Ausdruck „„anpassungsfähig"" (adaptive) schliesst die erwähnte Annahme in sich. Es ist unmöglich, an solche Strukturen auch nur zu denken, ohne unwillkürlich eine Intelligenz als ihre Ursache vorauszusetzen. Es macht nicht den geringsten Unterschied aus, wie das Material entstand, oder ob es überhaupt jemals entstand. Es kommt nicht darauf an, ob die Anpassung mit einem Schlage oder ob sie durch einen langsamen Prozess der Modifikation zu stande kam. Auch darauf kommt nichts an, ob die anpassende Modifikation durch einen Vorgang der natürlichen Auslese oder durch den Druck der physischen Umgebung, ob sie ohne Gesetz oder nach einem Gesetz geschah. Und wenn man sich die menschenartige Leitung jedes einzelnen Vorgangs wegdenken muss, so kann dies nicht den Gedanken, dass ein Plan in der Weltentstehung gewaltet hat, zerstören, sondern kann nur unsere Vorstellung von dem modifizieren, der den Weltplan entwarf und zur Durchführung brachte. Was die Wissenschaft und zunächst die Entwickelungstheorie zerstört, ist also nicht die Idee des Weltenplans selbst, sondern ist nur unsere niedrigere menschenartige Vorstellung von der Art, wie der Welterdenker wirkte. Auch nach der neueren Forschung waltet immer noch eine Absicht in jedem Teil des Weltalls, aber nur nicht mehr eine besondere Absicht [dies hält der Übersetzer für fraglich], sondern nur eine besondere Äusserung eines unendlichen Weltplans" („Evolution and Religious Thought", p. 323, 335).

In seiner Fernley-Vorlesung über „The Creator and what we may know of the Method of Creation" (p. 74) bemerkt Dr. Dallinger folgendes: "Plan, Zweck, Absicht scheinen also, wenn alle Thatsachen des Universums im Lichte unserer logischen Fähigkeiten betrachtet werden, nicht aus unserem Bilde von der Schöpfung ausgestrichen werden zu können. Die Lehre von der Zweckmässigkeit der Welt (Teleology) hängt auf dem gegenwärtigen Standpunkt der Erkenntnis allerdings nicht [Zusatz des Übersetzers: nur] von Belegen ab, die einst Paley gab, aber das ganze Weltall, sein ganzer Prozess in Zeit und Raum ist ein majestätischer Beweis für die Zweckmässigkeit der Welterscheinungen. Der Wille und die Absicht, die durch diesen Prozess hindurchgehen, können ebenso wenig aus unserem Bewusstsein und unserer logischen Fähigkeit hinausgedrängt werden, wie die Erscheinungen und Vollzugsarten dieses Prozesses für unsere Sinne nicht völlig unwahrnehmbar gemacht werden können."

Weiter gab Professor Le Gros Clark (F. R. S., F. R. C. S., etc.) als Präsident des königlichen College of Surgeons, Paleys *Natural Theology* wieder heraus und sprach dabei in einer Einleitung seine wohlerwogene Ansicht so aus: „Die neuere Entwickelungstheorie bringt nicht notwendig eine Widerlegung des Gottesbeweises mit sich, der auf die Erscheinungen eines Weltenplanes gestützt ist. Wenn jene Theorie immer zu den allgemein anerkannten Wahrheiten der Wissenschaft gehören wird, so wird sie zweifellos das beseitigen, was man das Zufällige bei jenem Beweise nennen kann, und wird seine Anwendung erst auf einem weiteren Umwege ermöglichen. Aber eine kurze Erwägung wird zeigen, dass der Beweis selbst seine wesentliche Kräftigkeit behält und keineswegs seiner Kraft beraubt oder veraltet und unnütz ist."

Auch der verstorbene Kitchen Parker (Hunterian Professor des königlichen College of Surgeons) giebt sein Urteil ausdrücklich in folgenden Sätzen ab: „Man denke nicht, dass, weil die Entwickelungstheorie als eine Handhabe für das Bestreben, sich vom Christentum loszumachen, verwendet worden ist, deshalb die Entwickelungstheorie etwas Schlimmes für das Christentum ist oder beabsichtigt, oder dass Darwins Theorie von dem stufenmässigen Ursprung der Arten [Zusatz des Übersetzers: wenn er erwiesen oder vorstellbar ist] etwas Schlimmes bedeutet. Sie bedeutet nichts dergleichen."

Es würde sehr leicht sein, noch viele Zeugnisse von andern anerkannten Gelehrten vorzulegen, die ihr Urteil in demselben Sinne abgaben, und wenn dieselben auch von manchen für nichtentscheidend gehalten werden, so besitzen sie doch wenigstens in folgender Hinsicht einen unfraglichen Wert. Sie widerlegen unbedingt die keineswegs ungewöhnliche Behauptung, dass die „Führer der modernen Wissenschaft *gezwungen* worden seien, den vom Weltenplan hergenommenen Gottesbeweis aufzugeben und den christlichen Glauben zu vergessen". Die völlige Falschheit solcher Behauptungen ist durch die vorhergehenden Untersuchungen genügend erwiesen worden. Trotzdem mag ein abschliessendes und unzweideutiges Zeugnis hinzugefügt werden, das von Lord Kelvin stammt, der von allen Urteilsfähigen als „der grösste lebende Meister der Naturwissenschaft" anerkannt wird und der öffentlich vom Lehrstuhl der British Association sein Urteil in folgenden Sätzen abgegeben hat: „Ich fühle mich tief davon überzeugt, dass der aus der Annahme eines Weltplans hergeholte Gottesbeweis überaus viel zu sehr in den neueren zoologischen Erwägungen ausser Acht gelassen worden ist. Überwältigend starke Beweise eines intelligenten und wohlwollenden Weltplans liegen rund um uns herum, und wenn einmal Verwickelungen, seien es metaphysische oder seien es wissenschaftliche, uns eine Zeit lang von ihnen wegwenden, so dringen sie doch dann wieder mit unwiderstehlicher Gewalt auf uns ein, indem sie uns zeigen, wie durch die Natur hindurch der Einfluss eines freien Willens waltet, und indem sie uns lehren, dass alle lebendigen Dinge von einem ewigen Schöpfer und Herrscher abhängig sind."

So weit also der auf die Annahme eines Weltplans gestützte Gottesbeweis in Betracht kommt, kann *das Wunder des Unglaubens* mit folgenden kraftvollen Worten Lord Grimthorpes charakterisiert werden: „Man finde doch erst einmal irgendwelche Theorie, durch die man erklären kann, wie alle die Stufen der Entwickelung von der Entstehung des mikroskopisch kleinsten Teilchens bis zu der eines Philosophen durch irgendwelche begreifliche von sich selbst existierende Kräfte aus einer gleichartigen und ebenfalls von sich selbst existierenden Materie entstehen konnten! Man erkläre nach derselben Theorie, wie die in der ganzen Natur hervortretende Schönheit und nicht nur ein winziges Teilchen von ihr zu stande kam! Bis diese Erklärungen geleistet sind, sind alle Redensarten, womit man die erwähnten Naturerscheinungen erklären zu können meinte, nichts weiter als Worte. „„Natürliche Auslese, geschlechtliche Auslese, Überlebung des Passendsten, Atavismus (Nachwirkung von weiter entfernten Voreltern), Vererbung"" und ich weiss nicht, von welchen Prozessen sonst noch man gesprochen hat, mögen als Thatsachen und Vorgänge alle wirklich sein und mögen wirklich leisten, was sie können. Aber die (agnostischen) Entwickelungstheoretiker sind doch noch unermesslich weit davon entfernt, gezeigt zu haben, dass jene Prozesse den vollen wirklichen Weltbestand erklären können. Es ist eine ganz schlechte Logik, wenn man voraussetzt, jene Prozesse könnten ein Stückchen mehr erklären, als wir aus Thatsachen beweisen können. Und gesetzt den Fall, wir könnten beweisen, dass diese Prozesse sogar solche unbegreifliche Dinge, wie die Hervorbringung der allgemeinen Schönheit der Natur, erklären können: so würde die Theorie von der von selbst sich vollziehenden Weltentstehung doch noch keinen gesicherten Grund gefunden haben. Dies würde erst dann der Fall sein, wenn wir hinsichtlich jener Prozesse beweisen könnten, dass alle notwendigen Kräfte von sich selbst aus ihren Ausgangspunkt genommen haben und selbst sich erhalten, und dass alle ihre Macht der Umgestaltung im Einklang mit den gesicherten Gesetzen von der Erhaltung der Kraft stehe" (Journal des Victoria-Instituts, Nr. 68).

Nunmehr aber ist es notwendig, auch auf andere Naturerscheinungen, die ebenfalls die Notwendigkeit einer obersten leitenden Denkkraft in sich schliessen, wenigstens einen Streifblick zu werfen.

Kein Mensch mit gesunder Wahrnehmungskraft wird in Abrede stellen, dass das Schöne und Erhabene uns in höheren oder niederen Graden überall und immerdar umgiebt. Viel Wahrheit würde auch darin liegen, wenn wir, um die ästhetischen Regungen weiter zu berücksichtigen, auch auf die Empfindung des Scherzhaften hinwiesen, die sich beim Anblick der Naturerscheinungen vielfach aufdrängt. Denn auch dieses setzt, wo und wann auch immer es sich der Erfahrung darbietet, unstreitig einen Grad von Geisteskraft voraus. Indes da dieses Gebiet von Naturerscheinungen nur die Schlüsse bestätigen würde, die aus einer richtigen Beurteilung unserer Wahrnehmung des Schönen folgen, so können wir das Gebiet des Scherzhaften bei unserer ferneren Erwägung aus dem Spiele lassen. Aus ähnlichen Gründen ist es auch nicht nötig, bei der metaphysischen Würdigung des Erhabenen hier weiter zu verweilen. Denn obgleich sein Wesen wohl, wie Professor Bain vermutet, in „der sympathischen Empfindung einer höheren Macht in ihren höchsten Graden" liegen mag, so wird es unserm gegenwärtigen Zweck genügen, das Erhabene unter dem Gesichtspunkt zu betrachten, dass es einfach das Schöne in höherer Potenz ist. Dass die Empfindung des Erhabenen das Gefühl heiliger Scheu vor dem Unermesslichen und Schreckdrohenden in sich schliesst, wird nur die Schlüsse bestätigen, die wir aus den allgemeinen Enthüllungen des Schönen und aus unserer entsprechenden Fähigkeit zu seiner Würdigung ziehen zu müssen meinen.

Für die meisten Menschen, die sich nicht dem abstrakten Denken zu widmen pflegen, würde eine begriffliche Erklärung des Schönen eine schwere Aufgabe sein. Indes da unser Appell hier sich mehr an den allgemeinen Menschenverstand, als an die Metaphysik, richtet, so mag es genügen, zu behaupten, dass alle gewöhnlichen menschlichen Wesen eine wirkliche und zwar eine doppelte Vorstellung von Schönheit haben, wie sehr auch immer diese Vorstellung mit der Verschiedenheit des Temperamentes und der Erziehung wechseln mag. Indem wir nun jetzt die weniger verstandesmässig zu bearbeitenden Gebiete unserer Empfindung beiseite lassen, suchen wir wenigstens das zu würdigen, was in Gesichts- und Tonwahrnehmungen schön ist.

Es ist vollkommen wahr, was Bain bemerkt, dass „die Quelle der Schönheit nicht in einem einzelnen Zug der Beschaffenheit, sondern in einem ganzen Kreise von Wirkungen sprudelt". Wir können eine schöne Form ohne Farbe oder auch eine schöne Farbe ohne eine genaue Form vor uns haben; aber wenn beides in gewissen besonderen Verhältnissen verbunden ist, tritt eine unfragliche Erhöhung der Wirkung ein. Diese gesteigerte Wirkung erreicht ihren Höhepunkt, wenn das Moment der Grösse hinzutritt. Das, was schön ist, wenn es in kleinem Masstabe gesehen wird, wird prächtig oder erhaben, wenn es in einer ausgedehnten Verkörperung uns entgegentritt. Eine Veranschaulichung durch Beispiele ist hier unnötig, weil sie nach allen Richtungen hin im Überflusse sich darbieten.

Die Fragen, die uns hier interessieren, sind, woher diese Wahrnehmung und Würdigung der Schönheit stammen und was sie bedeuten.

Der christliche Glaube betrachtet die Schönheit als einen Ausdruck des Wohlwollens des göttlichen Geistes.

das mit Absicht eine solche genaue Wechselbeziehung zwischen den menschlichen Umgebungen und den menschlichen Wahrnehmungen und dadurch die Quelle unserer Freude am Schönen eröffnet hat. Die einzige Schwierigkeit einer solchen ursächlichen Auffassung des Schönen liegt in der natürlichen und notwendigen Unmöglichkeit, dass ein endlicher Verstand den unendlichen sollte durchschauen können. Dies ist indessen kein Widerspruch gegen unsere Befähigung zum logischen Denken. Aber wenn die Antwort, die der christliche Glaubensstandpunkt auf die uns jetzt beschäftigende Frage giebt, verworfen werden sollte, welche Antwort bleibt dann noch übrig? Offenbar keine andere, als diese, dass die ganze vielfach zusammengesetzte Würdigung des Schönen sowohl hinsichtlich unserer subjektiven Fähigkeiten als auch hinsichtlich der objektiven Erscheinungen, die jenen so genau entsprechen, das zufällige Ergebnis der aufs Geratewohl eintretenden Zusammenstösse sind, die zwischen geistlosen Atomen in vergangenen Zeiträumen vorkamen. Indes niemand meint jetzt, dass es in thatsächlicher oder auch nur denkbarer Weise irgend eine Schätzung von Schönheit gebe, ohne dass Geist dabei mitwirkt. Wie also kann das, was immer Geist zu seiner Erfassung verlangt, hinsichtlich seines Ursprungs vernünftigerweise einem geistlosen Zufall zugeschrieben werden? Die absolute Thorheit einer solchen Annahme wird stark bestätigt, wenn wir auf die physikalischen und physiologischen Momente blicken, auf denen unsere Wahrnehmung von Schönheit beruht.

Denken wir einen Augenblick an das, was für den Gesichtssinn schön ist! Es ist eine leichte Sache, eine Blume zu bewundern. Noch leichter ist es, zu vergessen, wie erstaunlich in seiner mannigfaltigen Verwickeltheit der Apparat ist, wodurch auch nur die mehr äusseren

Faktoren ihrer Schönheit erfasst werden. Um nicht zu wiederholen, was wir im Vorhergehenden nach seinen Hauptpunkten ausgesprochen haben, brauchen wir hier nur drei Dinge zu betonen. Erstens die unaussprechliche Erstaunlichkeit der natürlichen Beziehungen, die aus der Schönheit einer Blume uns entgegenglänzt; zweitens die unergründliche Wirklichkeit des übernatürlichen Faktors, der an dieser Schönheit mitgewirkt haben muss; drittens die genaue und durchgehende Wechselbeziehung zwischen den beiden erwähnten Faktoren.

Was das Ersterwähnte anlangt, so giebt es gewiss schon eine Wohlgefälligkeit der blossen Form, und es ist zu beobachten, dass die scharfgeschnittenen Ecken eines Krystalls ebenso sicher schön sein können, wie die runden Bogenlinien einer Blume, aber die Schönheit dieser Linien ist untrennbar mit der Gefälligkeit der Farbe verbunden. Aber was bedeutet dieses letztere Element? Nur dies, dass in dem Falle, wo eine Blume die drei gewöhnlichen Farben Rot, Grün und Violett zeigt, das Auge zu einer und derselben Zeit für die Wellenschwingungen des lichttragenden Äthers geöffnet ist, welche vierhundert, siebenhundert und achthundert Millionen von Millionen in einer Sekunde sich vollziehen. Die Verbindung dieser Wahrnehmung mit der gewisser Formen in ihrem Unterschied von andern Formen (denn nicht alle Verbindungen von Form und Farbe sind schön) lässt den überphysikalischen Eindruck entstehen, den wir das Gefühl des Schönen nennen. Dass nun dies alles das Ergebnis eines blossen Zufalls sein sollte, schliesst einen Grad von Unwahrscheinlichkeit in sich, den auszudrücken uns die Formeln fehlen. Man vergleiche darüber auch schon Lord Kelvins und Sir G. Stokes' Äusserungen oben auf S. 60, Anm. 1. Mit einer solchen Unwahrscheinlichkeit verglichen, sind alle Schwierigkeiten der christlichen Annahme (s. o. S. 93 f.) wie ein Ameisenhaufen neben einem Berge.

Noch weitere Fragen giebt uns aber die unzweifelhafte Thatsache auf, dass unsere eigenen Produkte von Schönem ausnahmslos als Ergebnisse und Ausprägungen des Geistes anerkannt werden. Der Maler oder Bildhauer, der seine Materialien nehmen und sie zu chaotischen Haufen umherschleudern würde und dabei hoffte, dass auf die eine oder andere Weise aus der Verwirrung ein schönes Gemälde oder eine schöne Bildsäule hervorgehen werde, würde nur für einen betrunkenen Menschen gehalten werden. Der Kunstbeflissene muss heutzutage mehr und mehr einsehen, dass seine Hoffnung auf Erfolg auf dem Grade beruht, in welchem er Geist und Seele in sein Werk hineinlegt. Niemand bezweifelt dies. Aber worauf beruht der höchste erreichbare Grad von Erfolg in der Kunst? Nicht darauf, dass das Gemälde oder die Bildsäule naturgetreu sei? Gewiss, und eben deshalb ist es sicherlich nichts anderes, als die einfache Selbstironisierung des Unglaubens, wenn er behauptet, dass die unvollkommene und fehlerhafte Kopie jemals Geist verkörpere, während das erhabene Original, das alle unsere Schätzung überragt, einem Zufall zugeschrieben werden dürfe!

Wie weit in der That die Schönheit der Natur die unserer höchsten Kunst übersteigt, wird oft vergessen. Aber nur die Oberflächlichkeit unseres Sehens macht diese Vergesslichkeit möglich. Jedenfalls ergiebt sich aus der eben gegebenen Darlegung ein überwältigender Schluss von der Art der Schlussfolgerungen, die man in der Logik als Schlüsse vom Stärkeren aufs Schwächere zu benennen pflegt. Dieser Schluss ergiebt sich aus dem Unterschied, der zwischen unserer menschlichen Kunst in ihren besten Leistungen und den schönen Objekten der Natur besteht.

Dieser Unterschied kann ganz kurz so dargestellt werden. Je mehr wir die Natur in sorgfältiger Einzeluntersuchung und sogar mit mikroskopischer Genauigkeit untersuchen, desto mehr finden wir wahrhaft Schönes. Aber je näher wir Produkte der menschlichen Kunst untersuchen, desto mehr werden wir uns der Unvollkommenheiten bewusst, die, wenn sie bei der gewöhnlichen Betrachtung der betreffenden Kunstprodukte beachtet würden, den allgemeinen Eindruck der Schönheit gänzlich zerstören würden.

Die Schönheit einer Landschaft z. B. ergreift uns alle. Aber wenn wir anstatt des weiten Ganzen eine einzelne Blume oder ein Grasblatt oder sogar einen mikroskopisch kleinen Teil eines von beiden ins Auge fassen, finden wir, dass die Schönheit oft sogar noch gesteigert ist, anstatt dass sie sich verloren hätte. Wenn wir dagegen einen Viertelzoll eines menschlichen Kunstwerkes einer mikroskopischen Untersuchung unterwerfen, finden wir auf einmal, dass die scheinbare Vollkommenheit sich mit Rauheit und Plumpheit vertauscht hat und dass der allgemeine Eindruck der Schönheit, den das ganze Produkt gemacht hatte, sich verloren hat, ohne in dem näher geprüften Teile durch irgend etwas ersetzt worden zu sein. Ja, auch die Kunstwerke, die am meisten bewundert werden und in die anerkanntermassen die meiste Geistesanstrengung hineingelegt worden ist, werden eine mikroskopische Untersuchung ebenso wenig vertragen, wie die Rückseite eines berühmten Gemäldes das genaue Ansehen vertragen würde, die seiner Vorderseite gewidmet wird. Aber wer je mit dem Mikroskop die Rück- oder Vorderseite des Blattes einer gewöhnlichen Buxbaumpflanze oder Deutzia untersucht hat, kann der das zarte Wunder der zehntausend Atmungsöffnungen oder die krystallene Schönheit der sternartigen Haare vergessen?

Dies sind nur geringe Proben von dem, was überall

in unbeschreiblichem Überfluss durch das ganze Naturgebiet hindurch gefunden wird. Erstaunlich fürwahr in ihrer Stumpfheit muss also die Philosophie sein, die in dem anerkannt Fehlerhaften und Unvollkommenen die Beweise von Intelligenz freimütig anerkennt, aber in der Schönheit, die innerhalb der Natur weit deutlicher am unendlich Grossen und am unendlich Kleinen hervortritt, nichts weiter, als die Ergebnisse der zufälligen Zusammenstösse geistloser Atome finden kann!

Versuche sind freilich gemacht worden, um die handgreifliche Gewalt dieser unserer Behauptung dadurch zu brechen, dass man auf den Kampf ums Dasein unter lebenden Wesen und auf das Überleben des Passendsten durch natürliche Auslese hinwies und darin die einzigen Quellen des Schönen in der Natur finden wollte. So ist die Schönheit von Blumen in vielen Fällen darauf zurückgeführt worden, dass die Pflanzen, welche durch den Besitz von Farben sich mehr als das gewöhnliche Grün von Blättern bemerkbar machten, eine grössere Zahl von Insekten an sich lockten und so sich wirksamere Kreuzungsfortpflanzungen verschafften. So soll auch die Schönheit von Schmetterlingen von geschlechtlicher Auslese herstammen. Die nämlich, welche in die anziehendsten Farben gekleidet waren, seien zur Fortpflanzung gewählt worden, während andere ausgerottet worden seien. Dies klingt sehr annehmbar, aber der einfachste Streifblick genügt, um zu zeigen, dass diese Sätze gänzlich hinfällig und keineswegs ausreichend sind, um die Schönheit in der ganzen Natur zu erklären. Wir möchten in der That wohl fragen, woher der erste Fleck von Farbe oder die erste sichtbare Zeichnung kam, die zu solchen fruchtbaren Konsequenzen am Schmetterling oder an Blumen führte. Aber noch viele andere Betrachtungen fordern unsere Aufmerksamkeit heraus.

a) Die handgreifliche Voraussetzung ist bei dem soeben angedeuteten Erklärungsversuch doch diese, dass Schönheit und Auffallendheit ebendasselbe sind. Aber das ist völlig falsch. Dies wird schon durch einen Hinweis auf jene unübertrefflichen Halbnüancen von Farbe in der Natur bewiesen, die der Nachahmung des Künstlers trotzen und doch in ihrer zarten Schönheit der reine Gegensatz zum Auffallenden sind. Einige der kleinsten und am wenigsten bemerkbaren Blumen sind die schönsten. Wer würde auch nur einen Augenblick daran denken, dem Mohn grössere Schönheit beizulegen, als dem Veilchen? Aber wie verhalten sich beide zur Auffallendheit? Ausserdem kann es überhaupt nicht zugestanden werden, dass die Schönheit der tropischen Pflanzenwelt, wie sehr sie auch in die Augen fällt, mehr Realität besitzt, als die unserer englischen Wiesenraine. In den Tropengegenden mag es massenhaftere Formen, dort mag es auch mehr schimmernde Schaustücke geben, aber diese machen nicht die Seele der Schönheit aus. Wie leicht würde es sein, eine Anzahl unserer einheimischen wildwachsenden Blumen zu nennen, deren Schönheit so deutlich einzigartig ist, dass nichts sie übertreffen kann! Und von diesen wie von zahllosen andern schönen Dingen gilt es, dass die am meisten wirkliche Schönheit die zarteste, d. h. die am wenigsten auffallende ist.

b) Ferner was immer die deutlichen Vorzüge von Insekten sind, so haben wir doch keine Gewähr dafür, dass wir ihnen einen Sinn für das Schöne, das wir wahrnehmen, beilegen dürfen. In ihrem Falle ist das, was sie zu gewissen Naturgegenständen hinanführt, ein nur aus den Lebensverrichtungen hervorgehender Trieb. Sie sind hungrig und brauchen Nahrung, oder sie werden vom einfachen geschlechtlichen Instinkt zu jenen Naturgegenständen gedrängt. Aber das Sehen des Schönen, das Blumen und Insekten uns darbieten, ist sicherlich weit mehr, als die Befriedigung jener Triebe. Thatsächlich lässt sich sagen, dass das Gefühl für Schönheit erst dann eine Rolle spielt, wenn die erwähnten Begehrungen und Instinkte von dem — auf Denken beruhenden — Willen beherrscht sind. Ferner ist diese übersinnliche, übernatürliche Schätzung des Schönen, die zu erklären ist, nicht die blosse Erfassung einer eindrucksvollen Form oder einer auffallenden Farbe. Das Phänomen, wofür die entsprechende Ursache gefunden werden muss, ist vielmehr jene wunderbare Wechselbeziehung zwischen gewissen Formen und Farben — mögen diese auf niederen Lebensstufen schon einem mit den Lebensverrichtungen zusammenhängenden Zwecke gedient haben, oder nicht — und zwischen unseren eigenen Auffassungsfähigkeiten, woraus in uns jenes feine Wohlgefallen an gewürdigter Schönheit entspringt. Wenn jemand die entsprechende Ursache für dieses Schönheitsgefühl dadurch gefunden haben will, dass er auf die Triebe von Insekten hinweist, ist es dasselbe, wie wenn er eine Sammlung von Sandhügeln als Erklärung des Matterhorns geltend machen will.

„Also gewissen Insekten verdanken gewisse Blumen ihre Schönheit, ihren Duft und ihre Süssigkeit!" „Es ist wohl begründet, dass *die Hauptaufgabe* der Farbe, des Duftes und des Honigstoffs von Blumen darin besteht, Insekten *anzuziehen*, die den Pflanzen dadurch nützen, dass sie den Samenstaub von einer Blume zur andern tragen" (Sir J. Lubbock, The Beauties of Nature, p. 66). Mag sein. Kein Botaniker bestreitet jetzt die letzterwähnte Thatsache. Aber es handelt sich um die Frage nach ihrer Bedeutung für die Annahme einer die Welt durchwaltenden Absicht. Wenn die Worte Lubbocks, die in Kursivbuchstaben gegeben worden sind, genau sind, so zeigen sie an, dass irgendwo zweifellos eine Tendenz waltet. Wo nun waltet diese? In den Blumen selbst? Gewiss nicht, denn *Tendenz* weist unvermeidlich auf *Geist* hin. Also Farbe, Duft und Honig — und alles ähnliche in Pflanzen, z. B. der Bau der Salvias, in Bezug auf die Sir J. Lubbock mit Recht sagt, dass „sie eines der schönsten Stücke des Pflanzenmechanismus" sei — muss dann entweder dies bedeuten, dass die Blumen selbst Geist besitzen oder dass ein höchster Geist das Gesetz ihres Daseins hervorbrachte, dem sie unbewusst gehorchen. Zwischen diesen beiden einzigen Möglichkeiten mag man nun wählen!

c) Aber abgesehen davon, dürfen wir nicht vergessen, ein wie kleiner Teil des Schönen in der Natur überhaupt berücksichtigt wird, wenn man das Schöne auf Vorgänge zurückführen will, die für die Lebensverrichtungen der betreffenden Pflanze von Nutzen sind. Allerdings ist es zuversichtlich behauptet worden, dass Schönheit stets mit Nützlichkeit in der uns umgebenden Welt verknüpft sei. Der Kühnheit dieser Behauptung kommt indes nur ihre Unrichtigkeit gleich. Denn Beispiele, die das Gegenteil beweisen, sind überall in Überfluss vorhanden. Sogar wenn wir uns dazu verstehen, als besonders schön jene Färbung von „insektenliebenden" Pflanzen zu betrachten, die nützliche Insekten zu diesen Pflanzen hinlockt, so bleibt noch das weite Gebiet von „windliebenden" Pflanzen übrig, die ihren Samenstaub bekanntlich durch Luftströmungen von einem Exemplar auf das andere tragen lassen. Wenn bemerkt wird, dass die Färbung dieser letzteren Abteilung von Pflanzen im ganzen weniger auffallend sei, so wird dadurch nicht die Thatsache beseitigt, dass auch sie Schönheit besitzen. Der Eichbaum und die Espe sind auf ihre besondere Weise ganz ebenso wirklich schön, wie die Lilie oder die Orchidee.

Oder wenden wir unsern Blick einmal von den Pflanzen zu der Tierwelt und fassen dabei auch deren unterste Gestaltungen ins Auge! Wo giebt es etwas, was den wundervollen Bau der Foraminifera, oder die feine Ebenmässigkeit der Radiolaria, oder die anmutsvollen Bewegungen der Rotifera (des Rädertierchens) überträfe? Selbstverständlich würde es aber absurd sein, wenn jemand davon sprechen wollte, dass eine Schönheit, die nicht einmal vom menschlichen Auge an jenen Tierchen wahrgenommen werden kann, etwas mit „geschlechtlicher Auslese" oder dem „Überleben des Passendsten" zu thun habe. Wie unübertrefflich schön diese Tierchen in zehntausenden von Fällen sind, ist am besten denen bekannt, welche ganze Stunden auf die Betrachtung jener Tierchen verwendet haben. Aber ihre Schönheit ist eine solche, die nur für unsere Augen existiert. Kein anderes Wesen auf der Erde schätzt sie. Sieht man von uns Menschen ab, darf jene Schönheit nutzlos genannt werden. Aber als nützlich für Lebensverrichtungen kann sie niemals bezeichnet werden. Daher befindet Professor Le Conte sich vollständig im Rechte, wenn er folgendes behauptet: „Viele Fälle von Schönheit können zweifellos dadurch erklärt werden, dass man ihre Nützlichkeit zeigt. Aber Schönheit, die durchaus keinen Nutzen besitzt, kann unmöglich durch den Hinweis auf die sogenannte natürliche Auslese erklärt werden. Nun findet sich die glänzendste Schönheit in verschwenderischer Weise gerade auf die niedersten Tiere verteilt, wie z. B. auf Seemuscheltiere und Polypen, wo die eben erwähnte Art, die Schönheit abzuleiten, nicht möglich ist. Der Vorgang, durch den die Schönheit bei solchen Tieren hergestellt und gesteigert worden ist, ist uns gänzlich unbekannt" („Evolution in Relation to Religious Thought", p. 252).

Diese Unnützlichkeit unerklärlicher Schönheit und der völlige Mangel eines Zusammenhangs derselben mit einem

Kampf ums Dasein wird aber in ganz hervorragender Weise im Mineralreiche beobachtet. Die reine Wortverschwendung wäre es ja, wenn wir den Versuch machen wollten, jene eigenartigen Formen und Farben zu schildern, die seit unvordenklicher Zeit die Edelsteine zum Entzücken der Menschheit gemacht haben. Durch sie ist das Auge des Wilden in gleicher Weise gefesselt und bezaubert worden, wie die schwer zu befriedigende Eitelkeit der Modedame. Die Lust an Juwelen scheint mit dem Fortschritt der Kultur eher zu wachsen, als abzunehmen. In der raschflutenden Strömung unserer europäischen Grossstädte wird die Stellung in der Gesellschaft ebenso sehr durch die Beschaffenheit und die Grösse von Juwelen angezeigt, wie an den langsam dahinlebenden Höfen indischer Radschahs. Mehrere Bemerkungen ergeben sich hieraus von selbst: a) Unfraglich war es die Schönheit von Edelsteinen, die stets ihre Anziehungskraft bedingt hat. b) Diese Schönheit existiert unter allen Wesen der Erde nur für Menschen. Die Glut des Karfunkels und das Leuchten des Diamanten sind durchaus nichts für den klugen Elefanten oder den klügsten Hund. c) Die Grundlage aller dieser Schönheit des Mineralreiches ist ein Vorgang der Krystallisation, der keinen bemerkbaren Zusammenhang mit einem „Kampf ums Dasein" oder dem „Überleben des Passendsten" besitzt. Das Wesen der Anziehungskraft, die jene Edelsteine für menschliche Augen besitzen, liegt in einer Verbindung von Form und Farbe, die unter besonderen Bedingungen in die grosse Werkstatt der Natur gebracht worden ist. In kleinerem Massstab können wir sogar selbst den Prozess, der zu jener schönheitsvollen Verbindung führte, in Gang setzen und seinen Verlauf beobachten. So lesen wir es in folgenden Worten von Professor Tyndall: „Lassen wir Alaun in langsamer

Weise krystallisieren, so erhalten wir diese vollkommenen Oktaeder. Indem die Natur Kalkspat krystallisieren lässt, so bringt sie diese schönen Rhomboiden hervor. Wenn Kieselerde krystallisiert, bilden sich diese sechseckigen Prismen, die an ihrem Ende mit Pyramiden bedeckt sind. Lässt man Salpeter krystallisieren, zeigen sich diese prismatischen Gestalten. Wenn endlich Kohlenstoff krystallisiert, erhalten wir den Diamant" (Fragments of Science, Vol. 1, p. 357).

[Zusatz des Übersetzers: Wer aber war der Chemiker, der diese Krystallisationsprozesse in der Natur leitete?]

d) Durch mechanische Prozesse suchen die Menschen fortwährend die Schönheit zu steigern, die sie in der Natur vorfinden. Ein grosser Teil vom leuchtenden Glanze des Diamanten rührt, wie wir wissen, von der besondern Art, wie er geschliffen und gefasst wird, her. Indes die Kunst des Steinschleifers mit ihren schimmernden Produkten scheint leicht durch die des Chemikers übertroffen zu werden, wenn man sieht, wie in unsern heutigen Laboratorien Granaten und sogar kleine Diamanten durch Zusammensetzung hergestellt worden sind, — um gar nicht von der immer mehr steigenden Herstellung der Nachahmungen zu sprechen, die unter dem handwerksmässigen (technischen) Ausdruck „Paste" (= falscher Edelstein) bekannt sind. Nun findet es niemand auch nur einen Augenblick lang fraglich, dass diese Prozesse, seien es chemische oder seien es mechanische, eine überaus hohe Geschicklichkeit beanspruchen, die von überaus hoher Geisteskraft geleitet wird. Doch was sind alle besten Ergebnisse, die von Menschen zu stande gebracht werden können, wenn man sie mit den Exemplaren vergleicht, die in der Natur dargeboten werden? Die Grade von Temperatur und Druck, die zur Hervorbringung z. B. eines

„Koh-i-noor", wie ein bekannter sehr grosser Diamant genannt wird, nötig wären, werden durch die Kunst des Menschen nie erzielt werden. Wenn nun also für die Hervorbringung des Geringeren unstreitig Geistesthätigkeit nötig ist, mit was für einer Logik behauptet man betreffs des unermesslich Grösseren, dass es vom Zufall herzuleiten sei?

Besonders interessant ist es, folgende Parallele zu beobachten. Wie unser grösster Kenner der Lebensvorgänge (biologist) sich ausser stande sah, der Erstaunlichkeit und Schönheit der Entwickelung einer Kaulquappe Gerechtigkeit widerfahren zu lassen, ohne einen „verborgenen Künstler" anzurufen (Professor Huxley oben S. 79), so sah der berühmte Verfasser der „Belfast Address" sich gezwungen, in seiner Beschreibung der erstaunlichen Produkte der Krystallbildung einen „Baumeister" (architect) zu erwähnen. Denn betreffs einer Lösung von schwefelsaurem Natron bemerkt er folgendes: „Wenn man dieselbe nachdenklich betrachtet, so sehen wir die Moleküle jener Flüssigkeit wie Schwadronen, die *unter einem leitenden Auge* wohl eingeübt sind, sich zu Bataillonen ordnen, sich auch ihrerseits um bestimmte Mittelpunkte herum sammeln und sich zu dichtgedrängten Massen zusammenordnen, die nach einer gewissen Zeit die sichtbare Gestalt des Krystalls annehmen, das ich jetzt in meiner Hand halte. Hier ist *ein Baumeister am Werke,* der keine Bruchstücke und auch kein Getöse macht."

Man muss wirklich den ritterlichen Freimut bewundern, mit dem die Propheten des Agnostizismus (s. o. S. 4) trotz ihres ängstlichen Strebens, den Thatsachen gerecht zu werden, nicht davor zurückschrecken, Redewendungen zu gebrauchen, die völlig die Grundpfeiler ihres eigenen philosophischen Standpunktes niederreissen. Will jemand aber betonen, dass dies nur bildliche Ausdrücke seien, so vergisst er, dass gerade durch diese die genaue und lebendige Wirklichkeit des sich dem Beobachter aufdrängenden Eindruckes ausgeprägt wird. Wir werden deshalb zu dem Schlusse getrieben, dass es einfach unmöglich ist, in Gedanken und Worten der ganzen weiten Enthüllung von Schönheit in der Natur Gerechtigkeit widerfahren zu lassen, ohne dass man ebenso bestimmt den göttlichen Geist betreffs ihres Ursprungs, wie den menschlichen Geist betreffs ihrer Würdigung zu Hilfe ruft.

e) Dieser Schluss wird desto mehr bestätigt, je weiter wir unsere Beobachtung ausdehnen. Oder zweifelt jemand, dass es z. B. so etwas, wie Schönheit des Tones, giebt? Gewiss, wir haben kein logisches Recht, das Gebiet des Schönen auf das Reich des Sichtbaren einzuschränken. Wir sprechen vielmehr mit vollkommener Richtigkeit von der Süssigkeit irgend einer dahinwallenden Melodie Mozarts oder von der Erhabenheit der tiefen und verwickelten Harmonien Beethovens. Dies sind also Erscheinungsformen des Schönen, das sich mehr an den Sinn für Töne, als an die Gesichtsempfindung wendet. Wo aber giebt es bei der Ableitung dieser Schönheiten der Tonwelt irgendwelchen Platz für „natürliche Auslese", oder „Kampf ums Dasein", oder „Überleben des Passendsten"? Weiter ist es offenbar, dass diese Enthüllung des Schönen nur für menschliche Ohren existiert. Der Hund, unser klügstes Tier, giebt durch Geheul sein Missfallen an Musik in unmissverständlicher Weise kund. Weiterhin ist zu beachten, dass ein geschultes Ohr dazu gehört, um das zu schätzen, was nach allgemeiner Übereinstimmung sehr richtig den Namen „Musik" verdient. Das Gerassel der ostindischen Trommeln (tom-toms) und das wilde Gekreische der Musik vieler Orientalen und aller Wilden hören wir mit einem

Gemisch von Staunen und Mitleid an. Also Musik bedeutet bei uns Geist, und die edelste Musik bezeichnet die höchste Enthüllung einer auszeichnenden Fähigkeit, die ihrer Anlage nach nur im Menschen vorhanden war. Woher also kam diese Beanlagung? Der Mensch, der im Ernst und öffentlich die Behauptung wagen würde, dass die grossartige Orgel in einer unserer Kathedralen sich von selbst ohne eine Anregung von aussen her aus einem ungeordneten Haufen von Holz und Metall entwickelt habe, würde allgemein für einen Schwachkopf gehalten werden. Aber der ganze Aufbau einer Orgel ist fürwahr nur eine unausgestaltete Kleinigkeit, wenn man mit der Orgel das menschliche Ohr sowohl nach seinem allgemeinen Bau als nach der Feinheit seiner Gewebe vergleicht.

Dazu müssen aber auch noch alle die erstaunlichen Erscheinungen der Akustik gefügt werden, und dazu sind auch jene unabänderlichen Gesetze zu rechnen, nach denen gewisse musikalische Töne auf abwechselnden Summen von Schwingungen der Luftwellen beruhen. Aber auch dann, wenn wir alles dies beachten, stehen wir erst an der Schwelle des wirklichen Geheimnisses. Denn kein gegenwärtiger Physiker oder Physiologe weiss oder wird jemals zweifellos wissen, wie es zugeht, dass die oder jene Luftschwingungen gerade als ein einzelner musikalischer Ton dem Menschen zum Bewusstsein kommen. Wie viel weniger kann man erklären, worauf das Wohlgefallen an den zusammengesetzten Harmonien beruht, die in einem Oratorium uns entgegenrauschen.

So baut sich denn aus allem folgender Kontrast auf. Die Orgel wird ohne Streit als ein verwickeltes und schönes Probestück von Werkmeisterschaft bezeichnet, das in seinem Aufbau eine ausnehmend hohe Intelligenz bekundet. Dagegen der Besitzer dieser Intelligenz, zusammen mit einem unermesslich überlegenen Instrument, dem Ohre, woraus erst die Fähigkeit, die wundervolle übermaterielle Wirklichkeit des Tonschönen, zu würdigen, entspringt — das ist durch einen reinen Zufall aus einer uranfänglichen Nebelmasse (s. o. S. 52) hervorgebracht worden. Wahrlich, der Glaube des Agnostizismus kennt keine Grenzen.

f) Die zwei höchsten Ausprägungen der Schönheit müssen aber nun erst noch besprochen werden. Sie verdienen wenigstens eine kurze Bemerkung, die ihnen annähernd gerecht zu werden strebt.

Von allen Beispielen der sichtbaren Schönheit kann sicherlich keine deutlicher sein, als die Ausprägung, die sie in unzähligen Fällen im menschlichen Antlitz findet. Diese wundervolle Verbindung von Form und Farbe, die allgemein als Hübschheit bei Männern und als Schönheit bei Frauen bezeichnet zu werden pflegt, ist durch alle vergangenen Jahrhunderte hindurch der Gegenstand der beständigen Beobachtung von Geschichtsschreibern und das immer wiederholte Thema von Dichtern gewesen. Welche schliessliche Bedeutung hat die Schönheit des menschlichen Antlitzes? Ist sie einfach der auf Lebensbethätigungen beruhende Ausdruck eines blossen Zufalls? Ist sie in letzter Instanz nichts weiter, als das von der „Natur" dargebotene Mittel zur gegenseitigen Anziehung von Mann und Frau? Dies dürfte das unvermeidliche, obgleich verhüllte Ergebnis der Meinungen vieler und die offenherzige Behauptung einer gerade heraus sprechenden Minorität sein. Etwas „Göttliches" im menschlichen Antlitz zu finden, wird von diesen Philosophen nur als ein vorüberfliegender Traum dichterischer Phantasie gehalten. Doch wird das Urteil, dass im Menschenantlitz eine Spur des Göttlichen zu Tage tritt, durch alles gestützt, was das Reinste und Edelste in unserem Wesen ist. Ungezählte

Myriaden von Männern und Frauen könnten aufgerufen werden, um die reine Erhabenheit, die echte Geistigkeit des Gefühls zu bezeugen, das in ihnen durch den Anblick der edlen Stirn, der sprechenden Augen, des beweglichen Mundes, der von gesunder Glut durchhauchten Wangen entfacht worden ist. Der Maler, der dies auch nur in annähernder Weise nachahmen kann, wird für ein Genie gehalten. Also man bezeichnet seine Geistesfähigkeiten als solche, die weit über das Durchschnittsmass hinausragen. Indes die Seele der Schönheit selbst, die er am meisten zu erfassen sich bemüht und so oft gerade wegen ihrer Schönheit vergebens in sein Bild hineinzulegen strebt, — die ist dem geistlosen Zusammenprall von Atomen zuzuschreiben, die sich ziellos durch ungeleitete Jahrhunderte entwickelten! Mag's sein! Aber im Vergleich damit wäre es nur eine sehr milde Behauptung, wenn wir sagten, dass das Meisterwerk eines Turner oder eines Tadema nichts weiter als eine Sudelei sei, die sie aufs Geratewohl mit geschlossenen Augen und sorgloser Hand auf die Leinwand geworfen hätten.

g) Die einfache Wahrheit ist, dass das menschliche Antlitz einen moralischen Charakter bezeugen kann und in der weit grössten Mehrzahl von Fällen auch wirklich bezeugt. Gerade die Wiedergabe dieser Ausprägung des sittlichen Charakters im Menschenantlitz spottet am meisten der Geschicklichkeit des Malers. Der Umstand, dass hie und da ein hübsches Antlitz gefunden wird, hinter dem eine schlechte Seele sich versteckt, hebt nicht die allgemeine Regel auf, dass ein schönes Antlitz wenigstens die Vermutung an die Hand giebt, dass eine reichere und tiefere Schönheit hinter ihm wohnt.

[Zusatz des Übersetzers: Der Verfasser scheint mir hier den Accent auf einen fraglichen Punkt gelegt zu haben.]

So oft wir uns vom Gegenteil überzeugen müssen, überkommt uns ein unleugbares Gefühl der Verstimmung. König Arthurs Gebet betreffs Galahad „Gott mache dich so gut, wie du schön bist!" drängt sich in einem solchen Fall unwillkürlich auf unsere Lippen.

Was also ist diese innere Schönheit, die ebenso undefinierbar wie wirklich ist, die nicht nur auf der reinen Stirn von Parzivals Schwester strahlte, als, hinblickend auf den Edelknecht, „sie die todüberdauernde Leidenschaft in ihre Augen hauchte und ihn zu dem Ihrigen machte und ihren Geist auf ihn legte", nein, die auch in dem ganzen „Ausdruck" von Myriaden anderer strahlt und glüht? Sie ist ganz ebenso wirklich, wie die edle Reinheit irgend eines Landschaftspanorama; sie ist reicher, als das genaue Zusammentreffen eines Krystalls; sie ist mehr voll süsser und erhabener Gedankenanregung, als der glänzendste Regenbogen; warum also sollte sie keiner Erklärung bedürftig sein? Darüber kann doch kein Zweifel sein, dass gerade diese geistdurchleuchtete Schönheit, was auch immer ihr Wesen sein mag, mehr als alles andere auf Erden das menschliche Leben des Lebens wert macht. Alles Beste und Edelste im menschlichen Wesen lässt unaufhörlich die tiefe und zarte Klage des Dichters wiederhallen, worin er sich an die Charakterschönheit seines hingeschiedenen Freundes mit folgenden Worten erinnerte: „Und Mannheit verschmolz sich [bei dir] mit weiblicher Anmut auf solche Art, dass ein Kind unaufgefordert seine Hand zuversichtlich in die deinige legen und seinen Trost in deinem Antlitz finden mochte" („In Memoriam", CIX).

Wollte man aus unserer täglichen Umgebung den zarten Blick des Mitgefühls, das sonnige Lächeln einer selbstlosen Fröhlichkeit, die muntere Tapferkeit eines entschiedenen Wohlwollens, die arglose Zuversichtlichkeit der Augen kleiner Kinder wegnehmen: so hiesse das, unsere Menschlichkeit auf einen seelenlosen Mechanismus zurückschrauben oder sie auf das Niveau des Tigers und des Affen herabsetzen. Die höchste Erhabenheit über ein solches niederes Niveau wird eingestandenermassen in dem Charakter des Christus der Evangelien gefunden. Diese Erhabenheit werden wir noch weiter zu würdigen haben. Hier an dieser Stelle der Untersuchung genügt es, zu bekräftigen, dass sittliche und geistige Schönheit, wenn sie in dem menschlichen Wesen eingewurzelt sind und in dem menschlichen Antlitz als göttliche blühen, eine entsprechende Ursache und Erklärung ebenso entschieden fordern, wie die feinsten Blumen und süssesten Früchte der Erde, oder ihre erstrebten Nachbildungen in den Gemälden „grosser" Künstler. Die Pflege von Orchideen ist, wie man uns sagt, eine der zartesten und schwersten und kostspieligsten unter den modernen Künsten. Es würde als ein vollständiger Beweis von Schwachsinnigkeit angesehen, wenn jemand meinen sollte, dass diese Blumenschönheiten von selbst, ohne Bodenbereitung, Stock oder Same, in einem unserer Gärten wüchsen. Wie kann es da weniger schwachsinnig sein, wenn man behauptet oder voraussetzt, dass die masslos edlere und höhere Schönheit menschlicher Charaktere, mit ihrer Ausprägung in menschlichen Gesichtszügen, die von keinem Cyniker oder Pessimisten auf der ganzen Erde in Frage gestellt werden kann, einfach und allein aus tierischen Instinkten entsprang, deren grundlegendes Wesen in der Befriedigung von ungestümen Trieben enthalten ist, die in Lebensverrichtungen wurzeln? Die blosse Thatsache, dass wir aufgefordert werden, eine solche Erklärung der moralischen Schönheit anzunehmen, zeigt, zu was für verzweifelten Notbehelfen die Philosophie zurückgreifen muß, welche die Überzeugung zurückweisen will, die von der christlichen Weltanschauung betreffs der Ursprünge des Weltbestandes dargeboten wird.

Der Reichtum des Schönen strahlt uns aus der weiten, weiten Welt entgegen, mögen wir die zarte Lieblichkeit einer kleinen Blume oder die glühende Glorie der untergehenden Sonne betrachten, mögen wir entzückt auf ein süsses und edles Antlitz hinblicken oder an die göttlichere Schönheit manches menschlichen Charakters denken, mögen wir unsere ganze Umgebung mit mikroskopischer Genauigkeit mustern oder vor der Weite des Erhabenen zittern. Dieser Reichtum an Schönheit, den wir in der weiten, weiten Welt bis herauf zum Menschen beobachten, ist ein reichlich genügender Anlass, in die dankbar anbetenden Worte des Psalmisten einzustimmen: „Herr, du erforschtest mich und kanntest mich ... Ich danke dir, dass ich so wunderbarlich gemacht bin. Wunderbarlich sind alle deine Werke, und das erkennet meine Seele wohl" (Ps. 139).

Es könnte scheinen, als sei es in dem Hauptabschnitt von der Naturwissenschaft unsere nächste Pflicht, eine eingehende Erörterung der Frage nach der Möglichkeit von Wundern vorzunehmen. Aber wir meinen dies nicht. Die Beiträge zur Lösung dieser Frage sind in dem letzten halben Jahrhundert wahrlich umfangreich und oft mühsam gewesen. Es dürfte gleich unnötig und unmöglich erscheinen, noch ein Mehreres hinzuzufügen. Ein Punkt von der grössten Wichtigkeit ist ja auch längst unwiderruflich festgestellt worden, nämlich dass die Frage nach der Möglichkeit von Wundern nur für die Atheisten existiert. Für alle andern, die Agnostiker nicht weniger als die Christen eingeschlossen, ist der einzige zu diskutierende

Gegenstand, ob das Beweismaterial, das für die Wirklichkeit von Wundern vorgelegt worden ist, nach Umfang und Beschaffenheit genügt. Einige darauf bezügliche Zeugnisse anerkannter Autoritäten werden uns der Notwendigkeit überheben, dieses Material hier zu erweitern.

Zunächst J. S. Mill bemerkt: „Wir können also nicht unbedingt das Urteil fällen, dass die Annahme von Wundern durchaus zurückgewiesen werden müsse. Lässt man einmal die Existenz eines Gottes zu, so muss mit der Hervorbringung einer Wirkung durch sein direktes Wollen als mit einer ernsthaften Möglichkeit gerechnet werden" (Essay on Religion, p. 230). — Ferner Dr. Carpenter sagt: „Die wissenschaftlichen Theisten finden keine abstrakte Schwierigkeit in der Vorstellung, dass der Urheber der Natur die Fähigkeit besitzt, wenn er will, bei gegebenem Anlass von den sogenannten Naturgesetzen abzuweichen. [Zusatz des Übersetzers: Vielmehr handelt es sich um die Frage: Kann der Gottesgeist durch seine uns unbekannten Kräfte nicht ebenso einer bekannten Naturkraft entgegenwirken, wie wir Menschen z. B. beim Werfen eines Steines die Schwerkraft der Erde überwältigen?] Ich bin mir nicht bewusst, dass es irgend einen solchen grundleglichen Einwand gegen Wunder gebe, dass er mich verhindern könnte, sie als Thatsachen anzunehmen, wenn ein vertrauenswürdiger Beweis ihrer Wirklichkeit beigebracht werden könnte. Die Frage ist für mich einfach die: Haben wir einen zureichenden geschichtlichen Grund für den Glauben, dass eine solche Abweichung von Naturgesetzen je stattgefunden hat? [Zusatz des Übersetzers: Siehe meine obige Berichtigung! Von Besiegung von Naturkräften ist zu sprechen.] — Die Worte Professor Huxleys lauten ebenso klar und nachdrücklich: „Nicht auf Grund irgendwelcher von vorn herein sicherer Erwägungen können Einwürfe dagegen gemacht werden, dass Gebete wirksam sein können, oder dass Wunder sich ereignet haben. Nach meinem Urteil liegt der verhängnisvolle Einwand gegen diese beiden Annahmen in der Unzureichendheit des Beweises, der dafür gegeben worden ist, dass Wirksamkeit von Gebeten oder Wunder wirklich stattgefunden haben." — Prinzipal Shairp war daher ganz im Rechte, wenn er vor zwanzig Jahren schrieb: „Da die Behauptung, dass Wunder an sich unmöglich sind, eine ganz grundlose Vorausnahme ist, so wird die Frage nach ihrem wirklichen Vorkommen eine rein historische" (Culture and Religion, p. 117). — Also können wir diese Erörterung mit den Worten abschliessen, die Dr. Lyman Abbott in seinem kürzlich veröffentlichten Buche „Theology of an Evolutionist" schrieb: „Die Frage, ob Gott auf Gebete antwortet, die Frage, ob die sogenannten Wunder oder eines von den in der Bibel berichteten je sich ereignete, sind einfach durch Beweisführung zu entscheiden. Wenn das Beweismaterial die bejahende Beantwortung jener Frage begründet, so liegt in der Annahme der Entwickelung nichts, was mit dieser Antwort unverträglich wäre."

Im Lichte der vorhergehenden Aussagen kann es nicht als unbegründet bezeichnet werden, wenn wir die Überzeugung von dem Dasein eines Weltengottes als die unsrige anerkennen und damit jede Untersuchung über die natürliche Möglichkeit des Wunderbaren für unnötig erklären. Diese darf wohl als zugestanden angenommen werden, bis die, welche Einwände gegen sie erheben, die grösseren Wunder erklärt haben, die vorausgesetzt werden müssen, wenn an Stelle eines höchsten Geistes die Materie und der Zufall als Quelle und Ausgangspunkt alles Daseienden auf den Thron gesetzt werden.

Wie unbefriedigend übrigens jeder Versuch bleibt,

einen wesentlichen Unterschied zwischen dem „Übernatürlichen" und dem „Wunderbaren" zu behaupten, ist schon oben bemerkt worden (S. 34 f.). Indessen scheint es notwendig zu sein, die Aufmerksamkeit wenigstens im Vorübergehen auf den Argwohn zu lenken, mit dem gerade der Ausdruck „übernatürlich" in steigendem Grade sogar von solchen neueren Denkern betrachtet zu werden scheint, die innerhalb der christlichen Kirche stehen. Giebt es irgendwelchen Grund zu solcher Bedenklichkeit? Der Verfasser des Buches „The Kernel and the Husk" (s. o. S. 30, Anm.) meint dies offenbar nicht. Denn er bemerkt: „An das Übernatürliche muss jeder logisch denkende (rational) Mensch glauben, wenn er weiss, was dieser Ausdruck meint. Denn jeder logisch denkende Mensch muss anerkennen, dass die Welt entweder einen Anfang hatte oder nicht hatte, eine erste Ursache besass oder nicht besass, und jede von beiden Annahmen geht durchaus über das Niveau der natürlichen Erscheinungen hinaus und ist deshalb übernatürlich. Der Gottesgläubige und der Gottesleugner glauben also beide an das Übernatürliche."

Das heisst aber den Gordischen Knoten mehr zerhauen, als lösen. Oben (S. 34 f.) sind Gründe dafür beigebracht worden, dass das „Übernatürliche", wovon Atheisten sprechen, in Wirklichkeit das Widernatürliche ist. Und wenn der angeführte Schriftsteller sorgfältig „über-natürlich" mit einem dazwischen stehenden Bindestrich schreibt, tritt es ganz deutlich zu Tage, dass dann die wirkliche Bedeutung des Ausdrucks notwendigerweise von dem Sinn des Wortes „natürlich" abhängt. In seinem interessanten Kapitel über die Frage „Was ist Natur?" werden zwei allgemeine Deutungen vorgebracht: 1. „der gewöhnliche Verlauf der Dinge, abgesehen von uns und unserem Eingreifen"; 2. „der gewöhnliche Verlauf der Dinge in uns, nicht in unseren

Körpern, sondern in einem andern Teil von uns, aber immer noch abgesehen von unserem absichtlichen Eingreifen". Eine solche Begriffserklärung bringt aber kaum die Haltung zum Ausdruck, die von der modernen Wissenschaft betreffs dieser Frage eingenommen wird. Gemäss dem heutigen wissenschaftlichen Denken liegt das Wesen des Natürlichen in der Kontinuität (Ununterbrochenheit), die überall um und in uns zu Tage zu treten scheint. Daher sagt man, dass „die Idee des Übernatürlichen, d. h. einer Region auf diesem Erdball, in welcher die Kontinuität aufhöre", eine „Ungeheuerlichkeit sei, die vom wissenschaftlichen Denken auch nicht einen Augenblick ertragen werden könne". Also, so sagt man weiter, „soweit immer die Wissenschaft reicht, kann es kein Übernatürliches geben". In manchen Aussprüchen werden diese Forderungen von Kontinuität und Gleichartigkeit des Existierenden in einem solchen Grade gestellt, dass das, was „natürlich" genannt wird, einfach mit „körperlich" (physical) gleichbedeutend wird. **Aber ein solches Hinwegsehen über sittliche und geistige Erscheinungen kann nicht gestattet werden**, wenn es auch noch erlaubt werden könnte, unter dem Ausdruck „körperlich" die die Lebensvorgänge (vital) und die das Denken betreffenden (intellectual) Wirklichkeiten mit zu begreifen. „Natürlich" muss sicherlich mehr als „körperlich" bezeichnen.

Weiterhin sagt man, dass es „bei dem Vorwärtsschreiten der physischen Wissenschaften nicht länger möglich sei, eine scharfe Scheidelinie zwischen dem Natürlichen und dem Übernatürlichen zu ziehen". Indes das **Fehlen einer scharfen Linie und deren Ersetzung durch ein Grenzgebiet, worin vieles unentschieden ist, hebt nicht die Wirklichkeit der Unterscheidung der beiden Gebiete selbst auf.** Für die Wahrheit wird nichts dadurch gewonnen, dass man dem Ausdruck „natürlich" durch eine künstliche Deutung desselben ein Übergewicht verleiht. Wenn z. B. die Gesamtsumme unserer thatsächlichen neueren Erkenntnis von uns und dem Universum einfach eine „natürliche" genannt wird, so ist dieser Ausdruck für „unendlich" gesetzt. Wenn man uns also sagt, es könne nichts Übernatürliches geben, so ist es gerade so, wie wenn man sagte, es könne nichts geben, was über das Unendliche hinausgehe. Eine solche Aussage ist ebenso unnötig, wie gleichgiltig.

Aber „alles in diesem Weltall, was innerhalb unseres Gesichtskreises liegt, geschieht nach bestimmten Gesetzen", heisst es weiter. Mag sein. Doch giebt es mindestens zwei Sätze, für die diese Behauptung keinen Beweis enthält, und diese zwei Sätze sind die folgenden: 1. dass das Universum nichts enthalte, was jenseits unseres Gesichtskreises liegt, und 2. dass die einzigen geltenden Gesetze [Zusatz des Übersetzers: und Kräfte] die seien, die von der menschlichen Wissenschaft gegenwärtig anerkannt werden. Ferner was haben wir unter „Gesetz" zu verstehen? „Eine Naturordnung, die auf allgemeine und unveränderliche Erfahrung gegründet ist" (Supernatural Religion, Vol. II, p. 210). Mehr und grössere Irrtümer könnten kaum in ebenso viele Worte gepackt werden. „Unveränderlich" bezeichnet doch das, was nicht gebrochen werden kann. Auf die Natur angewendet, muss dies heissen, dieses Brechen könne nicht durch eine Macht geschehen, die zu unserer Verfügung steht. So lange ferner die ganze Erfahrung von Propheten, Blutzeugen, Heiligen und christlichen Helden nicht als eine Täuschung oder Thorheit erwiesen ist, wie kann es da eine „allumfassende" Erfahrung geben, welche die Grundlage des Glaubens zerstören könnte?

Wir müssen aber noch weiter gehen. Denn wie kann eine Naturordnung als eine objektive Wirklichkeit überhaupt auf menschliche Erfahrung gegründet werden? Unsere Erfahrung hat durchaus nichts weiter mit der Naturordnung zu thun, als sie zu bezeugen, sie zu schätzen und sich ihr zu unterwerfen. Die Naturordnung ist vielmehr **gegründet und kann nur gegründet sein auf das, was sie veranlasst, Ordnung und nicht Wirrwarr zu sein. Wenn diese veranlassende Ursache ein Nichts sein sollte**, dann wäre die Natur eine von sich selbst geordnete und dann müsste das Denken dabei stillstehen. Wenn aber die veranlassende Ursache der Naturordnung **ein positives Etwas ist**, muss dieses wenigstens etwas sein, was **unabhängig von der Natur existiert, d. h. jenseits der Natur liegt**, die von jenem Etwas geordnet ist. Das heisst, **dieses Etwas muss übernatürlich sein**.

Wenn also eine „Natur" anzuerkennen ist, so ist sie es **wegen der Ordnung, die deutlich in ihr vorwaltet**. Denn schon die Vorstellung „Natur" schliesst den Wirrwarr (das Chaos) aus. Diese Ordnung bezeichnet eine Kontinuität und Gleichmässigkeit in der Aufeinanderfolge von Erscheinungen, die, soweit wir sehen oder wirken können, unveränderlich sind. Aber „Gesetze" können sie nur dann genannt werden, wenn man sie als Ausdruck des Willens eines Gesetzgebers betrachtet. *Die Annahme nun, dass es keinen vernünftigen Willen ausser dem menschlichen Organismus geben könne, ist die grossartigste Vorausnahme und Beweiserschleichung, die sich denken lässt* (Man vergleiche darüber die Beurteilung des Werkes „Supernatural Religion" in der Church Quarterly Review, April 1876, ebenso die „Lectures on the Cumulative Evidences of Divine Revelation" von L. F. March Phillips, veröffentlicht von der Londoner „Christian Evidence Society").

Es wird indes behauptet, dass das Übernatürliche nur so wirken könne, dass es sich in das Natürliche einmische und dass jede solche Einmischung unwissenschaftlich sei. Aber gerade dies ist zuviel behauptet. Denn „es mag nicht ein einziges Glied in der Kette der Lebensprozesse gegeben haben, das nicht ein spezielles Eingreifen bedurft hätte, wodurch es veranlasst wurde, genau das zu sein, was es wurde" sagte der verstorbene R. A. Proctor in „Knowledge". Es giebt ganz und gar keine wissenschaftliche Bürgschaft dafür, dass man sich die natürliche Sphäre als so durchaus ausschliessend vorstellen dürfe, dass sie für das Übernatürliche völlig unzugänglich wäre. Im Gegenteil versichert man uns ja, dass nicht zwei Atome der Materie thatsächlich in Berührung sind, so dass es also überall einen Raum für den alles durchdringenden Äther giebt. Wie kann da eine vernünftige Analogie oder die wissenschaftliche Phantasie unaufhörlich verkünden, dass Vision eine Luftspiegelung sei, die das Natürliche als überall vom Übernatürlichen durchströmt darstelle?

Der Hohn also, der über diesen Ausdruck „übernatürlich" von einigen sogenannten „fortgeschrittenen" Wissenschaftlern ausgeschüttet worden ist, ist ganz ungerechtfertigt, und es giebt keinen thatsächlichen Grund, warum der christliche Lehrer von heute dieses Wort „übernatürlich" dem modernen Cerberus als einen Besänftigungsbissen hinwerfen müsste. Denn *das „Natürliche" ist weder ein geschlossener Kreis, der das Übernatürliche, ausser wenn es sich „einmischt", ausschlösse, noch ist es ein Kreis, dessen Radien unendlich wären, so dass sein begrenzender Umfang nirgendwo wäre, wie einige sich überschätzende Advokaten der Wissenschaft fordern möchten.* Vielmehr ist das Übernatürliche gerade im Zentrum des Natürlichen, von da sich in immer erweiternden konzentrischen Kreisen des Einflusses ausbreitend. [Zusatz des Übersetzers: Dieselbe Vorstellungsweise ist von mir seit vielen Jahren in Schrift und Wort vertreten worden.] So ist es unterschieden und doch immer gegenwärtig. Als „übernatürlich", ist es oft höchst „jenseitig", wenn es höchst nahe ist. Es ist real, wenn es auch nicht immer sich unseren gewöhnlichen physikalischen oder logischen Versuchen willfährig erweist. Es steht freilich unter einem Gesetz, aber unter dessen Gesetz, der der Urheber der Natur ist, und es braucht doch nicht unter den Bruchstücken seiner Gesetzgebung zu stehen, die bisher von unserer Wissenschaft entschleiert worden sind. So lässt die Vernunft ebenso wie der Glaube das alte Urteil widerhallen, das wir im Hiobgedicht (26, 14) lesen: „Siehe, das sind nur die Säume seines Waltens — welch leis Geflüster nur, das wir vernehmen! Doch wer erfasst die Donnersprache seiner Allgewalt?"

[Zusatz des Übersetzers: Weil in dem Vorhergehenden auch meine Grundanschauung enthalten ist, habe ich längst es für gut gehalten, statt des Wortes „natürlich" den Ausdruck „für gewöhnlich wahrnehmbar" zu wählen. Nur *nicht für gewöhnlich wahrnehmbar* ist das, was das Übernatürliche genannt zu werden pflegt.]

Die Wirklichkeit von Wundern ist also nur eine Frage der geschichtlichen Beweisführung. Dieses Ergebnis führt uns zugleich aus dem Gebiete der Naturwissenschaft in das der Geschichte und das der Psychologie.

IV.
Geschichtsthatsachen und ihre Erklärung.

Auch wenn wir den Begriff „Geschichte" auf die Betrachtung der menschlichen Vergangenheit einschränken, können wir natürlich nur einige springende Punkte eines so umfassenden Gebietes berühren.

I. Zuerst wollen wir da das Volk der Juden bezüglich ihres einstmaligen geschichtlichen Ursprungs, ihrer gegenwärtigen Lage und ihrer nationalen Eigenheiten ins Auge fassen.

Die ganze Geschichte der Juden, wie sie in der Bibel zusammengefasst ist, bildet ja eingestandenermassen die natürliche und notwendige Grundlage des Christentums. Um dieses Verhältnis zu würdigen, ist es aber nicht nötig, die Ergebnisse der jetzt sogenannten „höheren Kritik" zu würdigen. Sie beschäftigt sich mit litterargeschichtlichen Fragen, wir mit theologischen. Was auch immer schliesslich die Funde der litterarischen Kritik sein mögen, so können sie nicht in ernsthafter Weise das berühren, was bei der in diesem Buche vorgelegten Untersuchung die Hauptsache ist, nämlich, dass die biblische Erzählung über den Ursprung und die Geschichte der jüdischen Nation nicht nur das persönliche Dasein, die Oberherrschaft und den heiligen Charakter Gottes als des Schöpfers, Erhalters und Richters des Weltalls voraussetzt, sondern auch vom Vorhandensein und der Wirksamkeit eines übernatürlichen Einflusses spricht (s. o. S. 115 ff.), der ihm beigelegt wird.

Auch wenn diese biblische Geschichte durch die moderne Kritik aufgehellt und neugeordnet wird, bietet sie trotzdem noch eine vollkommene Erklärung aller der merkwürdigen Erscheinungen, die uns heutigentags in den auffallenden Eigentümlichkeiten, dem gesellschaftlichen Zustand und der anscheinenden Unzerstörbarkeit an den Juden als

Volk entgegentreten. Hält man ferner die vorausweisenden Elemente der alttestamentlichen Erzählung neben die thatsächlichen Schicksale der Judenschaft, wie dieselben sich von der christlichen Ära bis zu der neuesten antisemitischen Etappe aufgerollt haben, so kann zuversichtlich behauptet werden, dass es in unserer gesamten Kenntnis der menschlichen Vergangenheit keine zweite derartige Kunde von Voraussagung und Verwirklichung giebt.

Setzen wir also einmal den Fall, die biblische Erzählung werde deshalb verworfen, weil sie unauflöslich mit einem entschiedenen Gottesglauben verknüpft und so das gleiche Schicksal mit dem „Übernatürlichen" teilen müsse, — was würde daraus folgen? Drei ganz klare Folgerungen treten uns in einem Zuge entgegen: 1. Die ganze Bibel müsste in diesem Falle für ein Gemisch von Selbsttäuschung und Betrug gehalten werden. 2. Die natürlichen und unzerstörbaren Eigenheiten, welche die Juden von jedem andern Volk auf der Erde unterscheiden, müssten rein natürlichen Ursachen zugeschrieben werden. 3. Die erstaunliche und einzigartig dastehende Übereinstimmung, die sich zwischen fast dreitausend Jahre alten Voraussagungen und den merkwürdigen Thatsachen der späteren jüdischen Geschichte beobachten lässt, muss einem rein zufälligen Zusammentreffen zugeschrieben werden.

Diese drei Folgerungen lassen sich freilich schnell aufzählen, aber wollte man sie gehörig entfalten, so würden ganze Bände geschrieben werden müssen. Versuchen wir es, ihnen in aller Kürze gerecht zu werden!

1. Wie man sich zu der ersten Annahme zu stellen hat, dass die Bibel die gleiche Beurteilung mit dem Übernatürlichen in der Geschichte der Juden erfahren und deshalb für ein Produkt der Selbsttäuschung und des Betrugs gehalten werden müsse, darüber kann kein ge-

wissenhafter Leser auch nur einen Augenblick lang im Zweifel sein.

Dass ein Teil des Übernatürlichen in der Bibel von der modernen Kritik gestrichen worden ist, ist eine verhältnismässig bedeutungslose Sache. Die Beschaffenheit des Restes, der nicht aus der Welt geschafft werden kann, bleibt unmissverständlich. Mit der Hand Gottes in der israelitischen Geschichte — von Abraham bis zur Zerstörung Jerusalems durch Titus — steht und fällt die Bibel. Aber wenn diese geschichtliche Grundlage in ihrem wesentlichsten Teile ganz falsch sein soll, was haben wir dann über die erhabene Sittenlehre, den anmutenden Eindruck und den erhebenden Einfluss sowie die erstaunliche Lebenskraft dieses Buchs der Bücher zu sagen?

Diese ebenerwähnten Eigenschaften der Bibel können aber bei gewissenhafter Beurteilung desselben nicht in Abrede gestellt werden. Wenige echte Denker werden sie auch nur in Frage stellen. Professor Huxleys Aussage wird vielleicht für das Geringste gehalten werden, was gesagt werden kann, und seine Worte lauten: „Man betrachte doch die grossartige geschichtliche Thatsache, dass dieses Buch drei Jahrhunderte lang mit dem Leben aller derer verwoben gewesen ist, die für die Besten und Edelsten in der englischen Geschichte gelten müssen! Durch das Studium welches anderen Buches könnten Kinder so sehr zur Menschlichkeit erzogen und von dem Eindruck erfüllt werden, dass jede Person je nach ihrem Streben, das Gute zu thun und das Böse zu hassen, entweder die Segnungen oder die Verwünschungen aller Zeit erntet? . . Ich sage nicht, dass sogar das höchste biblische Ideal andere Ideale ausschliesse oder keiner Ergänzung bedürftig sei. Aber ich glaube, dass das Menschengeschlecht noch immer nicht auf einer Stufe angelangt ist, auf der es die Bibel entbehren könnte, und dass es möglicherweise niemals eine solche Stufe erreichen wird" (Essays on Controverted Questions, p. 51—53).

Wollte man ferner den anmutenden Eindruck und den erhebenden Einfluss, den die Bibel in allen Ländern und Zeitaltern ausgeübt hat, so darstellen, wie er es verdient, so würde das ganze Bände von Berichten über Thatsachen erfordern. Indes dürfte dieser Einfluss gut veranschaulicht und für unsern Zweck hinreichend durch das belegt werden, was über ein Schiff berichtet wird, das auf einer der Fidschi-Inseln strandete. Eine Bootsmannschaft, die das Ufer erreicht hatte, wurde in schrecklicher Weise von der Angst gepeinigt, sie möchten etwa von Menschenfressern verschlungen werden. Diese Angst war auch nicht unbegründet, wenn man das bedachte, was über die Bewohner jener Inseln bekannt geworden war. Als sie, um sich einen sichern Platz zu suchen, sich zerstreuten, fanden zwei von ihnen eine Hütte und suchten sie vorsichtig zu durchforschen. Da rief auf einmal der eine seinem Kameraden zu: „Es ist alles in Ordnung, Jack, hier auf diesem Tische ist eine Bibel. Nun haben wir nichts zu fürchten."[1]

Wenn solche Zeugnisse von Gläubigen stammen, sind sie nicht etwa weniger bedeutungsvoll. Denn hier liegt ein Fall vor, wo die Erfahrung ganz ebenso voll ins Gewicht fällt, wie die Beobachtung bei Naturerscheinungen. Übrigens über die Lebenskraft der Bibel sind nicht wenige

---

[1] Eine kurze, aber eindrucksvolle Zusammenstellung solcher Thatsachen findet man in Nr. 67 der „Present-Day Tracts" (veröffentlicht von der „Religious Tract Society") von Dr. Murdoch.

Bücher geschrieben worden.[1]) Auch sie zeigen, wie wahr der Hauptsatz des bekannten Werkes von Henry Rogers[2]) ist, und dieser Satz lautet: „Die Bibel ist nicht ein solches Buch, wie es Menschen machen würden, wenn sie es könnten, oder gemacht haben könnten, wenn sie es wollten."

Heutzutage aber verlangt man von uns, wir sollten diesen merkwürdigen Band, der weit richtiger eine Bibliothek, als ein Buch genannt wird, für die blosse Verkörperung einer kolossalen Täuschung halten. Denn eine solche müsste in der That in der Bibel vorliegen wenn der Gott Abrahams und Mose's und Elia's und Jesaja's nichts weiter, als das subjektive Idol von Menschen wäre, die dem Aberglauben ergeben gewesen wären. Indes wenn es sich so verhielte, dann wäre die Bibel mehr übernatürlich, als je. Bei den Voraussetzungen des Atheismus erfordert und verkörpert die Bibel bei weitem mehr Wunder, als wenn sie für ein wahres Echo des Göttlichen gehalten wird.

2. Auch der Versuch, das jüdische Wesen, seine Eigenheiten, seine Religiosität und seinen gegenwärtigen Zustand aus einem rein natürlichen Quellpunkt herzuleiten, schliesst entschieden grössere Schwierigkeiten in sich, als die Annahme der Grundzüge des Berichtes, der betreffs jener Dinge von der Bibel dargeboten wird. Die Zurückweisung des wunderbaren Elements, das zugestandenermassen mit der göttlichen Lenkung der israelitischen Geschichte verflochten ist, führt nur zu anderen und grösseren Wundern des Unglaubens.

---

[1]) Einen geschichtlichen Auszug daraus gab Dr Blaikie, und er ist als Nr. 23 der „Present-Day Tracts" veröffentlicht worden.

[2]) „The Superhuman Origin of the Bible inferred from Itself."

3. Schon Lord Rochester, ein Zweifler in der Zeit Karls II., sah sich ausser stande, den Beweis zu widerlegen, der für die Übermenschlichkeit des Christentums sich aus der nationalen Lage der Juden ergiebt, wie sie in dessen Entstehungszeit vorhanden war. Der Agnostizismus unserer Tage (s. o. S. 4) wird bei der Beseitigung dieses Beweises dieselben und noch weit schlimmere Schwierigkeiten finden.[1]) Denn die Weissagungen des Alten Testaments besitzen sowohl hinsichtlich ihrer Darbietung als auch hinsichtlich ihrer Bewahrung eine Gewalt, die nur von denen gewürdigt werden kann, die sie sorgfältig geprüft haben.

Die merkwürdigsten unter den hierher gehörigen Stellen sind gewiss Kapitel 28 und 29 im Deuteronomium, obgleich auch noch andere Stellen, wie z. B. Leviticus, Kap. 26 und Jeremia, Kap. 24, 8—10 etc., Beachtung verdienen. Die furchtbaren Leiden, die dort vorausgesagt sind, haben sich mit einer so düsteren Genauigkeit erfüllt, dass jeder Kommentar darüber überflüssig ist. Man fasse doch nur die feierliche Warnung ins Auge, die in Deut. 28, 65—67 gelesen wird!

Wir lassen hier andere merkwürdige Äusserungen dieses Kapitels beiseite — obgleich auch V. 52—57 und

---

[1]) Wenn man etwa auf die Zigeuner als eine ähnliche Erscheinung hinweisen wollte, so würde es genügen, die beiden Fälle in ihrer thatsächlichen Sonderart zu vergleichen. Dasselbe gilt, wenn man auf die Maroniten im Libanon oder die Armenier oder gar die Chinesen als auf Leute verweisen wollte, die unzweifelhafte Eigenheiten besitzen. Die Antwort ist immer dieselbe, nämlich dass keine von diesen Menschengruppen die Gesamtsumme der merkwürdigen Charakterzüge aufweist, welche die Juden in ihrer Geschichte, ihrem Wesen, ihren Schicksalen und ihrer Religion von jeder andern Nation unter dem Himmel unterscheiden.

die furchtbaren Szenen der Belagerung Jerusalems durch Titus erwähnt werden könnten — und vergleichen nur die ersterwähnte Stelle (Deut. 28, 65—67) mit dem, was in den vergangenen neunzehn Jahrhunderten wirklich eingetreten ist. Die Hauptsachen scheinen uns gut in folgenden Sätzen zusammengefasst worden zu sein: „Die Geschichte der Juden seit Christi Kreuzigung ist eine einzige lange Entfaltung der Szenen, die auf den Blättern des Pentateuch und der Propheten abgebildet sind. Vertrieben aus Palästina, durch Hadrian sogar der Erlaubnis, die heilige Stadt zu betreten, beraubt, von Persien auf der einen Seite bis Spanien und England auf der andern verfolgt, in ihrem Leben stets bedroht, während des grösseren Teiles vom Mittelalter sogar gezwungen, ein Kennzeichen an ihrer Kleidung zu tragen, was sie in Persien noch heutzutage thun müssen, aus der Halbinsel Spanien in Tausenden verjagt, in Deutschland die Beute jeder tumultuarischen Truppe marodierender Kreuzfahrer, das Belustigungsmittel der Volksmassen und das Zugvieh von Königen, haben die Juden ein langes mühseliges Dasein voll Schrecken und Trauer gehabt. Sogar heutigentags ist in einigen Ländern keine wirkliche Veränderung in der Gesinnung eingetreten, mit der die Juden jahrhundertelang von denen betrachtet worden sind, unter denen sie leben. Immer noch sind sie die Gegenstände des Missbehagens und der Verachtung … Auch für den Juden von heute giebt es keinen Frieden" („Present-Day Tracts", Nr. 77).

Beim Studium des Alten Testamentes kann man auch nicht die starken Worte übersehen, mit denen die zukünftige Wiederherstellung der Juden angekündigt ist. Solche Stellen, wie Jerem. 30, 3. 10 oder 31, 35—37 oder 33, 25 f., oder Amos 9, 14 etc., können unmöglich in blosse Zusicherungen vorübergehender Sicherheit oder in den Nebel eines entfernten Spiegelbildes aufgelöst werden. Wenn sie nicht durchaus als fromme Selbsttäuschungen des Sehers preisgegeben werden sollen, so weisen sie in unmissverständlicher Weise auf eine göttlich geplante Wiederherstellung Israels in seinem alten Lande hin, und blicken wir auf neuere Thatsachen und Bestrebungen hin, so dürfte es kaum zuviel gesagt sein, wenn wir meinen, dass diese Wiederherstellung schon begonnen hat. Denn „vor etwa zwanzig Jahren gab es nicht mehr als 12 000 Juden in Jerusalem und 30 000 im ganzen heiligen Lande, dagegen wohnen jetzt ungefähr 43 000 in Jerusalem allein und über 100 000 in Palästina." Ob diese „Zionistische" Bewegung weiter wachsen oder wieder zurückgehen wird, das vorauszusagen, brauchen wir nicht zu wagen. Aber im gegenwärtigen Moment besitzt es keine geringe Wahrscheinlichkeit, als empfinge die hellere Seite der Weissagung eine ebenso merkwürdige Verwirklichung, wie die ganze Geschichte Europas seit Christi Zeit die dunkle Seite jener Weissagung zur Verwirklichung gebracht hat.

Indes mag es sich damit verhalten, wie es wolle,[1] so ist es nur ein Teil des ganzen Umfangs von Geschichtsbegebenheiten, in deren Erwägung wir jetzt begriffen sind. Sie begründen alle folgendes Urteil: Die thatsächliche Wechselbeziehung zwischen den Darstellungen der jüdischen Eigenart, wie sie in allen geschichtlichen und prophetischen Büchern der Bibel vorliegt, und den auf die Zukunft des

---

[1] Zusatz des Übersetzers: Ich halte mich betreffs dieser Frage an des Apostels Wort: „Alle Gottesweissagungen sind Ja in ihm (Jesu Christo) und sind Amen in ihm" (2. Kor. 1, 20) und meine, dass die Weissagungen ebenso vergeistigt werden konnten durch Christus, wie das Gesetz (Matth. 5, 17), und dass sie durch Christi Wort und Leiden und Gemeindestiftung vergeistigt worden sind (1. Petri 2, 9).

jüdischen Volkes bezüglichen Weissagungen einerseits und zwischen wirklichen Thatsachen der späteren jüdischen Geschichte andererseits ist allzu deutlich, als dass sie sich in Abrede stellen liesse. Die biblische, d. h. die übernatürliche, Erklärung aller dieser Dinge ist vollkommen natürlich und vollständig ausreichend. Diese Erklärung bietet eine „wahre Ursache", eine angemessene Ableitung aller der in Rede stehenden Erscheinungen. Weist man diese aber zurück, so schreibt man jene ganze umfassende und mehrseitige Wechselbeziehung, die oben nachgewiesen wurde, einem blossen zufälligen Zusammentreffen zu und stellt sie als eine solche dar, die aus zufälligen Variationen „natürlicher" Entwickelung entsprungen sei. Aber Worte und Bilder fehlen, um die Ungeheuerlichkeit aller der Unwahrscheinlichkeiten ins rechte Licht zu setzen, die gegen eine solche Vermutung sprechen. Das Allergeringste, was gesagt werden kann, ist dies, das der, welcher eine solche Aufstellung billigt, mit einem einzigen Schluck ein wirkliches Kamel hinunterwürgt, im Vergleich mit dem die andere Annahme nach ihrer Schwierigkeit eine blosse Mücke ist.

II. Doch lasst uns nun vom Judentum zum Christentum übergehen!

Auch hier gehen wir von einer Thatsache aus, die keinem Zweifel unterliegt. Denn das Vorhandensein, die Ausbreitung und der Einfluss des christlichen Glaubens ist heutzutage über alle Sophisterei erhaben. Er bildet eine unermessliche Macht in der gegenwärtigen Beschaffenheit und dem künftigen Schicksal der Menschheit. Woher also ist er entsprungen und wie ist er dazu gekommen, dass er das ist, als was wir ihn kennen?

Denn die Stellung, die das Christentum in der Menschheitsentwickelung einnimmt, ist eine einzigartige, wie freimütig wir auch den Einfluss anderer Religionen in der

Welt anerkennen. Es ist ja wahr, dass die Anhänger des Buddhismus allein alle Christen zusammen an Zahl übertreffen. Die Zahl der Hindus und der Mohammedaner ist ebenfalls sehr hoch. Aber keine von diesen Religionen bildet eine Parallele zum Christentum. Denn abgesehen von ihrem gänzlich verschiedenen Ursprung und der wohlverständlichen Methode, durch die der Mohammedanismus ausgebreitet wurde, sind alle drei gegenwärtig untrennbar mit orientalischen Kulturarten verwachsen, die nicht nur der Thatkraft entbehren, sondern stufenweise und notwendig im Fortgange des Weltfortschrittes verschwinden. Dagegen das Christentum übt einen unermesslichen und immer wachsenden Einfluss durch die Welt hin aus, da wir sehen, dass es am stärksten in den an der Spitze des Weltfortschrittes marschierenden Nationen ist, die alle Anzeichen sich entwickelnder Lebenskraft und energischen Wachstums zeigen.

Dann und wann freilich hören wir vereinzelte Stimmen orakeln, dass die Flamme des Christentums bald verlöschen werde. Aber in allen solchen Fällen ist der Wunsch der Vater des Gedankens, und dieser Kassandraruf ist durch erfolglose Wiederholung eine abgedroschene Melodie geworden. Alle Welt weiss ja auch, was aus den Aussprüchen geworden ist, die von Rousseau und Voltaire und Paine vor einem Jahrhundert über das Schicksal des Christentums gewagt worden sind. Heute ist jedermann Zeuge davon, wie sie sich bewahrheitet haben: die einfache Thatsache ist es, dass das Christentum seit der Zeit jener Männer die ganze Welt durchschritten hat und grosse Teile von ihr mit der christlichen Lehre und Praxis vertraut gemacht worden sind. Der Erfolg der christlichen Missionen ist während des letzten Jahrhunderts grösser gewesen, als in einem gleich langen Zeitraum der Vergangenheit. Dass es aber auch jetzt noch viele Schattierungen und Stufen der Christlichkeit giebt, raubt der erwähnten Thatsache nicht im geringsten ihre Bedeutung. Diese Mannigfaltigkeit bezeugt im Gegenteil, dass die christlichen Wahrheiten allen Arten und Bedingungen des menschlichen Wesens sich anpassen können, und beweist die wundervolle Lebenskräftigkeit der christlichen Religiosität, die über unermessliche Grade der Verderbtheit und des Widerstandes zu triumphieren vermochte.

Aber eine oder die andere Gewissheit, die der soeben entfalteten Hauptgewissheit zur Seite steht, verdient ebenfalls eine Bemerkung. Wir wissen ja unfraglich, wann, wo und wie das Christentum entstand. Gelegentliche Versuche, einen Zweifel betreffs der thatsächlichen Existenz Christi und seiner Apostel anzuregen, sind zu wild und thöricht, als dass sie ernsthaft erörtert werden sollten. Aus überreichlichen Beweisen ist es historisch gewiss, dass Jesus lebte, lehrte und in Judäa zu der Zeit gekreuzigt wurde, die in unseren Evangelien festgestellt ist. Auch das ist zweifellos, dass seine Lehren ohne Anwendung von Gewalt ausgebreitet wurden und dass sie sich von Jerusalem als Mittelpunkt aus bald überall hin durch die damals bekannte Welt verbreiteten, trotzdem dass ihnen ein höchst verbitterter Widerstand entgegengesetzt wurde. Aber diese allgemeine Feststellung lässt den wirklichen Thatsachen nur in sehr kärglicher Weise Gerechtigkeit widerfahren. In Wahrheit will in Bezug auf die Anfänge des Christentums und seine Fortdauer bis zu dieser Stunde eine **dreifache Opposition** gewürdigt und ein **dreifacher Triumph** erklärt sein. Keiner von diesen Gegenständen kann in wenig Worten voll entfaltet werden. Doch ist es wesentlich für die Wahrheit, dass sie gewissenhaft in Betracht gezogen werden.

1. Was nun die ersten Schritte des Christentums anlangt, so ist es die einfache Wahrheit, wenn man sagt: Wenn wir uns vorstellen können, wie ein Löwe, ein Tiger und ein Wolf sich in verzweifelter Anstrengung verbünden, um ein Lamm zu vernichten — und dabei unterliegen: so haben wir nur eine richtige Parallele zu dem, was am Anfang der christlichen Zeitrechnung thatsächlich in der menschlichen Gesellschaft geschah. Die praktische Allianz zwischen jüdischem Hass, römischer Macht und griechischer Spitzfindigkeit zur Bekämpfung des kindlichen christlichen Glaubens steht absolut ohne Parallele in der Geschichte da. Wenigstens die beiden ersteren von diesen Faktoren des Gegensatzes gegen das junge Christentum sind wir in unserer Periode der Freiheit und des Friedens leicht geneigt zu unterschätzen.

Bei dieser Betrachtung ist es zuerst nötig, sich der ganzen Wahrheit betreffs des jüdischen Wesens voll bewusst zu bleiben. Wir müssen sehen, wie dessen wunderliche Eigentümlichkeiten der Lebenszähigkeit, der Hartnäckigkeit, des Fanatismus in breiten Zügen auf den Tafeln der Geschichte eingegraben stehen, wie sie von der Zeit des unvergleichlichen Schreckens und Heldentums des Kriegs mit Rom und der Zerstörung Jerusalems bis herab zu der neuesten russischen Judenverfolgung sich bethätigt haben. Wir sind wohl im stande, die Geistesart zu würdigen, in die sie durch die lange Kette von Kriegen und Gefangenschaften versetzt worden waren, die dem Zeitpunkt des Auftretens Christi vorausgingen. Auch ihre politische Lage, die sie damals gerade unter das römische Joch beugte, machte sie besonders dazu geneigt, die eine Art von Messias mit Enthusiasmus zu begrüssen, die andere Art aber mit Verwünschungen zurückzuweisen. Und doch war es unfraglich dieses andere Messiasbild, das Jesus verkörperte. So musste die Heftigkeit des nationalen Hasses, den er erregte, ihr Mass an dem Schlage finden, den er der heissen und stolzen Erwartung versetzte, die damals im Volke durchaus überwog, und mit dem er zugleich alle die tiefeingewurzelten Vorurteile der Priester und Schriftgelehrten und Pharisäer anzugreifen sich erkühnte.

Dass aber zuerst eine bescheidene Minderheit und dann grosse Zahlen von Juden, mit Einschluss von Priestern und Ältesten, an ihn glaubten und demgemäss handelten, ist eine unbestrittene Thatsache. Während nun nichts leichter, als die Verwerfung Christi durch die Mehrheit seiner damaligen Zeitgenossen ist, ist es verhältnismässig schwer, um nicht zu sagen, völlig unmöglich, den Glauben seiner Jünger von einer andern Grundlage aus zu erklären, als die im Neuen Testament angegeben ist. Denn wenn diese Grundlage zurückgewiesen wird, so ist der Unglaube zu der Annahme gezwungen, dass die Anhänger Christi unter allen Menschen in der Welt am leichtesten getäuscht werden konnten, und zwar als ihren höchsten Hoffnungen und stärksten Wünschen, ihren schneidigsten Voraussetzungen und ihrem kräftigsten Glauben zugleich mit ihrem glühendsten Patriotismus geradezu ins Angesicht geschlagen wurde.

Dies ist aber nur eine Einleitung zu den Schwierigkeiten, in die der Unglaube in Bezug auf den Ursprung und das Wachstum der christlichen Kirche gerät. Das Verhalten von Griechen und Römern will ebenfalls in Betracht gezogen sein. Das Schauspiel ist vom agnostischen Standpunkt aus freilich ein befremdliches. Glieder der kultiviertesten Nation in der Welt erkennen in grosser Anzahl einen durchsichtigen Betrug an, und Bürger des stolzesten Staates, den man kennt, ergeben sich der höchsten Pflege des Andenkens an einen „fanatischen" Juden, den ihr eigener Vertreter einstmals einem schimpflichen Tode überliefert hatte!

Es ist deutlich genug, dass die einzige Verbindung, die zwischen einem Juden und einem Römer jener Zeit möglich war, das gemeinsame, aber bei dem einen auf religiösen und bei dem andern auf politischen Beweggründen beruhende Urteil war, dass die Nachfolger Christi ausgerottet und selbst sein Name ausgelöscht werden müsse. Was dem Römer an Verbitterung fehlte, ergänzte der Jude. Was der Jude nicht thun konnte, so sehr er es wollte, unternahm der Römer, um es mit brutaler Gewalt zu voll führen. Wucht und Art dieser Gewalt müssen wohl im Auge behalten werden. Hier jedoch können wir auf das Ganze nur einen einzigen Streifblick werfen.

Es ist mit Recht von jenen ersten Christen gesagt worden, dass „wie Dynamit beim Schlage des Hammers explodiert, so schlug das ganze wilde Reich sie mit überschäumender Wut und wickelte sie gleichsam in verzehrende Raserei". Welche menschliche Darstellungsweise kann jemals die Leiden oder den Heldenmut einer Blandina, einer Perpetua, eines Potamion, einer Felicitas in den richtigen Farben schildern? Aber um eine Einzelbeschreibung schauerlicher Szenen zu vermeiden, soll es genügen, die zusammenfassende Darstellung zu zitieren, die Lecky in seiner „History of European Morals" gegeben hat: „Wir lesen von Christen, die auf Stühle von rotglühendem Eisen gebunden wurden, während der Gestank der unverzehrten Körper in einer erstickenden Wolke zum Himmel emporstieg, ferner von andern, die durch eiserne Haken bis auf den blossen Knochen zerrissen waren, dann von heiligen Jungfrauen, die der Gier von Gladiatoren oder der Willkür des Panthers preisgegeben wurden, weiter von zweihundertundsiebenundzwanzig, die bei einer einzigen Gelegenheit in die Bergwerke geschickt wurden, nachdem jedem ein Schenkel mit einem heissen Eisen aufgerissen und ein

Auge aus der Augenhöhle ausgebohrt worden war, fernerhin von so langsamen Verbrennungen, dass die Opfer stundenlang sich in ihrem Todeskampfe wandten, ja von Qualen, die durch ganze Tage hindurch ausgedehnt wurden. Aus Liebe zu ihrem göttlichen Meister, für die Sache, von deren Wahrheit sie überzeugt waren, haben Männer und sogar schwache Mädchen solche Dinge ausgehalten, während ein einziges Wort sie von ihren Leiden befreit hätte."

Über der Betrachtung der schauderhaften Art solcher Misshandlung dürfen wir nicht ihre Häufigkeit und Dauer vergessen. „Die Zahl der grossen Verfolgungen," sagt Pressensé, „wird allgemein mit zehn angegeben. Dies ist aber eine willkürliche Einteilung. Es würde ein Irrtum sein zu sagen, dass die Verfolgung nur zehnmal vor Konstantin ausbrach. In Wahrheit hörte sie niemals auf. An einem Punkte gedämpft, flammte sie an einem andern von neuem auf. Die Verfügung Trajans war nicht einen einzigen Tag zurückgenommen. Die Verfolgung war deshalb immer gesetzlich und bedurfte keiner besonderen Erlaubnis." In der Diokletianischen Verfolgung allein wurden in der Provinz Ägypten nicht etwa bloss 15 000 Personen zu Tode gequält, wie Gibbon in seinem Werke über die Ursachen des Verfalls des römischen Reiches geltend machen wollte.

Und was war nun das Ergebnis dieses „langen und blutigen Kampfes"? Wir können es in dem Toleranzedikt finden, das von jenem Galerius selbst erlassen wurde, der so viele Christen durch langsame Verbrennungen hatte zu Tode quälen lassen. In jener merkwürdigen Urkunde, die uns Lactantius, ein Augenzeuge, aufbewahrt hat, gesteht der unbarmherzige Heide ein, dass sein Ansturm gegen das Christentum völlig misslungen war, und unter den Qualen seiner unheilbaren Krankheit gesteht er den Christen das Recht zu, sich zum Gottesdienst zu versammeln, indem er sie nur bat, für ihn zu beten! So geschah es, dass „das Christentum seinen Platz unter den anerkannten Religionen des römischen Reiches einnahm". Ein weiteres Eingehen in Einzelheiten wird unfehlbar die Überzeugung begründen, dass eine Parallele zu dieser lang hinausgezogenen Tragödie aus der Weltgeschichte nicht bekannt ist.

Selbstverständlich ist es leicht, zu sagen, dass Verfolgung eine Sache volkstümlich macht und Begeisterung hervorruft. Das ist gerade so wahr, wie wenn man sagt, dass Wasser das Feuer zum helleren Brennen bringt. Manchmal bewirkt Wasser dies, aber stets nur unter folgenden beiden Bedingungen: 1. muss das Feuer stärker, als das Wasser sein, das darauf gegossen wird, und 2. müsste eine solche mächtige Verwandtschaft zwischen dem betreffenden Feuer und dem Wasser bestehen, wie sie in den Beziehungen von Sauerstoff zum Verbrennungsstoff existiert. In dem uns jetzt vorliegenden Fall sind nun allerdings 1. gerade die unbezähmbare Stärke und unauslöschbare Glut der christlichen Überzeugung die Dinge, die es zu erklären gilt. Dagegen 2. ist es willkürlich, die Vermutung auszusprechen, dass eine Möglichkeit von irgendwelcher Sympathie zwischen der nicht widerstehenden Sanftheit der Christen und dem gewöhnlichen Stolze der Römer, — oder zwischen christlicher Reue und griechischer Selbstgefälligkeit, — oder zwischen denen, die sich an einen Messias klammerten, der vom Tode erstanden sein sollte, und den Durchschnittsüberzeugungen der Juden jener Zeit bestanden habe. Die Flamme des Verfolgungsfanatismus hätte vielleicht durch einen plausiblen Aberglauben sich löschen lassen. Aber wo ist bei dem in Rede stehenden Falle eine Spur des Plausiblen? Das christliche Lebensprinzip liegt im Neuen Testamente vor uns, und wir besitzen eine gute Kenntnis von der hervorragend sittlichen

Richtung jener Generationen der Christenheit. Wo findet sich da eine Spur von Verwandtschaft mit der Durchschnittshaltung der Griechen und Römer von damals? Bo das Christentum irgendwelche Anhaltspunkte dar, dem Hochmut oder den Erwartungen oder der Lust der damaligen Welt zu fröhnen? Nein, es ist unmöglich, sich ein Moralprinzip oder ein philosophisches Ideal, eine Vorstellung vom Plan des menschlichen Lebens oder eine Auffassung des göttlichen Wesens zu denken, die den Überzeugungen und den Geschmacksrichtungen der Juden, Griechen und Römer gleichermassen so sehr entgegentrat, wie es das Christentum that. Dieser prinzipielle Widerstreit gewann nur dadurch ein milderes Aussehen, dass der Glaube des jungen Christentums von blindem, tollem Fanatismus weit entfernt war. Auch dies hat der oben zitierte rationalistische Geschichtsschreiber, Lecky, richtig in folgenden Worten anerkannt: „Das Christentum verband mit seinen unterscheidenden religiösen Lehrsätzen ein reines und edles System der Ethik. Es rief mehr heldenhafte Thaten hervor und bildete mehr rechtschaffene Menschen aus, als dies irgend ein anderer Glaube that. Es bildete den Charakter von Massen um und belebte das alte Herz mit neuer Begeisterung. Es erlöste und erneuerte die verderbtesten Glieder der Menschheit."

Freilich Gibbon wagte es, die Siege der ersten Christenheit auf folgende zwei Ursachen zurückzuführen: auf die Unterwürfigkeit von Christen und auf die Macht Konstantins. Aber da hat er gerade das vorausgenommen, was es zu erklären gilt. Sein Verfahren ist ganz dasselbe, wie wenn ein grosser Brand durch die Behauptung erklärt werden soll, er sei durch ein angezündetes Streichholz erregt worden. Eine solche Behauptung würde ja gerade die Fragen unbeantwortet lassen, die eine Beantwortung am meisten fordern, und diese Fragen sind folgende drei: Wie kam das Streichholz dazu, seine Brennkraft zu erhalten? Wer strich es an und verwendete es? Warum endlich that er das? Eine verspätete Frage und jedenfalls ganz unwichtig ist es, wenn man fragt, wieviel Konstantin für das Christentum that. Das wirkliche zu lösende Problem liegt in der Frage: Was im Christentum war es, was trotz aller unbarmherzigen Wut der vorhergehenden Verfolgungen es so weit hatte triumphieren lassen, dass dieser Triumph Konstantin den Wunsch einflösste, lieber ein Bündnis mit der Christenheit zu erstreben, als die offenbar erfolglosen Versuche, sie zu vernichten, weiter fortzusetzen? Wenn, so muss man fragen, erst in dem kaiserlichen Schutze Konstantins die Erklärung für den Sieg des Christentums liegen soll, warum waren denn die rasenden und brutalen Anstrengungen Diokletians unmittelbar vorher oder die politischen und kulturellen Angriffe Julians[1]) gleich nachher gleichermassen nicht im stande, den Untergang des Christentums zu Wege zu bringen?

Wir dürfen daher mit Sicherheit den Schluss ziehen,

---

[1]) „Die erste von Julians Verordnungen gegen das Christentum verbot, dass Kinder der „„Galiläer"" — denn diesen Namen gab er den Christen — in Dichtkunst, Redekunst und Philosophie unterrichtet würden." So bezeugt es Theodoret, und Ammian, der als Heide auf Julians Seite stand, bestätigt es mit folgenden charakteristischen Worten: „Sein Verbot, dass Lehrer der Redekunst und der Grammatik Christen nicht unterrichten dürften, war eine grausame That und verdient, in ewiger Vergessenheit begraben zu werden." — Übrigens eine eingehende Widerlegung der berüchtigten fünf Ursachen, aus denen Gibbon in seinem Buche über den Fall des römischen Reiches den Sieg des Christentums herleiten wollte, findet man z. B. in J. H. Newmans Grammar of Assent, p. 456—486 und Storrs' Divine Origin of Christianity, p. 275. 591—595. 613.

dass Konstantins Verhalten nur ein Zeugnis für die unwiderstehliche Macht der christlichen „Unterwürfigkeit", wie Gibbon sich auszudrücken beliebte, ablegt, für die es eben gilt eine zureichende Ursache zu finden. Es ist nur ein Ausdruck der Verzweiflung, wenn man diese „Unterwürfigkeit", diese Heldentreue der Christen gegen ihren himmlischen Herrn, auf einen fanatisierenden Ansteckungsstoff zurückführen will. Denn die Wahrscheinlichkeit eines gefälligen Irrtums, oder die Anziehungskraft eines gewinnverheissenden Betrugs können zwar eine kurzlebige Flamme des Beifalls anblasen, aber sie können nicht der Unwahrheit unertötbare Glut einhauchen, sie können nicht einem System von erhabenen und schweren Prinzipien der Sittlichkeit zu solcher Lebenskraft in der menschlichen Gesellschaft verhelfen, dass es nicht nur der Ausrottung trotzt, sondern mit den dahinsinkenden Jahrhunderten immer mehr Kraft gewinnt und schliesslich die stärkste „Macht wird, welche der Gerechtigkeit" in den grössten Nationen der Welt „zum Siege verhilft".

Man braucht hier nicht bei der „Weisheit des Griechen" (1. Kor. 1, 22) zu verweilen, es müsste denn sein, um zu betonen, dass sie in mancher Hinsicht ein furchtbarerer Feind als sogar die Verfolgung war. Aber eine damit zusammenhängende Frage mag mit Nachdruck ausgesprochen werden. Man hört ja manchmal die Rede, Christus sei ein galiläischer Betrüger gewesen, der ein erborgtes System der Moral auf einer betrügerischen oder fanatischen Grundlage in so plumper Weise aufzubauen gestrebt habe, dass noch jetzt, wie mancher sagt, das Auge des Verstandes über einen Zwischenraum von achtzehn Jahrhunderten hinweg mit Leichtigkeit seine Täuschereien durchschauen könne. Aber weshalb war denn dann aller Scharfsinn des griechischen Verstandes nicht ausreichend, die angebliche

Erborgtheit und schändliche Motivierung der Prinzipien Christi ebenso zu entlarven, wie Blavatskys Täuschereien vor kurzem in Indien ausgepfiffen wurden?

Das Christentum aber war weit davon entfernt, dem dreifachen Angriff zu unterliegen, wie ihn sicher keine andere Religion auf Erden zu überwältigen hatte. Im Gegenteil sehen wir, wie aus den Lagern der drei Gegner des Christentums, aus den Heerlagern der Juden, Griechen und Römer, die Reihen der Bekenner Christi sich immer von neuem füllten, bis sie die stets siegreiche Armee wurden, die auf ihrem Triumphzuge den ganzen Erdball durchschritt.

Der erste entschiedene Sieg, den das Christentum davontrug, war also der über seine Feinde.

2. Der zweite, kaum weniger bedeutungsvolle Sieg war der, den das Christentum über seine Freunde errang.

Denn wie die Geschichte in Bezug auf Hannibals berühmten Kampf mit Rom berichtet, dass „Capua" durch seine entnervende Schlemmerei „das Cannae Karthagos wurde", so kann behauptet werden, dass die Befreiung des Christentums von Verfolgung und seine Überflutung mit kaiserlichen Privilegien und Reichtümern eine weit realere und stärkere Gefahr in sich schlossen, als seine vorhergehende Bekämpfung mittels Feuer und Schwert.

Von dieser Zeit an wird, wie man wohl zugestehen muss, die Geschichte der christlichen Kirche in ihren Hauptzügen verwirrend und betrübend. Es ist ja wirklich beklagenswert, dass die Christen während der darauffolgenden Generationen, als die Verfolgung von aussen her aufgehört hatte, in allzu vielen Fällen begannen, sich mit ihrem Verhalten in direkten Widerspruch zu der Lehre und der Geistesart des Meisters zu setzen, dessen Namen sie trugen. Die Einzelheiten der Entwickelung des Verfalls, durch den „das Licht der Welt" (Matth. 5,14), von kirchlichem Hochmut und weitreichender Verderbnis der Christenheit mehr und mehr verdunkelt, schliesslich in die Finsternis des Mittelalters versank, müssen anderswo nachgelesen werden. Es ist oft und mit Recht gesagt worden, dass die Kirchengeschichte eine betrübende Lektüre bildet. Aber in dem Herzen dieses Geständnisses regt sich eine Frage, die nicht überhört werden darf, und diese Frage lautet: Wie kam es, dass auch ein solches inneres Gift nicht das Vernichtungswerk vollführen konnte, das von äusserlicher Gewalt vergeblich unternommen worden war? Innerliche Krankheitskeime sind, wie wir jetzt wissen, die tödlichsten von allen sowohl in Bezug auf die verhängnisvolle Wirkung als auch in Bezug auf die Schwierigkeit der Heilung. Warum also starb das Christentum nicht an der fiebergleichen Unchristlichkeit, die so bald und so giftig den Körper der Christenheit durchschlich?

Dieser Sieg des Christentums über die Entartung seiner eigenen Freunde verkündet — wenn es ein bloss menschliches, auf Täuschung beruhendes Entwickelungsprodukt sein soll — ein grösseres sittliches Wunder, als darin liegt, dass die christliche Religion den Angriffen ihrer äusseren Feinde nicht unterliegen wollte.

3. Ein dritter Sieg des Christentums kann ebenso im einzelnen nachgewiesen werden, und das ist sein Sieg über den entschiedenen und kräftigen Unglauben des zuletzt vergangenen Jahrhunderts.

Die Geschichte dieses Kampfes nach allen seinen Phasen hier aufzurollen, kann selbstverständlich nicht versucht werden. Es genügt, an den mächtigen Angriff des sogenannten Deismus, wonach die Gottheit dem bestehenden Weltall unthätig gegenüberstehen soll, zu erinnern und dann auf die Entwickelung des Atheismus und der Weltvergötterung hinzuweisen,[1]) die in England gleichen Schritt mit der „niederreissenden Kritik" Deutschlands und dem weitreichenden Einfluss von Strauss und Renan hielt Es schien sicher so, als wenn das Christentum nur noch eine kurze Zeit zu leben habe. Aber jetzt ist es trotz des Agnostizismus (s. o. S. 4) einfach wahr, wenn man sagt: Das Christentum ist nicht nur so kräftig, wie je, sondern hat eine neue Lebenskraft gewonnen und verspricht mit Entschiedenheit, zugleich reiner und stärker zu werden, als es während aller vorausgehenden Jahrhunderte gewesen ist.

Wenn man sein Auge auch keineswegs vor den Meinungsverschiedenheiten verschliesst, die zwischen den mannigfaltigen Abteilungen der Kirche bestehen, so bleibt es doch wahr, dass es heutigentags mehr Frömmigkeit und Einfluss in der Welt als je zuvor giebt, die entschieden als christliche bezeichnet werden müssen, und dass alle Arten praktischer Bethätigung des Christentums zahlreicher und energischer als jemals sind. Schon die Missionsarbeiten allein beweisen einen Grad von selbstloser Hingabe, wie er niemals vorher im ganzen Verlauf der Geschichte vorhanden gewesen ist, und die Ergebnisse dieser Arbeiten übertreffen sogar die des ersten Jahrhunderts der Ausbreitung des Christentums.[2])

---

[1]) Man vergleiche H. Footmans „Reasonable Apprehensions and Reassuring Hints" (London bei Field & Tuer).

[2]) Man höre nur einen sehr bezeichnenden Kommentar dazu, der aus einer unparteiischen Quelle stammt. Das *Daily Chronicle* vom 4. Juli 1900 schreibt: „Die Frage „„Hat das Christentum seine Rolle ausgespielt?"" war in dieser Zeitung vor einigen Jahren der Gegenstand eines fortgesetzten Wechselgesprächs. Die Antwort ist jetzt in einem erstaunlichen Wiederaufwachen der Kirchen in Hinsicht auf die praktische Bethätigung gegeben worden, und in Amerika ist dies vielleicht

Je verwirrender und verstimmender also die Geschichte des Christentums werden kann, wenn man sie an dem hohen Massstab des Neuen Testaments prüft, um so grösser ist das Wunder seiner unzerstörbaren Lebenskraft und fortwährenden Wiederverjüngung. *Wenn die Grundlagen des christlichen Glaubens nicht wirklich wahr sind, wird diese erstaunliche Thatsache ein wahres Wunder.* Denn wenn die Theorie des Unglaubens richtig wäre, würde dieser ganze Triumph der christlichen Religion, diese unvergleichliche Ausbreitung unter den höchststehenden Kulturvölkern, diese Stärke der Überzeugung, die Weltreichen getrotzt hat, dieser innere Quell von Lauterkeit, der sogar eine innere Erkrankung wieder heilen konnte, diese verwickelte, unermessliche, ununterdrückbare Wirklichkeit des Wachsens und der Ausdauer und der Kraft, — ihren Ursprung in Betrug oder Selbsttäuschung oder einer traurigen Mischung von beidem besitzen. Kann irgendwelcher Gedankengang dies vernünftig oder glaubhaft machen?

Der Ursprung und die Geschichte des Mohammedanismus oder des Buddhismus kann ja als merkwürdig anerkannt werden. Aber niemand, der sich gewissenhaft mit ihnen bekannt gemacht hat, kann sie als Parallelen zum Christentum anführen. Vielmehr liefern sie einen anschaulichen Beleg für die Richtigkeit

---

noch deutlicher sichtbar, als in England." [Zusatz des Übersetzers: Hinter diesen Ländern stehen aber Deutschland, die Schweiz, Schweden u. s. w. keineswegs an christlicher Glaubens- und Liebesthätigkeit zurück. Zum Beweis genügt folgende Thatsache. Als die Missionsgesellschaft zu Barmen infolge der Ausdehnung ihres Arbeitsgebietes im Frühjahr 1901 vor einem Fehlbetrag von 143000 Mark stand, war diese bedeutende Summe innerhalb weniger Wochen durch freiwillige Zusendungen gedeckt, und viele Geber sprachen den Wunsch aus, dass selbst auf die Gefahr eines neuen Defizits hin die Missionsarbeit ja nicht eingeschränkt werden solle.]

dessen, was soeben behauptet worden ist. Denn in Bezug auf jede von beiden erwähnten Religionen sind wir im stande, klare und zureichende Ursachen ihrer Verbreitung zu entdecken. Aber in Bezug auf das Christentum werden diese Ursachen um so weniger gefunden, je mehr wir sie suchen.

Um die Erörterung abzuschliessen, sagen wir: wir besitzen also ein gutes Recht dazu, folgendes zu behaupten: Wenn die ganze Vergangenheit und Gegenwart des Christentums der Mythenbildung, der Unwissenheit, der Hysterie, dem Fanatismus und Betrug zugeschrieben werden darf, dann genügt es nicht, eine solche Aufstellung mit einer Pyramide zu vergleichen, die auf ihre Spitze gestellt wäre. Denn die Spitze selbst würde auf nichts ruhen. Diese Aufstellung schliesst also ein Wunder in sich, das über alle die hinausgeht, die im Neuen Testament erwähnt werden.

Es ist freilich zweifellos wahr, was Lecky (s. o. S. 134), ein gewiss für das Christentum nicht voreingenommener Schriftsteller, freimütig anerkennt: „Unter allen den Sünden und Mängeln, unter allem dem Priestertrug, der Verfolgung und dem Fanatismus, welche die Kirche entstellt haben, hat sie in dem Charakter und dem Beispiel ihres Gründers ein bleibendes Prinzip der Wiedergeburt bewahrt." Indes wenn zur vollen Erklärung der Geschichte des Christentums nur ein so erhabener Charakter und ein so mächtiges Beispiel zugestanden werden müssten, so würde der Unglaube selbst, wie im vorliegenden Buche noch voller bewiesen werden wird, dieses Zugeständnis machen. Wir sind aber ganz berechtigt, die Worte Humes zu entlehnen und in Bezug auf die neutestamentliche Erzählung von dem Ursprung und dem Fortschritt, von der Lebenskraft und dem Einfluss der christlichen Religion zu sagen: „Die Unrichtigkeit dieser Erzählung würde wunderbarer, als die Thatsache sein, die sie zu begründen strebt."

III. Wir gehen jetzt dazu über, ein anderes verwandtes Zeugnis zu besprechen, nämlich das, welches sich aus dem gegenwärtigen Bestehen, der Bedeutung und dem Ursprung der gottesdienstlichen Handlung des Christentums ergiebt, die unter dem Namen „das heilige Abendmahl" oder ähnlich bekannt ist. Der besondere Name, der zur Bezeichnung dieser gottesdienstlichen Handlung bevorzugt wird, und auch sogar die besondere theologische Vorstellung, die von den einzelnen Nüancen des kirchlichen Bekenntnisses über die Bedeutung dieses Aktes ausgeprägt wird, geht uns hier nichts an. Der Beweisgrund, den „das heilige Abendmahl" darbietet, ist der gleiche, mag es vom Standpunkt der englischen Hochkirche oder von dem der englischen Freikirche aufgefasst werden. Der Beweis wird auch nicht durch die römische oder zwinglianische oder lutherische Auffassung des Abendmahls beeinträchtigt.

Wir können freilich jetzt nur im Umriss das darstellen, was reichlich die genaueste Aufmerksamkeit verdient. Aber wir wollen wenigstens so weit den Beweis ausführen, dass wir wieder (s. o. S. 129) von einem sicheren Punkte ausgehen, und dies ist folgendes. Wo immer das Christentum bekannt ist, wird diese gottesdienstliche Handlung vollzogen. Auf welche verschiedene Art dies geschieht, ist hier ohne Bedeutung. Die einfache und genügende Thatsache ist diese, dass dieser Vollzug eines einheitlichen gottesdienstlichen Gebrauches stets einen Teil der christlichen Religion gebildet hat. Nicht weniger bedeutungsvoll ist es, obgleich wir hier nicht dabei verweilen wollen, dass überall, wo diese gottesdienstliche Handlung Eingang fand, die Darbringung lebendiger Opfer für die Sünde aufgehört und zu gleicher Zeit das Sündenbewusstsein sich grossartig gesteigert hat.

Für unsern gegenwärtigen Zweck haben wir nur das eine Interesse, eine **zureichende Ursache für diese einheitliche Institution zu fordern.** Die neutestamentliche Erzählung von ihrem Ursprung, ihrem Ziel und ihrer Verbreitung ist zugleich einfach, logisch und ausreichend. Wenn indes diese Erzählung deswegen, weil sie die Wahrheit von Christi Auferstehung in sich schliesst, als eine übernatürliche und daher unglaubliche zurückgewiesen werden soll, was folgt dann daraus? Eine solche Zurückweisung macht die folgenden sechs Thatsachen zu Rätselfragen: 1. Diese gottesdienstliche Handlung ist von allen Christen ohne Ausnahme und in jedem Erdteile während der letztvergangenen achtzehnundeinhalb Jahrhunderte feierlich vollzogen worden. 2. Diese Handlung kann unmöglich vom Judentum hergeleitet werden, da man sieht, dass sie gerade den Zentralpunkt des entsprechenden jüdischen Ritus, nämlich ein lebendiges Tier als Opfer, vernachlässigt. 3. Andererseits musste schon der blosse Begriff eines Messias, der sich als Opfer dahingab, den frommen Juden mit Schauder und Schrecken erfüllen. 4. Ferner gab es in der griechischen und römischen Mythologie nichts, wovon das christliche Abendmahl abgeleitet werden konnte. Auch gab es keinen Grund, eine solche Entlehnung auch nur ins Auge zu fassen. Dieses Mahl war ja für jüdische und römische Verfolger des Christentums gleichmässig ein Rätsel. 5. Dieses Mahl wurde bestimmt von Christus selbst eingesetzt und wurde deutlich von ihm als ein Gedächtnisakt gedacht, der ununterbrochen von jener Zeit an wiederholt werden sollte. 6. Er ist seit jenem Tage nicht nur unverbrüchlich vollzogen worden, sondern wird dank der Mission mit jedem folgenden Jahre immermehr vollzogen werden.

Setzt man nun mit dem Unglauben voraus, dass

Christus einfach ein menschlicher Reformator gewesen, dann gemordet und gleich andern Menschen in irgendeinem bekannten Grabe gelassen worden sei, dann verlangen mindestens zwei Fragen eine nichtausweichende Antwort. Erstens was konnte der Beweggrund zur Einsetzung einer solchen Handlung durch Christus selbst sein? Zweitens wie kam es, dass sie allgemein als ein unterscheidender Ritus der Christen angenommen wurde und fortdauernd sich seitdem bis jetzt im Vordergrunde des christlichen Kultus behauptete?

Denn dies muss klar ins Auge gefasst werden: bei der Voraussetzung, dass Christi Auferstehung ungeschichtlich ist, konnte dieser Abendmahlsgenuss gleich von allem Anfang an nur die Verewigung und Vermeldung eines völligen Misserfolgs und zugleich der absolute Widerspruch gegen Christi eigene nachdrückliche Versicherung und sein bestimmtes Versprechen sein. Immer und immer wieder behauptete ja Christus, dass er nicht nur getötet werden, sondern „am dritten Tage wieder von den Toten auferstehen werde". Von der Aufstellung des Unglaubens aus muss er nun entweder gewusst oder nicht gewusst haben, dass diese Voraussagung völlig irreführend war. In jenem ersteren Falle muss er für einen Betrüger, im letzteren für einen Betrogenen gehalten werden. Was wird dann aber aus Christi Charakter, den, wie im vorliegenden Buche gezeigt werden wird, der Unglaube beinahe ebenso hoch, wie der Glaube, gestellt hat?

Vor dieselbe Entscheidung werden wir dann aber auch in Bezug auf die Apostel gestellt. Denn wie wir wissen, dass sie überall mit der Verkündigung „der Herr ist erstanden" auftraten, bestanden sie ebenso in jeder Christengemeinschaft auf der Beobachtung dieses gottesdienstlichen Brauches. Dieser hätte ja aber, wenn Christus nicht auferstanden wäre, die apostolische Verkündigung völlig verhöhnt und die Aufmerksamkeit auf deren grundlegende Unrichtigkeit gelenkt, da ja durch diesen gottesdienstlichen Brauch alle Menschen unausgesetzt an das erinnert worden wären, was die Apostel auch selbst gewusst hätten, nämlich dass der tote Leib des Christus, von dem sie sprachen, verfaulend in irgendeinem jüdischen Grabe liege.

Und was uns dabei am allermeisten befremden müsste: dieser schlagendste von allen Widersprüchen wäre auf ebendemselben Flecke entstanden, auf dem die Geschichte Christi sich abspielte und von wo aus, wie von einem Zentrum, sie sich über den Erdball verbreitete.

Wohl, Ebrard hat mit Recht gesagt: „Im ganzen Umkreise der Kritik giebt es keine Thorheit, die unkritischer als der Gedanke wäre, dass eine gottesdienstliche Handlung, die allgemein herrschte, zufällig und stufenweise entstanden sei." Wenn dazu aber nun noch der Schluss gefügt wird, der aus der Annahme von Christi Nicht-Auferstehung notwendig folgt, nämlich dass jene gottesdienstliche Handlung nur das Kennzeichen einer völligen Selbsttäuschung oder eines handgreiflichen Betrugs und des vollständigen Misserfolgs gewesen wäre: dann haben wir in der That ein Wunder des Unglaubens vor uns, das, um es modern auszudrücken, einfach und völlig „undenkbar" ist.

Je mehr wir darnach streben, bei dieser Untersuchung das Übernatürliche durch die Annahme von Christi Nicht-Auferstehung zu vermeiden, desto mehr fragen wir vergeblich, wie es kam, dass der Meister selbst ein solches Abendmahl einsetzte. Oder was konnte die ersten Schüler Christi verleiten, das Gedächtnis eines Todes zu verewigen, der den Beweis lieferte, dass sie entweder Betrüger oder

Betrogene seien? Oder was könnte möglicherweise andere Personen von allen Gemütsarten und Standpunkten dazu geführt haben, an der Fortvererbung dieses Brauches und damit an der Vergöttlichung eines Betrügers festzuhalten, der sein ausdrücklichstes Versprechen gebrochen und jede von ihm erweckte Hoffnung vereitelt gehabt hätte?

Die Thatsächlichkeit der Auferstehung aber bildet, als ein Zeichen und Siegel der Göttlichkeit von Christi Leben, eine einfache und ausreichende Erklärung aller der mit dem heiligen Abendmahl zusammenhängenden Thatsachen. Wenn diese Erklärung aber verworfen wird, dann ist die Einsetzung einer solchen gottesdienstlichen Handlung — zu einer solchen Zeit und unter solchen Umständen zusammen mit ihrer unverbrüchlichen Forterhaltung — von natürlichen Prinzipien aus weniger erklärlich und deshalb wunderbarer, als die Auferstehung selbst.

IV. Doch es ist nun Zeit, dass wir unerschrocken die ganze moderne Verhandlung für oder gegen Christi thatsächliche Auferstehung ins Auge fassen. Es ist ja in den letztvergangenen Jahren mehr und mehr zu Tage getreten, dass der Schlüssel zu der ganzen weltgeschichtlichen Stellung des Christentums in der Wirklichkeit oder Unwirklichkeit der Auferstehung Christi liegt. Ja, man kann ganz gut sich so ausdrücken, wie es Row in seiner Vorlesung vor der „Christian Evidence Society" that, indem er sagte: „Vor allem mögen Ungläubige nicht an kleineren Einzelheiten in Bezug auf Wunder herumkritteln, sondern mögen es auf die Wahrheit oder Unwahrheit der Auferstehung Christi ankommen lassen, mit deren Wahrheit, wie die neutestamentlichen Schriftsteller selbst versichern (1. Kor. 15, 14), das Christentum steht und fällt."

Man kann nicht sagen, dass diese Worte zu stark

seien. Nein, gewiss wenn dieses grösste von allen Wundern wahr ist, giebt es keine Frage über die Wirklichkeit des Übernatürlichen mehr. Wenn die Auferstehung aber ungeschichtlich ist, dann ist die ganze Darstellung des Neuen Testaments eine Täuschung, und dann giebt es kein Christentum mehr, das zu verteidigen wäre. Wir können daher nicht davon überrascht sein, dass ein besonderer Angriff auf diese Zentralstellung des christlichen Glaubens unternommen worden ist. Es war auch zu erwarten, dass die Verteidiger des Christentums diesem Punkte eine ebenso konzentrierte Aufmerksamkeit zuwandten. Viele Einzeldarstellungen sind daher über dieses Thema erschienen. Hier in diesem Zusammenhang muss es genügen, eine gewissenhafte Würdigung der Thatsachen zu versuchen, die eingestandenermassen zurückbleiben, nachdem die ganze sichtende Kritik der Neuzeit an Christi Auferstehung ihr Äusserstes versucht hat.

Überreichliche Gründe können für die folgenden Behauptungen vorgebracht werden: 1) Die Zeugen in Betreff der Auferstehung waren ganz kompetent. Die Meinung, dass die ersten Zeugen der Auferstehung in Bezug auf kritische und wissenschaftliche Fähigkeiten mangelhaft gewesen seien, ist ganz belanglos. Denn es ist klar, dass keine von diesen beiden Fähigkeiten nötig war, um klar das Faktum wahrzunehmen, dass Christus auferstanden war, oder um dieses Faktum andern richtig darzustellen. Die weiter mögliche Vermutung, dass die Zeugen der Auferstehung in Bezug auf ihren sittlichen Charakter zu wünschen übrig liessen, wird im vorliegenden Buche ihre Entgegnung finden. Der einzige kräftige Beweis, dass sie als Zeugen unkompetent gewesen seien, würde in dem Nachweis liegen, dass alle Apostel und ersten Verkündiger des Christentums nicht bei gesunden Sinnen gewesen seien.

Aber diese Vermutung enthält in sich selbst ihre ausreichende Widerlegung. — 2) Die Zeugen der Auferstehung waren genügend an Zahl. — 3) Sie begannen die Ablegung ihres Zeugnisses unmittelbar nach dem Eintritt der Ereignisse, die in den Evangelien berichtet sind. — 4) Viele, die an die Auferstehung glaubten, traten sofort an eben dem Orte hervor, wo die Auferstehung nach den Berichten sich ereignet hat. — 5) Die frühzeitige Entwickelung von Parteidifferenzen, die über andere Gegenstände zwischen den ersten Gläubigen auftauchten, verhinderte durchaus die Möglichkeit eines unehrlichen geheimen Einverständnisses in Bezug auf diese grundlegende Überzeugung und Verkündigung. — 6) Die Menge von solchen Christen, die durch die Verfolgungen zu Abtrünnigen wurden, ist eine genügende Garantie dafür, dass es kein strafbares Geheimnis zu bewahren galt, denn dieses würde von ihnen mit der grössten Sicherheit ans Licht gebracht worden sein. — 7) Aus dem Glauben an die Auferstehung entsprang ein sittlicher und geistlicher Antrieb, der die stärksten Kräfte zum Gerechtigkeitsstreben in Bewegung setzte, die in der menschlichen Geschichte bekannt sind. — 8) Dieser starke und heilige Antrieb hat nicht nur bis jetzt sich erhalten, sondern entfaltet immer noch Jahr auf Jahr frische Thatkraft in der Verbreitung des Christentums über den Erdball hin.

Dies alles nun muss auf vernünftige Weise erklärt werden. Diese Thatsachen fordern als solche eine haltbare Auslegung und eine zureichende Ursache. Sie können ebensowenig aus nichts entstanden oder durch Zufall zu stande gekommen sein, wie unser grossartiges Eisenbahnsystem von sich selbst in einem Lande entstanden sein könnte, wo das Eisen unbekannt war, oder sich ohne den Verstand eines Watt oder den Genius eines Stephenson entwickelt hätte.

Mit andern Worten, wenn dieses volle Gewicht des Zeugnisses, diese Ausserordentlichkeit des thatsächlichen und heiligen Ergebnisses entweder aus nichts oder aus Betrug, nur mit Unterstützung von Selbsttäuschung und Aberglauben entsprungen sein könnte: so läge darin eine grössere psychologische und moralische Schwierigkeit, als die intellektuelle oder körperliche Schwierigkeit ist, welche betreffs der Thatsächlichkeit der von den Evangelien berichteten Auferstehung besteht.

Um indes die gewichtigen Wahrheiten, die so in Kürze zusammengestellt worden sind, gehörig hervortreten zu lassen, wollen wir kurz die Entscheidung beleuchten, vor die sich in dieser Frage der Unglaube gestellt sieht.

Dass *etwas* sich ereignet hat, was den Anlass zu der grossen Grundüberzeugung des Christentums gab, darf als unbestreitbar vorausgesetzt sein. Was aber war dieses *Etwas?* Da sieht die Wahl sich notwendig auf folgendes Dreifache eingeschränkt: 1) Christus stand thatsächlich vom Tode auf, wesentlich wie es im Neuen Testament berichtet ist, indem er so zugleich den neuen Trieb geistlichen Lebens, glühenden Eifers und triumphierender Hoffnung in seinen Jüngern schuf. — 2) Oder die unbestreitbare und rasche Ausbreitung des christlichen Glaubens mit seiner Fortdauer und seinem Einfluss bis jetzt entstand einzig aus der abergläubischen und schwachsinnigen Selbsttäuschung einer kleinen Gruppe jüdischer Männer und Frauen, die der Leichtgläubigkeit und dem Fanatismus ergeben waren. — 3) Oder die ganze Wirkung des Christentums ruht auf wohlbekanntem und schlau zusammengebrautem Betrug. — Würdigen wir nun diese möglichen Annahmen der Reihe nach!

1) Nur die erste von den soeben charakterisierten drei Annahmen, nur die neutestamentliche Aussage, dass

Christus thatsächlich vom Tode auferstand, giebt eine zureichende Erklärung für den Anfang und Fortgang des Christentums.

Aber was meinen wir da mit dem Ausdruck „thatsächlich"?

Mit dem Neuen Testamente in der Hand wird man wenig zögern, die Überzeugung auszusprechen, dass die Wirklichkeit, in Bezug auf die Auferstehung ausgesagt, sowohl die Wiederbelebung als auch die Umgestaltung des früheren Körpers Christi in sich schliesst, der so sorgsam und unter so viel Thränen in dem Grabe Josephs von Arimathia begraben worden ist. Eine solche wirkliche Auferstehung ist allgemein als die „leibliche" Auferstehung bekannt, weil es bei ihr unzweifelhaft eine körperliche Seite an dem grössten Wunder der christlichen Verkündigung giebt. Aber gerade dieses körperliche Moment giebt diesem altchristlichen Glauben an die Auferstehung des Herrn eine „Schwierigkeit" in den Augen jener pseudowissenschaftlichen Kritikerschule, die an das Evangelium mit einer anerkannten Neigung, das Wunder aus ihm auszuscheiden, hinantritt. Eine Nachwirkung dieser Neigung finden wir bei den christlichen Denkern, die eingestandenermassen zur äussersten Beschränkung des wunderhaften Elements im Neuen Testament geneigt sind. Daher stammen die Anstrengungen, jede Spur von „körperlichem" Wunder aus dem Evangelium zu beseitigen — [manche meinen ja jetzt, alle Wunder als psychologische oder auch hypnotische erklären zu können (Zusatz des Übersetzers)] —, und so meint man, auch eine rein geistige („spirituelle") Auferstehung lehren zu können.

Dies hat der Verfasser des Buches „The Kernel and the Husk" (s. o. S. 30) mit nicht geringer Freimütigkeit und Zuversichtlichkeit gethan. Es ist nun gewiss interessant, wenn man liest, wie ein so aufrichtiger und unterrichteter Schriftsteller sich seinen Lesern mit folgenden Reihen von Sätzen vorstellt. Zuerst bemerkt er: Gewiss kann ich ebenso wenig wie andere Leute sagen, was ein spiritueller Körper ist. Darüber „bin ich *ganz unwissend.*" Trotzdem lesen wir dann auf ebenderselben Seite: „Meinerseits bin ich jetzt einer spirituellen Auferstehung Christi *ganz gewiss*, und in dieser Überzeugung bin ich weit glücklicher und weit vertrauensvoller, als zu der Zeit, wo ich zuerst mechanisch auf Auktorität und Beweis hin den Glauben an die Auferstehung des Körpers Christi annahm, dann aber darnach strebte, diesen Glauben gegen das Zeugnis meines Verstandes und meines Gewissens zu behalten."

Wie aber ein Denker betreffs derselben Sache zugleich „ganz unwissend" und zugleich „ganz gewiss" sein könne, ist ein Rätsel. Allerdings wird es, wie wir wissen, häufig von solchen gelöst, die alles wissen, weil sie nichts untersuchen. Aber zu dieser Klasse von Leuten kann der Verfasser des soeben zitierten Buches, Dr. Abbott, nicht gerechnet werden, und so bleibt das Rätsel bestehen. Aber die Einkleidung einer solchen Auffassung in das scheinbar bescheidene Gewand einer persönlichen Überzeugung deckt keineswegs den feinen Spott zu, mit dem er alle Theologen bedenkt, die die biblischen Aussagen nach seiner Ausdrucksweise „zuerst mechanisch angenommen haben" und dann „gegen das Zeugnis von Verstand und Gewissen festhalten". Diese Zumutungen sind entwürdigend. Denn dass „mechanisches Annehmen" von Beweis und Auktorität einen wesentlichen Bestandteil einer vernünftigen Rechtgläubigkeit bildet, muss erst noch bewiesen werden. Und wenn dies nicht bewiesen werden kann, dann sollte man zugestehen, dass die, welche noch Gründe für den Glauben an die wirkliche Auferstehung des

Körpers Christi finden, dabei weder ihren Verstand betrogen noch ihr Gewissen bedrückt haben.

Will man noch mehr auf die Frage eingehen, so darf man gewiss folgende Worte von Dr. Milligan an die Spitze stellen: „Es ist nicht nötig, zu fragen, ob mit dieser spirituellen Auffassung der Auferstehung ein klarer und bestimmter Gedanke verbunden werden kann. Eins aber ist zweifellos: diese Auffassung ist nicht in der Bibel gegeben" (The Resurrection of Our Lord, p. 7). Indes sind auch die neueren Bemühungen zu prüfen, die gemacht worden sind, dieser „spirituellen" Auferstehung eine nebelhafte Objektivität zu verschaffen.

Man hat sich nämlich zu Gunsten einer „spirituellen" Auferstehung schon auf den Satz „Selig sind die reines Herzens sind, denn sie werden Gott schauen" (Matth. 5, 8) berufen. Aber sogar wenn wir frei zugestehen, dass eine solche rein denkmässig-geistige Objektivität möglich und in Matth. 5, 8 thatsächlich ausgesagt sein soll, so bildet dies sicher keine Parallele zu einer „spirituellen" Auferstehung Christi. [Das Schauen Gottes, das in Matth. 5, 8 den Herzensreinen in Aussicht gestellt ist, ist dasselbe, was in Ps. 16, 10 gehofft ist, wenn es heisst: „Du wirst mich erfahren lassen den Lebenspfad, Sättigung an Freuden bei deinem Angesicht, Liebliches zu deiner Rechten immerdar." Kaum ist hinzuzunehmen, dass wir schon hienieden Gott in Christo sehen gemäss Joh. 14, 9.] Ausserdem werden die folgenden Gründe zeigen, dass der Versuch, Christi Auferstehung als eine „geistige" aufzufassen, aus Furcht vor dem modernen Vorurteil gegen das Wunderbare unternommen wurde und das Schicksal aller der Versuche teilen wird, die aus Überängstlichkeit entspringen. Dieser Versuch steigert mehr die Schwierigkeiten, die er entfernen will, als dass er sie vermindert.

a) Die völlige Beseiteschiebung des früheren Körpers Christi, die mit der Theorie von einer „spirituellen" Auferstehung Christi verknüpft ist, steht in ausdrücklichem Widerspruch zu den deutlichsten Äusserungen Christi selbst und seiner Apostel. Schon die wohlbekannten Stellen Joh. 2, 18—22 und 1. Kor. 15, 35—50 beweisen dies ausreichend.

Einige hierher gehörige Äusserungen in „The Kernel and the Husk" (S. 256 f.) müssen als befremdlich bezeichnet werden. Nämlich der Verfasser sagt: „Eine im Herzen gefühlte Überzeugung von der geistigen (spirituellen) Auferstehung Christi gewährt mehr Trost, als euer alter Glaube an seine leibliche Auferstehung, der auf geschichtliche Beweisführung aufgebaut und mehr im Gehirn, als im Herzen gefühlt wird. [Zusatz des Übersetzers: Diesen Worten liegt eine neuerdings mehrfach beliebte Verkennung des biblischen und reformatorischen Glaubensbegriffes zu Grunde, wonach das Glauben sich gleichmässig im Urteilen (auf Grund der notitia) und Fühlen (assensus) und Wollen (fiducia) vollzieht]. Denn jene Überzeugung vereint uns mit Christo, dieser Glaube aber trennt uns von Christo.[1]) Wenn Christus als materieller Leib aus dem Grabe hervorging, so regt das keine Hoffnung in uns an. Aber wenn, während sein Leib im Grabe zurückblieb, sein Geist triumphierend zum Throne Gottes aufstieg, dann sehen wir in der That einen Grund für die Hoffnung, dass wir auch unsererseits folgen können, und das verleiht uns einen Lichtglanz des Trostes. Dann sagen wir uns: die Körper der Toten mögen liegen und verwesen, aber was liegt daran? Geradeso war es

---

[1]) [Zusatz des Übersetzers: Dies ist völlig unbewiesen und unbeweisbar, aber zum Gegenbeweis genügt schon die Frage: *War etwa der Apostel Paulus durch seinen Auferstehungsglauben von Christo getrennt?*]

mit dem Erlöser; aber der geistige Körper [?] ist unabhängig vom Fleisch und soll als erhaben über den Tod auferstehen."

Es ist in der That erstaunlich, wie ein so unterrichteter und aufrichtiger Schriftsteller sich an diesem Wortgemengsel genügen lassen kann. Man darf wohl sagen, dass nur die Voreingenommenheit gegen das Wunder so etwas zu Wege bringt.

Was will z. B. dieses Naserümpfen über die geschichtliche Beweisquelle, wenn man sieht, dass sie die nämliche Beweisquelle ist, aus der er seine eigene Verwerfung des wunderhaften Elements in den Evangelien schöpfen will? Wie kann dieselbe Beweisquelle zur Verwerfung des Wunders ausreichen und zu gleicher Zeit nicht ausreichend sein, um die Begründung einfacher Thatsachen des Sehens und Hörens daraus zu schöpfen?

Was ferner seine Ausdrücke „mehr im Gehirn, als im Herzen gefühlt" anlangt, *entscheidet er sich denn nicht selbst* gegen die sogenannte „traditionelle" Auffassung der Auferstehung mit Gründen, die „im Gehirn gefühlt" werden? Und appellierte denn *nicht Christus selbst* an einen „im Gehirn gefühlten" Beweis, wenn er den Juden erwiderte: „Warum *beurteilt* ihr nicht an euch selber, was recht ist?" (Luk. 12, 57.)? Ist ferner die grundlegende Anerkennung des Evangeliums und Christi selbst nicht selbst und notwendig „im Gehirn gefühlt"?

Sodann betreffs der versuchten Gegenüberstellung eines materiellen und eines spirituellen (geistigen) Körpers ist es wirklich nötig, bestimmt zu fragen, auf welchen Grund hin wir aufgefordert werden, eine „geistige" Auferstehung oder die Auferstehung eines „geistigen Körpers" anzunehmen?

Diese beiden Ausdrucksweisen behandelt der Verfasser,

je nachdem es ihm gefällt, als gleichbedeutend. Aber „Geist" ist nicht dasselbe, wie „geistiger Körper". Wenn ein geistiger Körper „ein realer (wirklich vorhandener) Körper" ist, dann ist er durch diese Realität vom reinen Geist unterschieden. Und es muss offen bekannt werden, dass das ganze Neue Testament in der Aussage einig ist, dass von der blossen Fortdauer oder dem Sicherheben des „Geistes Jesu" keine *Auferstehung* ausgesagt werden kann. Die Wirklichkeit der Auferstehung hängt von der Wirklichkeit des Auferstehungskörpers ab, mögen wir viel oder wenig über die Natur dieses Körpers wissen.

Ferner beruht die Behauptung jenes Schriftstellers, *dass Christi Körper im Grabe blieb* und verweste, auf einer blossen Voraussetzung, nicht auf einem Beweis. Auf eine solche Voraussetzung weist aber keine einzige Spur in unseren christlichen Berichten hin. In ihnen wird vielmehr das absolute Gegenteil von jener Voraussetzung so nachdrücklich versichert (Apostelgesch. 5, 31), wie es die Sprache nur erlaubt. Diese Versicherung ist auch keine solche, die durch Beseitigung weniger vereinzelter Stellen zerstört werden könnte. Im Gegenteil ist es die Lehre des ganzen neuen Testaments, dass Christi Körper *nicht im Grabe blieb* und *die Verwesung nicht sah* (Apostelgesch. 2, 31). Wenn also eine neue „christliche" Theorie nur *durch ausdrücklichen Widerspruch gegen die christlichen Schriften gestützt* werden kann, dann wissen wir sicherlich, was wir von ihrer „Christlichkeit" zu denken haben.

Sodann ist es nicht wahr, dass eine „geistige" Auferstehung uns mit Christo vereinige, während eine leibliche Auferstehung uns von ihm trenne. Denn wir denken weder in Bezug auf Christus noch in Bezug auf uns *mehr* an eine leibliche Auferstehung, *als das Neue Testament selbst*. Sollten wir etwa einen „natürlichen" (1. Kor. 15,44:

psychischen) Auferstehungsleib voraussetzen, den doch der Apostel an jener Stelle vom verklärten Auferstehungsleib unterscheidet? Lehrt er nicht auch in einem besonders feierlichen Ausspruch, dass „Fleisch und Blut das Reich Gottes nicht ererben werden" (1. Kor. 15,50)?

Weiterhin wirft man uns die Behauptung entgegen, ein Glaube an die „leibliche Auferstehung verpflichte uns auch zu dem Glauben an einen örtlichen, räumlichen und deshalb undenkbaren Himmel". Aber da genügt die Antwort, dass dies einfach unwahr ist. Kein christlicher Denker, der Berücksichtigung verdient, stellt sich eine solche rein leibliche Auferstehung vor. Denn diese stünde offenbar in ebenso deutlichem Widerspruch zum Neuen Testament, wie eine rein geistige Auferstehung. Der wahre Inhalt des Ausdruckes „leiblich" umfasst in diesem Zusammenhang: Wiederbelebung und Umbildung in Bezug auf den Körper Christi. Darin liegt nicht mehr Beziehung zu einem räumlichen Himmel, als in den Worten des Apostels selbst.

Ebensowenig warten wir darauf, mit Christo nach diesem Leben in einer „geistigen" Auferstehung vereinigt zu werden. Denn so etwas ist weder in Bezug auf unsern Herrn noch in Bezug auf uns möglich. Wenn es eine Auferstehung giebt, so ist sie mehr, als etwas Geistiges. Wenn es nicht mehr, als ein geistiger Vorgang ist, ist es keine Auferstehung. Denn der Geist stirbt bei Christus ebensowenig, wie bei uns, und kann daher auch keine Wiederauferstehung erfahren. Und welche Schwierigkeit auch immer es für uns haben mag, einen „geistigen Körper" zu begreifen — die aber gewiss verhältnismässig nicht grösser ist, als die eine Raupe in einem Schmetterlingskörper finden könnte —, die ganze Verheissung des künftigen Lebens, das mit der „Auferstehung von den

Toten" beginnt, ist die Verheissung eines Lebens, das mit einem Körper verknüpft ist. Den Gedanken an einen Körper dabei ganz ausschalten, heisst soviel wie den Begriff einer Auferstehung für immer preisgeben. Es ist schwer, wie die menschliche Sprache dies klarer und nachdrücklicher aussprechen könnte, als wie es der Apostel im Briefe an die Philipper gethan hat, wenn er sagt: „Wir warten auf den Heiland Jesus Christus, welcher unsern nichtigen Leib verwandeln wird, dass er ähnlich werde seinem verklärten Leibe, gemäss der Wirkungskraft, durch die er alle Dinge sich kann unterthänig machen" (3, 20 f.). Mag dies nun eine „körperliche" Auffassung sein oder nicht, sie ist die einzige christliche.

b) Alle Berichte stimmen darin überein, dass Christus nach seiner Auferstehung im wahren und zuverlässigen Sinne derselbe war, der er vorher war. Dr. Milligan (s. o. S. 155) hat vollständig recht, wenn er so sagt: „Was auch immer für Schwierigkeiten mit dem Begreifen der Thatsache verbunden sein mögen, eins ist klar, die Apostel und ersten Jünger Christi dachten sich dessen Auferstehungszustand nicht als einfach geistig („spiritual"). Vielmehr lag das wahre Wesen ihres Glaubens darin, dass derselbe Menschensohn, den sie während der Jahre seines öffentlichen Wirkens begleitet hatten, durch die Herrlichkeit des Vaters aus dem Grabe zurückgebracht worden ist." Christus wünschte ja auch selbst, dass er von ihnen als wesentlich derselbe, wie immer, erkannt werde. Da dies der Fall ist, ist es schwer, zu verstehen, wie Dr. Abbott sagen kann: „Die Bewegungen des auferstandenen Erlösers scheinen mir die Bewegungen Gottes gewesen zu sein." Nein, nach der apostolischen Auffassung war die Identität zwischen dem auferstandenen und dem vorher gekreuzigten Christus so wirklich und weitreichend, dass, wenn er nach der Auferstehung nichts weiter als Geist gewesen wäre, wir hilflos auf die alte doketische Meinung zurückgeworfen würden, dass Christus auch vor seinem Tode nur scheinbar ein Mensch gewesen sei.

Wie wir gar wohl wissen, ist die Behauptung aufgestellt worden, dass die Thatsachen von Christi Leben, Tod und Auferstehung nicht Thatsachen „von derselben Klasse gewesen seien". Der Unterschied sei folgender zweifache gewesen. „Seine Werke und die Kreuzigung seien für jeden wahrnehmbar gewesen, der die gewöhnlichen Fähigkeiten besass, dagegen die Auferstehung sei nur Gläubigen offenbart und nur von ihnen gewürdigt worden. Ferner sei Christi Tod sein eigenes Thun, aber die Auferstehung sei Gottes Thun an ihm gewesen." In Bezug auf den ersten von diesen beiden Punkten gilt folgendes. Er kann nicht bewiesen werden, weil er den Thatsachen widerspricht. Die Auferstehung wurde sicherlich *nicht gleich von Anfang an* von Gläubigen, sondern von Ungläubigen, und zwar mit nur gewöhnlichen Fähigkeiten anerkannt. Denn deutlich wird uns in den Berichten zu verstehen gegeben, dass *keiner von den ursprünglichen Zeugen erwartete, Christus werde wiedererstehen, oder zuerst glauben wollte, derselbe sei auferstanden.* Übrigens wird ausdrücklich erwähnt, dass die Apostel mit dem Auferstandenen assen und tranken (Luk. 24, 36—43; Joh. 20, 24—28; Apostelgesch. 10, 41). Also war der Auferstandene mit den gewöhnlichen Sinnen wahrnehmbar. Sodann der zweite von den beiden oben referierten Sätzen entspricht vielen Aussagen im Neuen Testament; aber doch darf auch dies nicht vergessen werden, dass Christus selbst sagte: „Ich habe Macht, es („mein Leben" V. 17) zu lassen, und habe Macht, es wiederzunehmen" (Joh. 10, 18).

Also die Meinung, dass die Thatsachen der Kreuzigung und der Auferstehung nicht „zu derselben Klasse" gehört hätten, bildet keine Grundlage, worauf die Theorie von einer Auferstehung aufgebaut werden könnte, deren Objektivität eine rein geistige gewesen wäre.

c) Man hat wohl gesagt, die letzte Frage betreffs der Art der Auferstehung sei die folgende: Was war die Natur der Erfahrung, welche die Apostel überzeugte, dass der Herr auferstanden war? War sie ein Vorgang, der nur in der Region des Geistes sich vollzog, oder ein solcher, der in der Region körperlicher Empfindungen eintrat? Drei Möglichkeiten lassen sich denken: 1) dass diese Erfahrung der Apostel rein subjektiv war, 2) dass sie objektiv und geistig war, 3) dass sie objektiv und materiell war (so Rev. Eric Lawrence von Halifax in einer Abhandlung, gelesen vor einer theologischen Konferenz im Lancashire College, Juni 1900). Nun, von diesen drei Möglichkeiten mag die erste hier beiseite gelassen werden, da sie heutzutage das Vertrauen im äussersten Masse verloren hat und übrigens noch weiter unten behandelt werden muss. Von der zweiten Möglichkeit sodann sagt man, sie besitze ihren Stützpunkt in den Briefen, während die dritte ihn in den Evangelien habe. Aber wir müssen fragen: Ist es so ganz klar, dass diese beiden letzteren Auffassungen völlig verschieden sind und sich gegenseitig ausschliessen? Lässt es die „geistige" Auferstehung, die behauptet wird, zu, für ganz unzweideutig objektiv gehalten zu werden? Und kann die Objektivität der Auferstehung, wie sie in den Evangelien berichtet wird, uns dazu zwingen, sie für „materiell" im gewöhnlichen Sinne dieses Wortes zu halten? Alle beide Fragen würden nach meiner Ansicht am richtigsten verneint werden.

Es wird ja behauptet, dass die wahre Lösung der Frage mit der Erfahrung des Apostels Paulus beginnen sollte, weil seine Briefe die Evangelien an Alter überragen, dass ferner seine Erfahrung, um Dr. Abbott zu zitieren, „das Wesen einer Vision besessen haben müsse und in einem gewissen Sinne subjektiv gewesen sei (The

Kernel and the Husk, p. 244), und dass seine Erfahrung wesentlich dieselbe, wie die aller andern Apostel gewesen sei, woraus endlich folgen würde, dass deren Erfahrung ebenfalls „in einem gewissen Sinne" subjektiv und die Auferstehung rein geistig und nicht objektiv gewesen wäre. Nun kann, um Dr. Mc Gifferts Worte zu gebrauchen, kein Zweifel sein, dass „Paulus glaubte, dass der auferstandene Christus ihm in einer bestimmten Periode seines Lebens erschien, und dass er dieser Erscheinung seinen christlichen Glauben verdankte" (History of Christianity in the Apostolic Age, p. 121). Aber ist es nachgewiesen, dass diese ganze „Erscheinung" eine „subjektive" oder auch nur eine „geistig objektive" war? Die Erzählung im neunten Kapitel der Apostelgeschichte führt uns gewiss nicht auf diese Ansicht. Wenigstens ist Professor Vernon Bartlet im Rechte mit seinem Urteil, dass in des Apostels Worten (1. Kor. 15, 1 ff. etc.) die ausdrückliche Angabe „und dass er begraben wurde", die zwischen „er starb" und „er wurde auferweckt" auftritt, beweist, dass *Paulus an eine hochgradig objektive Auferstehung glaubte,* worin ein körperliches Etwas auftrat, das allerdings einer nichtfleischlichen Kategorie angehörte [vgl. 1. Kor. 15, 44. 55]. Es war das thatsächliche Vorbild des geistigen Körpers, in das der Gläubige bei der Auferstehung gekleidet wird, im Gegensatz zu dem sinnlichen Körper (1. Kor. 15, 44), der dem Grabe übergeben wird. Und dies befestigt den Gesichtspunkt, der so oft kühn als parteiisch verworfen wurde, *dass* „„*das leere Grab*"" *ein Bestandteil des ursprünglichen Zeugnisses der Apostel,* nicht ein späterer Zusatz war" (The Apostolic Age, p. 4).

Übrigens giebt es keinen genügenden Grund, das Zeugnis des Paulus der Chronologie wegen dem der Evangelien vorzuziehen (vgl. Keims Urteil unten auf S. 173,

177, 190 f.). Also dürften wir vielmehr im Rechte sein, wenn wir von der Objektivität der in den Evangelien erzählten Auferstehung aus auf die Objektivität der Vision des Paulus schlössen.

Wenn nun also die Objektivität der Auferstehung nicht bestritten werden kann, so bleibt noch die Frage, ob sie rein „geistig" (spiritual) war, oder ob sie auch andere Elemente in sich schloss, die wir für den Augenblick „materiell" nennen können.

In Bezug auf den ersteren Gesichtspunkt werden wir gefragt, was Christus bei den Worten „Selig sind, die reines Herzens sind, denn sie werden Gott schauen" meinte, oder worauf wir hinzielen, wenn wir von einem „Sehen der Herrlichkeit Gottes" sprechen oder lesen. Sind diese nicht zugleich geistig und objektiv? Es mag frei zugestanden werden, dass sie es sind [s. o. S. 155]. Aber zu gleicher Zeit muss darauf bestanden werden, dass sie keine Parallele zu dem bilden, wovon jetzt die Rede ist, und uns daher keine leitende Analogie gewähren. In den Fällen, worauf sich jene zitierten Worte beziehen, ist kein Gedanke an ein körperliches oder materielles Element [über Matth. 5, 8 s. o. S. 155]. Dagegen bei der Auferstehung ist, um nur das Geringste zu sagen, der Gedanke an ein solches Element so lebhaft, dass der gewöhnliche Leser allgemein es für das Ganze hält, und der moderne Versuch, es auszuschalten, nur unter dem Druck des jetzt vorherrschenden Vorurteils gegen das Wunderhafte entsteht.

Dass es etwas mehr, als diese „rein geistige", subjektive Objektivität gab, scheint wirklich in der Thatsache zu liegen, dass die Überzeugung, dass Christus bestimmt und objektiv vor ihnen war, so oft einer *ganzen Versammlung* sich bemächtigte, wie Paulus erzählt. Darüber hat der Verfasser des Werkes „Supernatural Religion" (Vol. III, p. 532) folgendes bemerkt: „Wenn wir uns zu der Untersuchung wenden, ob ein ähnlicher subjektiver Eindruck zu gleicher Zeit von vielen Personen empfangen und von ihnen fälschlich für eine objektive Wirklichkeit genommen werden kann, so muss ohne Zögern eine bejahende Antwort gegeben werden." Aber die Beispiele, die er zur Begründung dieses Urteils anführt, sind ausnehmend schwach und stellen keine Parallelen zu dem dar, was in Bezug auf die Auferstehung Christi geschah. Row bemerkt daher mit Recht: „Man kann leicht *sagen*, dass diese Enthusiasten ihren Enthusiasmus den übrigen mitgeteilt haben. Aber dieser kleine Satz versteckt hinter sich ganze Berge von Schwierigkeit" (The Supernaturality in the New Testament, p. 460). Und wir werden wohl daran thun uns dessen zu erinnern, dass des Apostels Behauptung betreffs der *fünfhundert Brüder auf einmal* (1. Kor. 15, 6) kühn im Angesichte der mächtigen Partei gemacht worden ist, die seine Apostelschaft bestritt. Wenn also jene Behauptung falsch war, so war für diese Gegner des Apostels nichts leichter, als *sie zu widerlegen*. Übrigens wie gewöhnlich auch der Glaube an Geistergeschichten ist, so würde es unmöglich sein, einen Fall zu finden, wo mehrere hundert Personen überzeugt waren, sie hätten bei einer bestimmten Gelegenheit, als sie alle versammelt waren, den Geist einer Person, die vor kurzem hingerichtet worden war, vor ihnen erscheinen sehen, und wo sie *auf Grund der Stärke dieses Glaubens sich zu einer neuen Gemeinde organisierten*, — einer Gemeinde, die nun schon mehr als achtzehn Jahrhunderte überdauerte.

Daher werden wir zu dem Schlusse getrieben, dass die Meinung, die Erfahrung der Apostel sei bloss eine „geistige [im Denkprozess sich vollziehende] objektive" gewesen, der Besonderheit des Falles *nicht* gerecht wird.

d) Aber auch noch andere Dinge wollen beachtet sein. Z. B. wenn die Auferstehung rein geistig — bloss im

Denken geschehen — wäre, so gäbe es keinen genügenden Zusammenhang zwischen dem Christus, der „starb und begraben ward nach der Schrift", und dem auferstandenen Christus, und es würde auch keine Grundlage für die sicher vom Neuen Testament verbürgte Gewissheit geben, dass Christus unser menschliches Wesen verherrlicht hat, indem er den Auferstehungsleib hinfort für immer behielt. Freilich ist es, wie Dr. Westcott sagt, „vergeblich, wenn wir über die Natur jenes verklärten menschlichen Körpers Betrachtungen anstellen" (Gospel of the Resurrection, p. 163). Aber es ist doch kein mehr unlösbares Geheimnis, als das Wachsen einer Blume, wie z. B. einer Mohnblüte, aus einem winzigen Samenkorn, in welchem — der Anlage nach — schon die ganze wundervolle Schönheit der künftigen Blume liegt.

e) Nach der Erzählung des Johannes (20, 24—28) hat Christus selbst auf seinen Auferstehungsleib hingewiesen, um die Zweifel des Thomas zu befriedigen. Natürlich ist es leicht, diesen Vorfall unberücksichtigt zu lassen, da er nicht in den drei vorderen Evangelien erwähnt wird. Aber offenbar giebt es für ein solches Urteil keine textgeschichtliche Gewähr.

f) Ferner die Bezugnahme auf *„den dritten Tag"* ist zu bestimmt und tritt zu häufig auf, als dass sie als ein unwichtiges Einzelmoment beiseite geschoben werden könnte. Alle Berichte weisen auf etwas Merkwürdiges hin, das am dritten Tage geschah und einen bestimmten Anfang von Erscheinungen bildete, die, so weit wir aus einem eingestandenermassen unvollständigen Bericht schliessen können, mit erschreckender Lebhaftigkeit eine verhältnismässig kurze Zeit sich fortsetzten *und dann gänzlich aufhörten* (1. Kor. 15, 3—8; Apostelgesch. 13, 31 etc.). Es ist unmöglich, sich vorzustellen, wie eine rein geistige [bloss im Denken sich vollziehende] Auferstehung, die notwendigerweise für alle Zeugen ebenso sehr subjektiv wie objektiv gewesen wäre, so plötzlich begonnen *und so plötzlich geendet hätte*. Den andern geistigen Gaben, die in denselben Berichten hervortreten, ist offenbar *keine solche Grenze gesetzt*.

g) Eine gleich bedeutsame Erwägung betrifft die Frage, *was aus dem Körper des Herrn wurde*. Es ist keine neue Frage, aber man muss sagen, dass alle Versuche, sich vom wunderfeindlichen Standpunkt aus mit ihr abzufinden, eine überraschende Summe von Ausflüchten zeigen. Eine lebhafte Einbildungskraft wird zur Beseitigung der Schwierigkeit auch vom Verfasser des Buches „The Kernel and the Husk" zu Hilfe gerufen. Er sagt nämlich (p. 243): „Möglicherweise beseitigten einige von den Feinden Jesu selbst den Körper. Indem sie dabei beinahe überrascht worden wären, mögen sie keine Zeit gehabt haben, den grossen Stein wieder an den Eingang des Grabes zu wälzen, als die Frauen schon herankamen". Wenn es sich so verhielt, hat die Thätigkeit der Feinde Christi selbst den Weg für den Glauben an seine Auferstehung gebahnt, indem sie den trauernden Jüngern den weggewälzten Stein und das leere Grab darboten. Zuerst wurde 'der Schrei „„Er ist nicht hier"" laut, und das bereitete den Weg für den Ruf „„Er ist auferstanden"".

Es ist gewiss eine grob gemünzte christliche [!?] Theorie, die schliesslich zu der Annahme diebischer Bosheit von Feinden Christi als der wahren Quelle des Glaubens an seine Auferstehung hinleitet, der die alte Kirche begeisterte. Der Gedanke, dass der Körper „bei einem der berichteten Erdbeben verschluckt worden sein könne", kann nicht höher eingeschätzt werden, da man sieht, dass er nur einen Zufall an die Stelle des Betrugs setzt. In der That ist eine Antwort, die ernsthaft beachtet werden könnte, niemals auf die einfache Frage gegeben worden, warum man denn, mochte der Körper Christi im Grabe gelassen oder von Feinden Christi gestohlen worden sein, *ihn nicht in irgend einer Weise dem Volke zeigte* und so das Zeugnis von der Auferstehung für immer zum Schweigen gebracht hätte. So bleibt wohl noch die Vorstellung übrig, dass die Freunde Christi dessen Körper gestohlen hätten und so den feindlich gesinnten Juden und den schläfrigen Soldaten (Matth. 28, 12—15) einen Liebesdienst erwiesen hätten? Wer aber will dies im Ernste fragen? Nein, der Gedanke, dass die sittlichen Prinzipien des Neuen Testaments von bewussten Betrügern ausgegangen seien, ist allzu halsbrecherisch. Also jede Theorie von einer „rein geistigen" [bloss gedachten] Auferstehung findet an dem toten Körper, den sie ausser Rechnung lässt, eine unüberwindbare Schwierigkeit.

h) Auch die Himmelfahrt ist richtig zu erwägen. Aber es ist in keinem Sinne eine richtige Erwägung, wenn man sie mit einer blossen Geste der kritischen Hand beiseite schieben und mit Dr. Anderson in der Zeitschrift „Christian World" (Mai 1898) sagen will, dass „die wunderbare Auffahrt zum Himmel nichts mit der Lehre vom lebendigen und herrschenden Christus zu thun habe". Diese Meinung ist nur wegen „aller der Schwierigkeiten" gefasst, „die mit dem Glauben an Wunder zusammenhängen". Eine textgeschichtliche Berechtigung zu einer solchen Ausschlachtung des christlichen Evangeliums giebt es aber nicht. Die Aussagen in Apostelgesch. 1, 6—11, Eph. 4, 9f., Joh. 20, 17 etc. dürfen also nicht beiseite geschoben werden. Die richtige Anschauung von der Himmelfahrt wird auch nicht durch solche Äusserungen berührt, wie wir sie in dem Buche „Supernatural Religion" (Vol. III, p. 473) lesen: „Die körperliche Auffahrt zum Himmelsgewölbe [*sky*, nicht: *heaven*] in einer Wolke scheint, abgesehen von dem wunderhaften Wesen eines solchen Vorganges, den Himmel an einen bestimmten Ort zu verlegen und Ansichten über kosmische Erscheinungen darzubieten, die von der modernen Wissenschaft nicht akzeptiert werden." Denn nicht einmal die damaligen Schriftsteller gebrauchen einen Ausdruck, wie „die körperliche Auffahrt Christi zum Himmelsgewölbe", direkt oder indirekt. Ihnen genügte es, zu sagen: „Eine Wolke entzog ihn ihrem Blick." Da demnach die Himmelfahrt Christi sich nicht beiseite schieben lässt, so bleibt auch sie ein Beweis dafür, dass die Auferstehung nicht „rein geistig" [d. h. bloss in Gedanken sich vollziehend] war.

i) Auch die ersten Gegner des christlichen Glaubens wussten nichts von einer „rein geistigen" Auferstehung. Eine solche Verkündigung, wie diese, dass „während der Körper Christi im Grabe zurückblieb, stieg sein Geist triumphierend zum Throne Gottes empor" (The Kernel and the Husk, p. 256) würde sicherlich nicht den Spott der Zuhörer, wie z. B. der Athener (Apostelgesch. 17, 32), herausgefordert haben. Weder Juden noch Griechen hätten über die Verkündigung der Fortdauer des vom Körper scheidenden Geistes lachen können. Der Widerspruch jener Lacher richtete sich gegen ebendasselbe Moment, wogegen sich moderne Gegner des Übernatürlichen auflehnen, nämlich gegen eine körperliche Auferstehung, und ich meine, dass jene alten Zweifler mehr als die neueren unsere Sympathien verdienen. Denn unsere modernen wissenschaftlichen Versicherungen, dass „Materie ein doppelgesichtiges Etwas" ist, von dem der Geist mehr die Ursache als die Wirkung ist, sollten uns dem entgegengesetzten Standpunkte geneigt machen. Die immer mehr sich steigernde Enthüllung von den Befähigungen der letzten Atome ist geeignet, die christliche Anschauung eines geistigen Körpers verhältnismässig leicht zu machen.

k) Man hat gesagt (Lawrence; s. o. S. 162), dass die evangelische Erzählung, recht betrachtet, „stark die Theorie unterstütze, welche die Auferstehung, als auf geistliche (spiritual) Dinge bezüglich, geistlich (spiritually) zu beurteilen sei". Man hat weiter bemerkt (The Kernel and the Husk, p. 248), dass die apostolische Überzeugung „die Art von Gewissheit war, die aus Glauben und Hoffnung erzeugt werde. Und diese Art von Gewissheit und keine andere scheint mir die zu sein, die durch Christi Auferstehung hervorgerufen werden sollte. Wie betreffs des Lebens Christi, so scheint auch betreffs der Auferstehung Christi die Überzeugung niemals einem ganz unwilligen Ungläubigen aufgezwungen werden zu können." Nun, zu diesem letzten Satze ist zu bemerken, dass er ein ganz unwirksamer Trumpf ist. Denn Überzeugung kann, wenn sie eine solche sein soll, niemanden anders als durch ein deutliches Übergewicht eines unzweifelhaften Beweises aufgezwungen werden. Daß aber die christliche Religion genügende Gründe besitzt, jedermann, der für Überzeugung offen steht, zu überzeugen, liegt in der uneingeschränkten Aussage „der, welcher nicht glaubt, soll verdammt werden". Wenn aber mit jenen Worten gesagt sein soll, dass nur solche glaubten, die schon einige Keime von „Glauben und Hoffnung" auf den auferstandenen Christus besassen, so ist eine solche Behauptung den deutlichen Thatsachen der Begründung der ersten Kirche so sehr entgegengesetzt, dass sie keiner Widerlegung bedarf (vgl. Matth. 28, 17; Apostelgesch. 6, 7; 17, 32; 26, 9f. etc.). Ist nicht auch das wahr, dass bei den ursprünglichen Zeugen das geistliche Urteil der Annahme der Wirklichkeit der Auferstehung vielmehr folgte, als ihr vorausging? Dr. Westcott sagt mit Recht in Bezug auf den Apostel Paulus: „Wir finden Paulus einer Erscheinung gewürdigt, welche die

Kraft enthielt, auch einen Ungläubigen zu überzeugen." Zweifellos ferner „gab es eine geistliche Seite an der Enthüllung des auferstandenen Christus, die nur geistlich beurteilt werden konnte" (Gospel of the Resurrection, p. 158). Aber war es die Erfassung dieser geistlichen Seite, welche die ersten Jünger davon überzeugte, dass ihr Herr thatsächlich auferstanden war? Liegt überhaupt irgend ein Beweis dafür vor, dass die Männer und Frauen, die zum Grabe kamen oder in erschrockener Versammlung zusammenkamen, irgendwie im geistlichen Urteil lebhafter waren, als die Männer, die im Schrecken den Herrn vergassen und flohen, oder die Frauen, die aus reiner Verzweiflung sich während seines letzten Kampfes an ihn klammerten? Nein, die ganz übereinstimmende Aussage der christlichen Urkunden ist diese, dass *die Erfahrung der Wirklichkeit seiner Auferstehung es war, die zuerst die Augen ihres Herzens* für den wahren Charakter der Mission ihres Meisters und die Art des Dienstes *öffnete*, zu dem er sie als Zeugen berufen hatte.

Übrigens mögen die Vertreter der modernen Meinung von einer unkörperlichen Auferstehung Christi immer von einer geistigen (d. h. bloss in Gedanken sich vollziehenden) Auferstehung sprechen und mögen die von ihnen gemeinte Auferstehung Christi nicht eine „geistliche" nennen! Denn der letztere Ausdruck bildet zunächst den Gegensatz zu dem biblischen Begriff „fleischlich" (d. h. mit Sinnlichkeit, Selbstsucht und Schlaffheit zusammenhängend) und charakterisiert dann das, was aus religiöser, religiös-sittlicher und genauer aus christlicher Glaubensüberzeugung hervorgeht.

2) So ist demnach die oben auf S. 152 erwähnte erste Position voll begründet und allseitig erläutert worden, und da sie nicht umgestürzt werden kann, so beruht die Geschichte des Christentums auf felsenhaftem Grund. Wer

aber diese Position verwerfen will, muss nachweisen, wie er die oben auf S. 152 erwähnte zweite These über den Ursprung des Christentums rechtfertigen könne. Aber wir müssen urteilen: je mehr man darnach strebt, desto mehr wird es offenbar, dass ein solches Unternehmen nur ein überwältigender Fall vom Herausseihen der Mücke und vom Verschlucken des Kamels ist. Die Schwierigkeiten, die zugleich und unausweichlich sich erheben, sind unvergleichlich viel grösser, als die, welche im Gebiete des christlichen Glaubens für unglaublich gehalten werden.

Denn in diesem Falle muss eine von folgenden zwei Behauptungen wahr sein: a) Entweder starb Christus nicht wirklich und so **schien** er nur vom Tode aufzuerstehen, oder b) Christus starb wirklich, stand aber nicht wirklich wieder auf.

Nun, die *erstere* Annahme kann schwerlich besser abgefertigt werden, als selbst Strauss es gethan hat. Nämlich er sagt: „Es stellt sich heraus, dass diese Ansicht von der Wiederbelebung Jesu, auch abgesehen von den Schwierigkeiten, in die sie sich verwickelt, die Aufgabe nicht einmal löst, um die es sich hier handelt: die Begründung der christlichen Kirche durch den Glauben an die wunderbare Wiederbelebung des Messias Jesus zu erklären. Ein halbtot aus dem Grabe Hervorgekrochener, siech Umherschleichender, der ärztlichen Pflege, des Verbandes, der Stärkung und Schonung Bedürftiger und am Ende doch dem Leiden Erliegender konnte auf die Jünger unmöglich den Eindruck des Siegers über Tod und Grab, des Lebensfürsten, machen, der ihrem späteren Auftreten zu Grunde lag; ein solches Wiederaufleben hätte den Eindruck, den er im Leben und Tode auf sie gemacht hatte, nur schwächen, denselben höchstens elegisch ausklingen lassen, unmöglich aber ihre Trauer in Begeisterung verwandeln, ihre Verehrung zur Anbetung steigern können" (Das Leben Jesu, für das deutsche Volk bearbeitet, Erster Teil, Bonn 1895, S. 378).

Alles dies ist so von selbst einleuchtend, dass es kaum der Mühe wert sein dürfte, von einer so kindischen Hypothese weiter Notiz zu nehmen. Und doch ist es seltsamerweise gerade diese Voraussetzung, die sich dem verstorbenen Professor T. H. Huxley am meisten empfahl. Man muss doch aber gestehen, dass es blosse wissenschaftliche Pedanterie ist, wenn jemand sich weigerte, zu glauben, dass Christus wirklich starb, „wenn nicht eine sorgfältige thermometrische Beobachtung bewiesen hat, dass die Temperatur des Körpers bis auf einen gewissen Punkt sank, oder wenn nicht das bei Leichen eintretende Steifwerden der Muskeln richtig hatte festgestellt werden können". Aber was wir auch immer von einem solchen Satz halten mögen, so müssen doch die Schwierigkeiten gewissenhaft ins Auge gefasst werden, die sich aus der Verneinung der Wirklichkeit des Todes Christi sofort ergeben. Sie sind genügend von Keim in seinem Werke „Jesus von Nazara" (Bd. III, S. 576) mit folgenden Worten charakterisiert worden: „Und nun erst welche Unmöglichkeiten, vom Abwälzen des Steins bis zu den ruhelosen Gängen, diese weiten Reisen zwischen Jerusalem und Galiläa, wenn selbst [dem Heidelberger] Dr. Paulus zu lieb mit nicht-durchbohrten Füssen, so doch mit gänzlich erschöpften Lebenskräften! Und dann das Unmöglichste: der arme, schwache, kranke, mühsam auf den Füssen erhaltene, versteckte, verkleidete, schliesslich hinsterbende Jesus ein Gegenstand des Glaubens, des Hochgefühles, des Triumphes seiner Anhänger, ein auferstandener Sieger und Gottessohn! In der That, hier beginnt die Theorie armselig, abgeschmackt, ja verwerflich zu werden, indem sie die Apostel als arme Betrogene oder gar mit Jesus selber als Betrüger zeigt. Denn vom Scheintod hatte man auch damals einen Begriff und die Lage Jesu musste zeigen, dass hier von Auferstehung nicht die Rede war; hielt man ihn doch für auferstanden, gab er sich selbst als auferstanden, so fehlte das nüchterne Denken, und hütete er sich gar, seinen Zustand zu verraten, so fehlte am Ende auch die Ehrlichkeit."

Es war leider Englands bedeutendstem Vertreter der Wissenschaft vorbehalten, diese im Sterben liegende Hypothese wieder zu erwecken. Sicher dürfte man sagen, dass, wenn die moderne Wissenschaft irgend etwas Beachtenswertes gegen Christi Auferstehung zu sagen hätte, ein geeigneterer Verteidiger ihrer Entdeckungen nicht gefunden hätte werden können, als Thomas Henry Huxley. Aber traun, wenn jene S. 173 zitierten Worte das Beste waren, das sogar er vorzubringen hatte, dann ist das Christentum in der That begründet.

Professor Sanday in Oxford hat in seinem Artikel „Jesus Christ" (im neuen Dictionary of the Bible, ed. by Hastings 1898 ff.) nur das Schlussergebnis der neueren Kritik zum Ausdruck gebracht, wenn er bekennt, dass sowohl diese Vermutung eines blossen Scheintodes als auch die Theorie, die ersten Zeugen für die Auferstehung seien bewusste Betrüger gewesen, tot und abgethan sind.

Wenden wir uns nun zu der *zweiten* von jenen beiden Aufstellungen (s. o. S. 172), nämlich *dass Christus wirklich starb, aber nicht wirklich auferstand,* so haben wir erst Strauss' eigenen Glauben, jene *Mythentheorie* zu betrachten, auf die er so viel geschulten Scharfsinn verwendete und die nachher durch die Rhetorik Renans so schön aufgeputzt wurde.

Nach diesem war die Quelle der ganzen christlichen Lehre von der Auferstehung die hysterische Einbildungskraft der Maria Magdalena. Ja, Jesus starb in der That, aber er stand nicht wieder auf. Maria dachte einfach, sie sähe ihn, und brachte alle seine früheren Schüler dazu, es ebenfalls zu denken. Aus ihrer vereinten „Erhebung des Geistes- und Nervenlebens", aus ihrem schwachgeistigen und leichtgläubigen Fanatismus entsprangen die Auferstehungserzählungen mit allen ihren folgenden Ergebnissen. Also nach dieser Vermutung war die wirkliche Grundlage des apostolischen Christentums, welches die Welt über den Haufen rannte, blosse Hysterie im Bunde mit Leichtgläubigkeit.

Nun wohl, eine Folgerung ist gewiss. Wenn dies so sein sollte, wäre es jedenfalls ein grösseres Wunder, als die Auferstehung selbst. Wenn ein solches Ergebnis aus einer solchen Ursache für glaublich gehalten werden sollte, dann bedarf es nicht länger eines Einwandes gegen das Übernatürliche, denn hier sehen wir auf uns das eindringen, was nicht nur über alles das, was wir als natürlich kennen, hinausgeht, sondern was ihm völlig entgegengesetzt ist. Indes wollen wir uns auch im einzelnen klar ansehen, in welche Schwierigkeiten uns diese *mythischvisionäre Theorie* verwickelt!

Es giebt ja bei der uns jetzt beschäftigenden Untersuchung gewisse Thatsachen, die als unbestreitbar gelten können. Dies sind die folgenden:

a) Die Auferstehung stand eingestandenermassen ganz im Widerspruch mit den Befürchtungen und Hoffnungen der Jünger. Deshalb giebt es keinen Grund, die Charakteristik in Frage zu stellen, die wir von ihnen in den Evangelien lesen und nach der sie über etwas erschreckt waren, was auf die Kreuzigung noch folgte, und nach der sie ferner in Bezug auf eine Auferstehung zweifelsüchtig waren und „in der That langsam" zu dem Glauben fortschritten, dass dieselbe thatsächlich wahr sei.

b) Durch ihre schliessliche Überzeugung, dass die Auferstehung wahr sei, und durch die daraus folgende Inangriffnahme einer weltweiten Propaganda konnten sie auch nicht das geringste gewinnen, aber *alles,* was Wert hatte, *verlieren.* Alle Hoffnung auf persönlichen Vorteil in diesem Leben wurde vernichtet. Alles, was sie bis zu jener Zeit natürlicherweise für wertvoll gehalten hatten, war völlig verloren. Alles aber, was die menschliche Natur für am schwersten zu ertragen hält und am meisten zu vermeiden sucht, Schande, Verfolgung, Blutzeugenschaft, *stand düster vor ihnen* als ihr unvermeidliches Schicksal.

c) Die ersten Bekehrten stammten aus der Judenschaft, mit Einschluss von Priestern und andern Frommen, die sich an die mosaische Religion angeschlossen hatten, und unter ihnen steht Saulus aus Tarsus als ein hervorragendes Beispiel da. Wenn jemand geneigt ist zu denken, dass solche Männer, wie diese, leicht von ihren ehrwürdigen Überlieferungen abgebracht werden können, so steht es ihm frei, dies heute, so oft er will, zu beweisen, indem er versucht, dasselbe Ergebnis an irgend einem gewöhnlichen jüdischen Rabbi zu erzielen.

d) Aus den unverworfenen — oder vielmehr: verworfenen und wieder anerkannten — Briefen des Paulus, nämlich denen an die Römer, Korinther und Galater, wissen wir, dass der volle und unzaghafte Glaube an Christi wirkliche Auferstehung bei allen Christen durch die damals bekannte Welt hindurch in ungefähr fünfundzwanzig Jahren nach der Kreuzigung begründet war. Ist dies also genug Zeit zur Entfaltung eines „Mythus", in dessen Mittelpunkt eine blosse Selbsttäuschung gestanden hätte, zu der Stärke einer Überzeugung, die als übermächtige Siegerin über das verbitterte Vorurteil des Juden, den steifnackigen Stolz des Römers und die ausgebildeten

Ideen des Griechen auftrat? Sollte dies in der That als wahr angenommen werden, so brauchen wir nicht weiter zu gehen. Denn dann ist das Übernatürliche — in Missgestalt — bis zur Anschaulichkeit erwiesen.

e) Weiterhin weist Keim in seinem grossen Werke „Jesus von Nazara" (Bd. III, S. 600) die „Visionstheorie" — nach eingehender und wohlwollender Betrachtung — schliesslich aus dem Grunde ab, dass sie „die Hauptthatsache nicht erklärt, ja im ganzen und grossen das geschichtlich Bezeugte schiefen und hinfälligen Gesichtspunkten unterstellt". In der That mussten Leute, wie Saulus-Paulus, die in ihren literarischen Produkten sich als scharfe Denker erwiesen haben, einen Eindruck beurteilen können, der auf ihr Gehirn gemacht worden sein soll, und müssen vor der Zumutung geschützt werden, dass sie das Subjektive fälschlich für das Objektive genommen hätten. Auch Dr. Bruce fragt mit Recht: „Wenn die Auferstehung eine Unwirklichkeit sein soll, wozu dann Boten aussenden, die sicher waren, dass sie durch ihre Botschaft die entgegengesetzte Vorstellung wachriefen?" (Apologetics, p. 393).

Diese Visionstheorie ist von Bruce a. a. O. weitläufig beurteilt worden. Er bemerkt schliesslich mit Recht: „Diese Theorie stellt einfach nur die Frage, ob das, was gesehen wurde, der Körper war, der in das Grab gelegt wurde, oder eine Vision, welche die Ähnlichkeit jenes Körpers an sich trug und nur zu Gunsten der Jünger Jesu von seinem noch lebenden Geiste hervorgebracht worden wäre."

Aus den „Hauptthatsachen", die „geschichtlich bezeugt" sind und auch nach Keims Urteil von der Visionstheorie unerklärt gelassen werden, erhebt sich indes die wirkliche Frage, die Bedeutung besitzt, und diese Frage lautet: Woher empfingen die Jünger die Einwirkung, die sie, und zwar fast unmittelbar nach der Kreuzigung, in das gerade Gegenteil von dem verwandelte, was sie vorher gewesen waren?

Nicht nur besitzen wir vollauf Beweise von ihrer früheren Geistesenge und der Langsamkeit ihrer geistigen Auffassung, sondern wir wissen, dass diese Eigenschaften bis zu der Zeit von ihres Meisters Tod blieben. Ja, während er noch bei ihnen war und als er — menschlich gesprochen — am meisten von allen ihren Beistand brauchte, waren sie so feigherzig, dass sie „alle ihn vergassen und flohen", und einer von ihnen hat nachher sogar mit Eidschwüren verleugnet, dass er in Jesu Begleitung gesehen worden war.

Welch ein Schauspiel zeigt sich aber dann! Der Meister, dem sie so lange furchtsam gefolgt waren, wird ganz und gar von dem jüdischen Hasse überwältigt, der mittels römischer Macht sein Werk vollführt, wird hilflos der Schande und dem Leiden preisgegeben und schliesslich in der schimpflichsten Weise wie ein gemeiner Verbrecher zu Tode gequält. So ist er äusserlich von ihnen weggenommen, und mit seiner Entfernung ist jede hochfliegende Hoffnung, die sie genährt hatten, gänzlich zerstört, jede Aussicht auf neue Begeisterung ist für immer vernichtet. Das *natürliche* Ergebnis von alle dem *würde* — das wissen wir, wenn wir überhaupt etwas von der menschlichen Natur wissen — *dies gewesen sein*, dass sie mit gebrochenem Herzen, zermalmt im Geiste, nach allen Richtungen hin zerstreut, in eine obskure Existenz versanken und nur die Kunde zurückliessen, dass wieder ein Prophet Fiasko gemacht habe, wie es Theudas und Judas aus Galiläa und andere versprengte Bannerträger des jüdischen Fanatismus gethan hatten.

Was aber finden wir statt dessen in Wirklichkeit?

Eben die Männer, die, so lange ihr Führer bei ihnen war, arge Memmen waren, werden jetzt, wo er von ihnen genommen ist, kühn wie Löwen. Die Jünger, die, als sie ihren Lehrer täglich in ihrer Mitte hatten, langsam im Denken [Matth. 15, 16] und „trägen Herzens" [Luk. 24, 25] selbstsüchtig in ihren Bestrebungen [Matth. 18, 1] und verzagt im Geist [26, 45. 56] waren, traten jetzt vor der ganzen Welt auf, klar bewusst ihrer Mission, glühend an Eifer, ebenso dem religiösen Eigensinn der Juden, wie dem politischen Eifer der Römer Trotz bietend. Und während sie früher hauptsächlich darum besorgt waren, zu erfahren, wieviel jeder in der Nachfolge des Propheten von Nazareth gewinnen werde, sorgen sie sich jetzt ganz und gar nicht um Reichtümer oder Ehre, die Menschen verleihen können, sondern haben ihr ganzes Seelenstreben mit aller Anstrengung nur darauf gerichtet, das Wohlgefallen eines unsichtbaren Herrn und die Gewissheit seiner dereinstigen Anerkennung zu erlangen. So tragen ebendieselben Personen, die kurze Zeit vorher geflohen waren und ihren Meister seinem Schicksal überlassen hatten, nunmehr offen das Bekenntnis auf den Lippen, dass sie seine Jünger seien: sie kümmerten sich nicht um die bösen Drohungen von Schriftgelehrten und Pharisäern oder die Verwünschungen von Priestern und Ältesten; sie ertrugen Schande mit vollständigem Gleichmut, rühmten sich der Leiden, die in der Verfolgung über sie kamen und behandelten sogar den Tod wie eine blosse Nebensache. Sie waren nur darauf bedacht, dass sie überall Zeugnis für ihren Herrn und für das Evangelium ablegen könnten, mit dessen Verkündigung sie nach ihrer Überzeugung von ihm betraut worden waren.

Dies ist in der That ein plötzlicher Wechsel der Menschennatur, der ebenso deutlich in seiner Wirklichkeit, wie ohne Seitenstück in der Geschichte dasteht. Und dieser ganze Vorgang mit allem, was aus ihm entsprang und untrennbar mit ihm verbunden ist, soll durch hysterische [krankhaft erregte und launenhafte] Phantasie, die auf schwachsinnige Dummheit wirkte, veranlasst worden sein! Die, welche das glauben können, sollten die letzten in der Welt sein, die von den „Schwierigkeiten" des christlichen Glaubens reden.

Indes die Schwierigkeiten, in denen sich der Unglaube bei jener seiner Annahme befindet, sind noch keineswegs alle ans Licht gestellt. Das Gewebe von undenkbaren Annahmen, in das uns die Leugnung der Auferstehung Jesu unvermeidlich verstrickt, ist noch weit dichter.

Es bleibt ja noch eine Frage übrig, die gewöhnlich überhört wird, aber eine volle Prüfung verdient. Wir müssen ja noch fragen, *was denn eigentlich aus dem Körper des gekreuzigten Lehrers in dem Falle wurde,* dass er nicht wieder auferstanden ist. Wenn wir die wesentliche Zuverlässigkeit der neutestamentlichen Erzählung annehmen, ist diese Frage sofort in einfacher und ausreichender Weise durch die Wirklichkeit der Verwandlung des Körpers des Gekreuzigten in den verklärten Körper des Auferstandenen beantwortet.

Aber wenn man diese Antwort nicht gelten lassen will, was dann? Was antwortet man dann auf die Frage, wohin der Körper Jesu gekommen sei, und warum man ihn nicht den Christen gezeigt habe? Die Vorführung dieses Körpers anzuordnen, würde ja für die Behörden vollkommen leicht gewesen sein, und eine solche Vorführung würde ja notwendig und mit einem Schlage die ganze Mission der Männer beendet haben, die überallhin mit der Botschaft von „Jesu dem Auferstandenen" gingen. Ein einziger öffentlicher Umzug in den Strassen Jerusalems, ein einziger öffentlicher Aufruf, der zur Bewahrheitung der jüdischen Aussage eingeladen hätte, eine einzige Ausstellung jener gegeisselten Gestalt, die allen so wohlbekannt war — und der neue Glaube würde gleich bei seiner Geburt erdrosselt worden sein. Ein so greifbarer Beweis von der Selbsttäuschung der Jünger Jesu würde unfraglich ein für allemal genügt haben, alle die des handgreiflichen Irrtums zu überführen, welche durch Judäa hindurch Christi Auferstehung zur unwandelbaren Basis ihrer angeblich seltsamen und schädlichen Lehre machten. Ist es begreiflich, dass weder die fruchtbare Schlauheit der Juden noch die hitzige Bosheit der Römer imstande war, einen solchen wirksamen „Gnadenstoss" für das junge Christentum damals zu ersinnen, als Priester und Herrscher zugleich von dem neugeborenen Eifer der Christen erregt und herausgefordert wurden?

„Aber konnte der Körper nicht gestohlen worden sein?" Er „konnte möglicherweise". Aber bei dieser Annahme fordern gewisse andere Fragen eine Beantwortung. a) Von wem sollte dieser Diebstahl ausgeführt worden sein? Von jener feigen Schar, die soeben ein „Sauve qui peut!" [Matth. 26, 56] ausgeführt hatte? Waren dies die Männer dazu, der luchsäugigen Wachsamkeit der Juden zu entwischen oder sie zu überraschen, oder die römischen Wachen zu überwältigen oder zu bestechen? Die Kindischheit des Einfalls „Sagt doch: seine Jünger kamen in der Nacht und stahlen ihn, während wir schliefen" [Matth. 28, 13] kann sich nur mit der Unverfrorenheit, das handgreiflich Unglaubliche zu behaupten, messen. b) Denn wir müssen weiter fragen: warum hätte die bedeutungslose Schar von weinenden Frauen und erschreckten Männern eine solche tollkühne That versuchen sollen? Es liegt nicht in der menschlichen Natur, ein solches kühnes und wagehalsiges

Wagnis ohne Grund zu unternehmen. Es giebt aber durchaus keinen einzigen haltbaren Grund, der hier vermutet werden könnte. Selbst wenn ein solcher fanatischer Versuch gelingen sollte, war durchaus nichts von Trost oder Hoffnung oder Leitung oder Begeisterung zu gewinnen. c) Ferner darf man mit Sicherheit hinzufügen, dass, wenn sie beim Stehlen eines gegeisselten Körpers Glück gehabt hätten, dies ihnen an sich nichts genützt haben würde, wenn sie nicht auch die gemeinsame und lebenslängliche Fortsetzung der That hinzugefügt hätten, von der sie gewusst hätten, dass sie ein Betrug war. Aber in diesem Falle erwachsen sofort neue Schwierigkeiten. Wenn die unaufhörlich verkündigte Auferstehung nach jener Annahme nur ein verbrecherisches lügenhaftes Geheimnis gewesen wäre, wie hätte es geschehen können, dass aus einer *solchen* Quelle die sittlichen Prinzipien des Neuen Testaments hervorgingen? Oder wie ging es zu, dass unter den Tausenden alter Christen, von denen so viele später wieder abtrünnig wurden, nicht einer sich fand, der dieses grässliche Geheimnis verraten und den kolossalen Betrug aufgedeckt hätte? Hat irgend eine geheime Gesellschaft, die uns oder überhaupt in der Geschichte bekannt ist, ihre Eide so erfolgreich bei der fortgesetzten Verbergung einer schändlichen Täuschung gehalten? d) Schon die Thatsache, dass manche zur Beseitigung dieser Schwierigkeit auf den Gedanken gekommen sind, der Körper Jesu könnte in dem Erdbeben [Matth. 28, 2] verschluckt worden sein, zeigt uns, wie hart der moderne Zweifel bedrängt wird, der zu einem solchen Notbehelf seine Zuflucht nehmen kann. e) Aber lassen wir auch das durchgehen! Setzen wir voraus, die Jünger hätten, obgleich ohne Mut und Grund, irgendwie die Juden täuschen, die römische Wache überwältigen und sich des Leichnams bemächtigen können? Was dann? Dann ergeben sich angesichts von Thatsachen, die nicht bestritten werden können, die folgenden Konsequenzen. Dass diese selbe Schar von feigen, aber erfolgreichen Dieben, die sich selbst als solche kannten, fortgingen (indem sie ein Wunder von stillschweigender Übereinkunft unter sich in Szene setzten) *und sich selbst den Auftrag erteilten* (mit der Aussicht auf Mühsal und Schmach und Leiden und Tod), die Wahrheit (!) durch unermüdliche Verbreitung dessen zu verteidigen, wovon sie wussten, dass es eine Lüge war. Durch ihren Hauptbetrug bekehrten sie einen scharfsinnigen und eifrigen jungen Rabbi, der (mit allen Thatsachen bekannt) zuerst ihnen erbitterten Widerstand leistete und dann plötzlich der geschickteste und einflussreichste von allen ihren Mitarbeitern in der selbstgegebenen Mission wurde. Mit ihm zusammen trotzten sie siegreich den ehrwürdigen Überlieferungen des Judentums, der welterobernden Macht Roms, dem argwöhnischen Verstandesdünkel Griechenlands. So fuhren sie fort, auf den verwesenden Leichnam eines bethörten Enthusiasten mit den Mitteln der Ignoranz, des Fanatismus, der Täuschung und des Betrugs das ganze Gebäude der christlichen Kirche aufzuführen, wie es im Neuen Testament mit seinen unleugbaren Heiligtümern von Wahrheit und Güte gezeichnet ist. So haben sie auch ein System der Sittenlehre geschaffen, für dessen Erhabenheit die grössten Ungläubigen doch immer ein williges Zeugnis abgelegt haben. So haben sie endlich das würdigste Hoffen auf eine selige Unsterblichkeit begründet, welches Menschenherzen je erfüllt hat.

Fürwahr wer glauben kann, dass solche Wirkungen aus solchen Ursachen entsprangen, der kann alles glauben. Aber für gewöhnliche Geister kann die Schwierigkeit, diese Ungeheuerlichkeit en gros, wie man sie im Vergleich mit der Anerkennung von Christi Auferstehung nennen muss, anzunehmen, nur wie etwas Massloses neben einer Kleinigkeit erscheinen.

Kennedy ist daher im vollen Rechte, wenn er sagt: „Der völlige Misserfolg aller Versuche, die auch von den Ungläubigen anerkannten Thatsachen, unter Leugnung der Hauptsache, des übernatürlichen Faktums, zu erklären, verstärkt die Kraft des biblischen Beweises nicht wenig" (The Resurrection, p. 172).

Gewiss sagt Bruce richtig, dass „die körperliche Auferstehung ein grosses Geheimnis bleibt" (Apologetics p. 397). Indes „Geheimnis" ist kein Schlagbaum für den Glauben. Ja, im vorliegenden Falle darf es frei behauptet werden, dass das Geheimnis vernünftiger als das Deutliche ist. Ausserdem müssen wir dies festhalten, dass jede Vision, die wir von einem Freunde haben, jedes einsichtige Gespräch, das wir führen, jede einfache Äusserung des Bewusstseins, ja, das Leben jeder Mücke, die in der Sommersonne flattert, und das Leben jeder unendlich kleinen Bakterie, die im Boden ihre Wirkung vollbringt, — dass diese Vorgänge *gleichfalls Geheimnisse in sich schliessen, die völlig ebenso für unsere neueste und exakteste Wissenschaft unergründbar* sind, wie die Auferstehung Jesu Christi.

Um diese ganze Untersuchung zusammenzufassen, so werden wir also zu dem Urteil getrieben, dass angesichts unbestreitbarer Thatsachen bei der Ableitung der Verkündigung von Christi Auferstehung das Wunderbare irgendwo und irgendwie angenommen werden muss. Die Thatsachen und Gesetze der Psychologie sind geradeso wirklich und geradeso sicher, wie diejenigen irgend eines andern Zweiges der Wissenschaft. Wenn man also die thatsächliche Auferstehung aus Gründen der Wissenschaft von den Lebensvorgängen (Biologie) oder der Physik zurückweisen will, dann muss diese Zurückweisung selbst ihrerseits aus gleich starken Gründen der Psychologie zurückgewiesen werden. Denn durch keine „natürliche" Möglichkeit kann Heuchelei die Welt mit Aufrichtigkeit überfluten. Kein gehirnloser Fanatismus kann „natürlicherweise" eine allgemeine Nüchternheit einschärfen. „Betrug" kann nicht, er müsste denn über Wunder verfügen, durch alle Zeitalter hindurch den reinen und erhabenen Tempel der Wahrheit aufbauen. Schwachsinnige und herzlose Selbstsucht kann nicht auf natürlichem Wege den Ausgangspunkt für eine unbestreitbare Reform des Menschengeschlechts bilden, deren wahres Wesen in vernünftiger [Matth. 15, 18 etc.], aber selbstverleugnender [16, 24] Hingebung an den „Sohn Gottes in Kraft" [Röm. 1, 3] besteht, der „unsterbliche Liebe" [Joh. 13, 34 f. etc.] ist.

So sind wir im Rechte, wenn wir urteilen, dass, wenn die christliche Erklärung der Auferstehung Jesu Christi ein heiliges Geheimnis in sich schliesst, die unchristliche Herleitung des Glaubens an die Auferstehung eine völlige Unmöglichkeit zu Hilfe ruft.

V.
Das Gebiet der Psychologie.

Geistige Vorgänge gehören nicht nur zum Gebiete der Geschichtswissenschaft, sondern auch zu dem der Psychologie. Die erstere hat es mit der Vergangenheit, die letztere mit der Gegenwart zu thun. Denn Psychologie bezeichnet bekanntlich unsere gesicherte Kenntnis von den menschlichen Seelenvorgängen, wie sie durch tägliche Beobachtung und Erfahrung gewonnen wird. Thatsachen des Geisteslebens sind ja genau so real und der Prüfung zugänglich, wie die Erscheinungen der Lichtsphäre oder des Tonreiches. Unter den psychologischen Gesichtspunkt fallen nun wenigstens zwei Momente aus der Geschichte des Christentums. Diese sind die Bekehrung des Saulus und der Charakter und Ursprung des Neuen Testaments.

I. Die Bekehrung des Saulus.

Für die, welche diesem merkwürdigen Ereignis gerecht werden wollen, kann es auch jetzt noch kaum eine bessere Feststellung des Falles geben, als die Lord Lyttleton gegeben hat, und die von der Londoner „Religious Tract Society" herausgegeben wurde. Sie ist freilich schon vor vielen Jahren geschrieben worden. Aber die Stellungnahme, die ihr Verfasser bevorzugt hat, ist durch keine der inzwischen erschienenen Untersuchungen der neueren kritischen Schule erschüttert worden. Und Lyttleton war in mehreren Beziehungen wohl geeignet, diesen Gegenstand zu behandeln. Er war ein Zweifler gewesen, er wurde ein Christ nach wohl abwägender Prüfung. Gehen wir nun selbst an eine solche!

Die Erzählungen von der Bekehrung des Saulus, die in Kapitel 9, 22 und 26 der Apostelgeschichte gegeben sind, sind zu bekannt, als dass eine ins Einzelne gehende Zitierung jener Stellen hier nötig wäre. Doch zwei Bemerkungen sind hier entschieden am Platze.

Die erste ist, dass der authentische Charakter dieses Berichts, der als „Apostelgeschichte" bekannt ist, durch die scharfsinnige Untersuchung der modernen Kritik bestätigt worden ist. Es ist leicht, mit Mc Giffert (History of Christianity in the Apostolic Age, p. 237) zu sagen, die Voraussetzung, sie stamme aus der Feder eines der Begleiter Pauli, sei „von ernsthaften Schwierigkeiten umlagert".

Weit mehr ernstliche Schwierigkeiten begleiten seine eigene Vermutung, dass die Apostelgeschichte aus der Feder eines ungenannten Verfassers in der Zeit Domitians herrühre. Indes die Erörterung der Entstehungszeit und der Echtheit der Apostelgeschichte gehört nicht zu der jetzt beabsichtigten Untersuchung. Übrigens erkennt auch Mc Giffert trotz seines literargeschichtlichen Urteils an, dass die Bekehrung des Saulus, wie sie sich nach zuverlässigen Berichten vollzog, „eine der merkwürdigsten Umgestaltungen in der Geschichte war".

Zweitens giebt es wenigstens vier von den Briefen des Paulus, deren Echtheit, wie man jetzt wohl sagen darf, unbestritten festgestellt ist. Diese vier Briefe sind bekanntlich der an die Römer, die beiden Briefe an die Korinther und der an die Galater. Diese vier sind nun vollauf ausreichende Quellen für unsere hier zu gebende kurze Darstellung.

Um das Ganze in einem Satze zusammenzufassen, so kann kein Zweifel in Bezug auf die Übernatürlichkeit der Bekehrung des Saulus bestehen, wenn wir seine eigene Erzählung über sie annehmen. Diese Erzählung, wie sie direkt in der Apostelgeschichte gegeben ist und indirekt von seinen Briefen unterstützt wird, giebt uns zugleich eine klare und ganz entsprechende Ursache für den erstaunlichen Übergang vom Saulus aus Tarsus, — dem gelehrten jungen Rabbinen, dem Mitschuldigen an der Ermordung des Stephanus und dem wütenden Verfolger der Christen überhaupt, — zu Paulus, — dem Gefangenen Jesu Christi, dem Begründer christlicher Gemeinden, dem hervorragendsten Apostel der Heiden, dem erprobten Märtyrer für die Wahrheit. Wer nun aber die neutestamentliche Erzählung eines also gleich wunderbaren wie unleugbaren Ereignisses verwirft, ist verpflichtet, selbst eine vernünftige Erklärung desselben zu liefern, ohne das Übernatürliche als einen Faktor zu verwenden.

Einem solchen stehen aber nur drei Zugänge zu einer Erklärung offen, wie auch schon Lyttleton hervorhob. Seine Worte sind wert, wiederholt zu werden: „Die Person, die diese Dinge von sich selbst aussagte und von der sie in einer so authentischen Art berichtet sind, war 1. entweder ein Betrüger, der etwas, wovon er wusste, dass es falsch sei, mit der Absicht zu täuschen sagte, oder 2. er war ein Enthusiast, der durch die Gewalt einer überhitzten Phantasie sich selbst betrog, oder 3. er war durch den Betrug anderer getäuscht, und alles, was er sagte, muss auf den Einfluss dieser Täuschung zurückgeführt werden, oder 4. sonst hat alles, was er über den Verlauf seiner Bekehrung aussagte und infolge derselben eintrat, sich auch wirklich alles ereignet, und ist deshalb die christliche Religion eine göttliche Offenbarung" (Conversion and Apostleship of St. Paul, p. 82).

Um die gleich starke Unglaublichkeit jener drei ersten Annahmen sich deutlich zu machen, bedarf es nur einer kurzen Erwägung. Oder um es mehr in Übereinstimmung mit der Methode unserer gegenwärtigen Untersuchung auszudrücken, welche von jenen drei Aufstellungen auch immer anerkannt werden sollte, so entstehen unvermeidlich grössere Schwierigkeiten, als die der Originalerzählung sind, die durch jene Aufstellungen ersetzt werden soll. Der Versuch, den übernatürlichen Faktor auszuschalten, mündet in so grob unnatürliche Widersprüche aus, dass man sieht: sie enthalten im Vergleich mit der christlichen Erklärung recht starke Verletzungen des Naturgesetzes. Der Vorgang wird, um Mc Gifferts Ausdrucksweise zu gebrauchen, bei jeder von jenen drei ersten Annahmen „psychologisch unbegreiflich".

1. Denn sollen wir sagen, dass Paulus ein bewusster und mit Vorbedacht handelnder Betrüger war? Dann ist er selbst in einem völlig einzigartigen Grade ein bleibendes Wunder von Widerspruch und Verkehrtheit. Denn er müsste nicht nur ohne irgend einen von den Beweggründen gehandelt haben, die nach aller unserer Erfahrung und Beobachtung in einem derartigen Falle ganz unumgänglich sind, nein, er müsste auch in völligem Trotz gegen jede Lockstimme gehandelt haben, die ihn begreiflicherweise zur entgegengesetzten Entscheidung locken musste. Ausserdem müsste er bei seiner Täuscherei solchen Erfolg gehabt haben, dass Griechen und Juden, Römer und Barbaren, gleichfalls ohne positiven Beweggrund und im Widerstand gegen alle natürlichen Abhaltungsgründe, seine Bundesgenossen wurden und zusammen mit ihm die Botschaft über den Erdkreis hin verbreiteten, von der sie wussten, dass sie falsch war. Die Thorheit von alle dem ist handgreiflich, und es genügt, darüber nur noch einige Worte von Henry Rogers zu zitieren, die er im Vorwort zu der angeführten Abhandlung von Lyttleton (p. 57) geschrieben hat: „Die Welt hat diese Hypothese zurückgewiesen. Sie weigert sich, an die Möglichkeit eines Heuchlers zu glauben, dessen Schriften die höchste Art der sittlichen Vortrefflichkeit gebieten und dessen eigene Handlungsweise ein leuchtendes Muster dieser Sittlichkeit darstellt."

2. War er also etwa von anderen getäuscht? Lasst uns zusehen, was eine solche Voraussetzung in sich schliesst! Nun, er war ein Jude, ein frommer und sogar allerstrengster Pharisäer (Apostelgesch. 22, 3 f.; 26, 5), ein geschulter, gescheiter Rabbine. Lassen Leute von solcher Art sich so leicht bethören? Lassen sie sich insbesondere in Bezug auf das Christentum leicht täuschen? Darauf

mag doch irgend ein neuerer Judenmissionar die — bittere — Antwort geben! Was also vollbrachten jene armen ungelehrten ersten Christen, diese unstudierten Fischer von Galiläa? Sie bearbeiteten den geschultesten, befähigtsten, thatkräftigsten, entschiedensten unter ihren Verfolgern, und zwar gerade im hitzigsten Moment seiner Wut gegen sie und ihren Herrn, und es gelang ihnen vollständig, ihn davon zu überzeugen, dass das, was er für falsch halte, wahr sei. Mit einem Schlage prägten sie alle seine Lebensüberzeugungen um, verwandelten sie seinen Hass in Liebe und — in eben der Stadt und in eben dem Jahrzehnt, wo diese ihm bisher so befremdlichen Thatsachen des Lebens Jesu geschehen sind — bekehrten sie den eifrigen Rabbinen in einen „schwachsinnigen und leichtgläubigen" Vertreter alles dessen, was sie ihm nur erzählen mochten. So haben sie in ihrer unwissenden oder betrügerischen Einfältigkeit, — ohne eine Hilfe aus irgend einer Quelle, da es ja nach der jetzt erörterten Voraussetzung etwas Übernatürliches und einen auferstandenen Christus gar nicht geben soll, — den mit so starkem Verstande ausgerüsteten, nicht zu ermattenden, hitzigen Verfolger in Paulus den Apostel der Heiden, den Verfasser der Briefe umgewandelt, der von allen Menschen das meiste leistete, um christliche Gemeinden überall zu begründen und am Ende sein Leben für den gekreuzigten Christus dahingab! Muss man vielleicht noch die Frage stellen, wie sie die Erscheinungen auf dem Wege nach Damaskus „arrangierten"? Ist es nicht vielmehr in überwältigender Weise deutlich, dass die Absurdität dieser ganzen Aufstellung sich selbst hinreichend widerlegt?

Das wohlerwogene Urteil von Theodor Keim ist vielleicht wert, hier zitiert zu werden. Er schreibt in seinem Werke „Geschichte Jesu von Nazara" (Bd. I, S. 338): „Sogar wäre leicht zu zeigen, dass Paulus sich geschichtlich und kritisch auseinandersetzen musste. Hinüber über Zweifel und Leugnung kam seine Bekehrung zu stande, und im voraus war seine ganze Geistesart eine eminent logische; er war unglücklich, wenn er nicht feste Begriffe hatte, sichere Folgerungen zog, die Einwände alle, ehe sie redeten, abgeschnitten hatte."

3. Und wie steht es endlich mit der Voraussetzung, dass Saulus ein Enthusiast gewesen sein möge, der auf die eine oder andere Weise durch eine erhitzte Phantasie in Selbsttäuschung hineingeführt worden sei?

Um dieser Annahme auf die Beine zu helfen, hat man neuerdings auch die Lehre von den menschlichen Krankheiten — die Pathologie — in Kontribution gesetzt und hat den Saulus als einen an Fallsucht (Epilepsie) leidenden Menschen darzustellen gesucht, der auf dem Wege nach Damaskus wahrscheinlich einen Sonnenstich erlitten habe. Kommt man damit aber wirklich dem jetzt zu erörternden Beweisverfahren zu Hilfe? Wir wollen sehen!

Zwei Dinge sind nicht ausser acht zu lassen. Erstens sind wir durch beständige Beobachtung und durch die Geschichte mit den natürlichen Faktoren des fanatischen Enthusiasmus wohl bekannt. Zweitens wissen wir aus den unfraglichen Leistungen und Schriften des Paulus, welches die massgebenden Grundzüge im Charakter des Apostels waren. Eine genaue Nebeneinanderstellung dieser beiden Summen von Kenntnissen wird genügen, um zu entscheiden, ob der uns bekannte Charakter des Apostels Paulus natürlicherweise aus den gleichfalls bekannten Faktoren des fanatischen Enthusiasmus hervorgegangen sein kann.

Was also sind die Kennzeichen des echt fanatischen Temperaments? Betreffs dieser sind wir ebensowenig im Zweifel, wie betreffs der deutlichen Reaktionen einer chemischen Zusammensetzung. Die erwähnten Kennzeichen umfassen folgende Reihe von Eigenschaften: Reizbarkeit, Erregbarkeit, Neigung zu Ausschreitungen, Leichtgläubigkeit, Eitelkeit, Geistesbeschränktheit, unpraktisches Wesen, Unbesonnenheit bis zur Sorglosigkeit, und dies alles mehr oder weniger mit krankhaften Einfällen und trübsinnigen Stimmungen verknüpft, oft auch mit einer allgemeinen Missachtung für die einfachen Grundsätze der Sittlichkeit und mit völliger Gleichglitigkeit für die Unverletzlichkeit des menschlichen Lebens. Die Geschichte des Fanatismus vergangener Jahrhunderte lässt die Charakterzüge des Fanatikers ebenso deutlich erkennen, wie das Studium der Geologie die verschiedenen Schichten der Erdrinde deutlich macht.

Der Versuch des Unglaubens, der den Einfluss des Übernatürlichen auf die Bekehrung des Saulus verwirft, strebt nun dahin, folgenden Wechsel zu erklären. Zuerst soll ein Temperament, wie es soeben charakterisiert worden ist, und ein ermordeter Verkündiger seltsamer Lehren nebeneinander gestanden haben, dem es bis zu seinem Tode nur gelungen ist, auf einige ungelehrte Leute aus dem Volk Eindruck zu machen, während er gegen sich das religiöse Vorurteil der Judenschaft, den stolzen Hass der Römer und die naserümpfende Bosheit von Schriftgelehrten und Pharisäern bis zu leidenschaftlicher Hitze erregt hatte. Aus diesen Faktoren soll — inmitten einer höchst feindseligen Umgebung und innerhalb von nicht mehr als fünfundzwanzig Jahren — ein Charakter und ein Leben, wie die des Paulus mit seinem Evangelium voll Lauterkeit und Friede und Wahrheit und Liebe hervorgegangen sein. Nun, wer glauben kann, dass dies möglich gewesen sei, sollte nirgendsmehr durch das Wunder beunruhigt werden.

Aber sogar, wenn wir unter dem Vorwand, dass purer Fanatismus unerwartete Wirkungen hervorbringen könne, die Glaublichkeit des Unglaublichen annehmen und für einen Augenblick die Möglichkeit des Unmöglichen gestatten, ist es denn auch schon erwiesen, dass Paulus wahrhaftig ein solcher Enthusiast war? Die Antwort muss sein, dass nach allem, was wir in Bezug auf ihn mit Zuverlässigkeit wissen, nur eine einzige von allen oben aufgezählten Eigenschaften dem Paulus zugeschrieben werden kann, nämlich Wärme des Temperaments. Aber wenn diese einen haltbaren Grund, jemanden des Fanatismus anzuklagen, bilden soll, was sollen wir dann von der Hälfte der bestbekannten und edelsten Vertreter des Menschengeschlechts sagen? Ein solcher Mann wie Paulus mag zugestandenermassen der Sklave seiner stärksten Regungen gewesen sein. Aber es giebt durchaus keinen Beweis dafür, dass es ihm so an Selbstbeherrschung gefehlt hätte, dass man ihn des Fanatismus beschuldigen dürfte. Dazu kommt, dass hinsichtlich der andern unzweifelhaften Kennzeichen des wirklichen Fanatikers der ganze Charakter des Paulus eine ununterbrochene Reihe von Zügen enthält, die auf das Gegenteil von einem Fanatiker hinweisen. Also das einzige Mittel, in solcher Richtung die wirklichen Thatsachen zu erklären, besteht darin, dem Apostel einen Charakter beizulegen, den er nie besass, und diesen Charakter dann mit völlig unglaublichen Fähigkeiten auszustatten. Und dies zu dem Zwecke, „Schwierigkeiten" loszuwerden! Es wirkt wahrhaft erfrischend, aus einem solchen Knäuel von Unglaublichkeiten wieder einmal zu dem Urteil von Th. Keim zurückzukehren.

Er sagt in seiner Geschichte „Jesu von Nazara" (Bd. I, S. 338): „Der Glaube des Apostels musste, ganz abgesehen von den dürftigen Notizen über die Person Jesu, die wir bei ihm finden, auf einer umfassenden und auf einer solchen Kunde des Lebens Jesu ruhen, welche alle die grossen Folgerungen seines Denkens gestattete und eine Persönlichkeit ohne Tadel und voll Erhabenheit auf Grund eigener und fremder Anschauung voraussetzte. Und dann: diese Kunde des Apostels ist nicht durch einen blinden Eintausch unbesehener christlicher Überlieferung von hier und dort, sondern sie ist, wie im einzelnen die Prüfung der Garantien der Auferstehung zeigt, durch eine klare, scharfe, untersuchende, zweifelnde Beobachtung, Vergleichung, Sammlung und Zusammenstellung des zugänglichen Materials zu stande gekommen."

Schliesslich ist noch folgendes zu bemerken. Selbst wenn wir alle die Schwierigkeiten über Bord werfen würden, die für den ungläubigen Standpunkt mit der thatsächlichen Bekehrung und der darauffolgenden Laufbahn des Paulus verknüpft sind, so haben wir doch von seinen Briefen eine vernünftige Erklärung zu geben. Diese Briefe mögen gewissenhaft geprüft und ihre Ethik mit der irgend eines andern von den besten bekannten Lehrern der Welt verglichen werden! Sind diese Schriften das Werk eines Narren, oder eines Betrügers, oder eines vom Sonnenstich getroffenen Epileptikers, oder eines hirnverrückten Enthusiasten? Ist ein solches Produkt aus einer solchen Ursache etwa „psychologisch begreiflich"?

Schliesslich muss mindestens dies ohne Zögern behauptet werden: Wenn die Bekehrung, der Charakter, die Laufbahn und die Schriften des Apostels Paulus einen solchen Ursprung gehabt haben, wie man bei der Verwerfung der biblischen Erklärung annehmen müsste, dann sollte jeder Einwand gegen das Wunderbare schweigen. Denn bei dieser unbiblischen Annahme steht ein weit grösserer Widerspruch gegen die Natur vor uns, als alle christlichen Wunder zusammen ihn enthalten könnten, wenn sie überhaupt einen solchen enthalten.

II. Charakter und Ursprung des Neuen Testaments.

In diesem Abschnitt, der den psychologischen Widerspruch behandelt, gehen wir weiter dazu über, die Natur und Entstehung des Neuen Testaments im allgemeinen zu betrachten. Dieser Gegenstand ist ja freilich zu umfassend, als dass er hier mit Beachtung aller Einzelheiten behandelt werden könnte. Glücklicherweise ist aber die Literatur über diesen Gegenstand während der letzten Jahre so vom Nebel geklärt worden, dass wir die Einzelheiten dem weiteren Studium der Leser überlassen können.

Das Neue Testament mit allen seinen merkwürdigen Charakterzügen liegt vor uns, und wir fühlen uns zu den beiden Fragen gedrängt, was es ist und woher es stammt. Wir wollen daher zuerst die offen vorliegenden Thatsachen zusammenfassen und dann sie in der Kürze würdigen, damit wir klar durchschauen, was von beidem das Schwierigere — oder in der That das Wunderbarere — ist, die Erklärung ihres Ursprungs, die vom christlichen Glauben gegeben wird, oder die Erklärung, die vom Unglauben vermutet wird.

In unsern Händen befindet sich also eine Sammlung von Schriften über Gegenstände, die aufs allerschwerste zu behandeln sind, und in Bezug auf welche unter allen andern Schriftstellern auf Erden die größte Verwirrung herrscht, die man sich nur denken kann. Diese christlichen Schriften umfassen siebenundzwanzig verschiedene Teile, die anerkanntermassen zu verschiedenen Zeiten von nicht weniger als neun oder vielleicht noch mehr verschiedenen Personen geschrieben sind. Sie sind an ganz verschiedene Gemeinden adressiert, die an verschiedenen weit von einander getrennten Orten bestanden. Diese Schriften enthalten auch Betrachtungen, die nach ihren Gegenständen ganz besonders leicht Anlass dazu hätten geben können, dass „viele Menschen vielerlei Gedanken" über sie hegten. Solche Gegenstände sind die Auffassung von Christi Person und Werk zusammen mit seiner Kreuzigung und Auferstehung und allen den daraus folgenden Ergebnissen, die im neutestamentlichen Sprachgebrauch „Erlösung" genannt werden.

Beim Blick auf diese Schriften verdienen mindestens folgende Thatsachen unsere Aufmerksamkeit:

1. Jeder Leser der Apostelgeschichte, in der die Bekehrung des Paulus berichtet ist, sieht, dass da in deren Eingangszeilen deutlich die Existenz eines andern Berichts über grosse Ereignisse erwähnt wird, wie wir ihn im Evangelium des Lukas finden. Aber wir besitzen drei andere ähnliche Berichte, die zusammen eine einzige vierfache Biographie ausmachen. Sie giebt uns eine volle und ausreichende Erzählung von solchen Vorgängen, wie sie für das Verständnis sowohl der Bekehrung des Paulus als auch des ganzen andern Inhaltes der Apostelgeschichte vorausgesetzt werden müssen. Wäre es nicht wegen des übernatürlichen Elementes, das diese Erzählungen in sich schliessen, so würde wahrscheinlich kein Mensch ihre Echtheit in Frage stellen. Wenn diese aber bekämpft wird, so erwächst dem Unglauben die Aufgabe, diese Erzählungen, wie sie auf uns gekommen sind, zu erklären und einen Grund dafür aufzuzeigen, dass ein anderer Bericht über das, was zweifellos geschah, für zuverlässiger zu halten ist.

Indes diese unsere Evangelien existieren nicht nur, sondern besitzen auch Charakterzüge, die ihnen nach Inhalt und Form eine einzigartige Stellung in der Weltliteratur anweisen. Oftmals ist ja schon ihre bewundernswerte Einfachheit gepriesen worden, in der sie eine so erstaunliche Geschichte mit solcher Natürlichkeit und mit solcher Zurückdrängung des individuellen Charakters der Schriftsteller darbieten. Es ist auch frei anerkannt worden, dass die Darstellung einer solchen Gestalt, wie die Christi ist, deren Charakterzüge den Idealen des Judentums und Heidentums gleicherweise fremd sind, eine erhabene zu nennen ist. Die wundervolle Zusammenstimmung von vier solchen Zeugen, die zu verschiedenen Zeiten geschrieben haben, ist zugegeben worden. Nicht weniger merkwürdig sind andererseits die zahlreichen Verschiedenheiten, die in einer Erdichtung nicht zugelassen worden wären. Für alles dieses muss ein zureichender Grund gefunden werden.

Dies dürfte betreffs der Gestalt des Heilandes selbst besonders schwierig sein, — wenn man eben nicht anerkennen will, dass ihre Charakterzüge der Wirklichkeit entnommen sind. Denn John Stuart Mill sagt mit Recht: „Was auch immer sonst uns durch [falsch] rationalistische Kritik genommen werden mag, Christus ist uns noch gelassen, — eine einzigartige Gestalt, nicht weniger ungleich allen seinen Vorgängern, als allen seinen Nachfolgern, sogar denen, die die direkte Wohlthat seines persönlichen Unterrichts genossen. Es ist unnütz zu sagen, dass Christus, wie er aus den Evangelien uns entgegentritt, nicht geschichtlich sei, und dass wir nicht wüssten, wieviel von dem, was an ihm bewundernswert ist, durch die Überlieferung seiner Nachfolger hinzugefügt sei. Wer unter seinen Schülern oder unter ihren Anhängern war fähig, die Aussprüche zu erfinden, die Jesu zugeschrieben sind, oder das Leben und den Charakter sich auszusinnen, die in den Evangelien vor uns aufgerollt sind? Sicher nicht die Fischer aus Galiläa, oder die anderen ersten christlichen Schriftsteller" (Essays on Nature, the Utility of Religion and Theism, p. 253f.).

Auch das muss noch einmal betont werden, dass das Nebeneinanderstehen von Zusammenstimmung im Wesentlichen und von Differenz in Einzelheiten „psychologisch begreiflich" ist. Aber Erzählungen, die so augenscheinlich von einander abweichen, wären nicht zum Zwecke der Täuschung ersonnen worden.

2. Bei den dreiundzwanzig anderen Schriften des Neuen Testaments ist der Versuch, sie für etwas anderes als für Reflexe einer grossen religionsgeschichtlichen Wirklichkeit zu erklären, ebenso schwierig. Wenn man die Briefe, die einen grossen Teil der christlichen Literatur bilden, auch nur oberflächlich liest und meint, dass eine solche Lauterkeit, Einfalt und sittliche Würde das Werk schlauer Betrüger oder betrogener Enthusiasten sein könne, so setzt diese Meinung bei denen, die sie hegen, eine grössere Leichtgläubigkeit voraus, als jemals den Christgläubigen zugeschrieben werden kann.

3. Zwischen der Apostelgeschichte und den Briefen besteht ein besonderes Verhältnis, das nicht übersehen werden darf. Ein neuerer Beurteiler sprach sich über dieses Verhältnis so aus: „Es ist nicht das Verhältnis der direkten Bejahung, sondern das, welches eine gelegentliche Bestätigung aus dem Zusammenstellen nicht innerlich zusammenhängender Umstände empfängt." Nichts, was die neuere Kritik aufgestellt hat, dient im geringsten dazu, die Beweiskraft dieser Bestätigung zu vermindern. Es kann auch nicht zu deutlich folgendes hervorgehoben werden: Wenn es dem modernen Unglauben gelingen könnte, diese ganze Summe gegenseitig sich bestätigender Beziehungen als das Resultat eines thörichten Fanatismus oder eines verbrecherischen Betrugs zu erweisen, so würde er ein psychologisches Wunder aufgezeigt haben, das an Verletzung des Naturgesetzes über alles das weit hinausgehen

würde, wodurch die Natur — nach seiner Ansicht — verletzt worden ist.

4. Ebenso sehr ist die wesentliche Geisteseinheit zu beachten, die zwischen allen verschiedenen Teilen des Neuen Testaments besteht. Denn wenn auch der Gewissenhaftigkeit der modernen Kritik die höchste Anerkennung gezollt werden soll, so ist es doch unfraglich, dass die mannigfaltigen Darstellungen der Person Christi, die Reihe grosser Ereignisse, die religiösen und sittlichen Konsequenzen des geheimnisvollen Todes und der thatsächlichen Auferstehung Christi wesentlich und unmissverständlich einheitlich sind. Dass aber nun eine solche Einheit durch den blossen Zufall aus einem Knäuel von Täuschung und Fanatismus hervorgegangen sein soll, ist eine Unwahrscheinlichkeit, die nicht einmal mathematisch ausgedrückt werden kann.

5. Was ferner das Verhältnis dieser Schriften zur Profangeschichte ihrer Zeit anlangt, so bemerkt man zunächst eine verhältnismässige Seltenheit der Bezugnahme auf den neuen Glauben von seiten der nichtchristlichen Schriftsteller jener Periode. Aber dieser Umstand lässt leicht eine zureichende Erklärung zu. Denn diese Schriftsteller hatten es wesentlich mit den politischen Verhältnissen zu thun. Ferner die Berührungspunkte zwischen der neutestamentlichen Erzählung und der bürgerlichen oder politischen Umgebung sind weder zu wenig noch zu viel, als dass sie nicht natürlich wären, und mit solchen nebensächlichen Ausnahmen, die nur solche berühren, die der unhaltbaren Verbalinspiration verpfändet sind, ist die Genauigkeit dieser Bezugnahmen jetzt über allen Streit erhaben. Man vergleiche besonders „Discoveries illustrating the Acts of the Apostles" auf p. 291—302 von Lightfoots „Essays on Supernatural Religion"! Diese wesentliche

historische Treue der neutestamentlichen Schriften lässt nur eine haltbare psychologische Erklärung zu, nämlich, dass sie von der zu ihrer Zeit bestehenden Wirklichkeit sprachen und schrieben.

6. Neuerdings ist mehrfach auf die grosse Zahl von sogenannten „apokryphischen" Schriften hingewiesen worden, die im ersten und zweiten Jahrhundert aus dem christlichen Lager hervorgegangen sind. Die Aufzählung dieser Schriften ist mehrfach in der Absicht geschehen, die überlieferte Auktorität unseres Neuen Testamentes zu schmälern. Der thatsächliche Erfolg ist aber der gerade entgegengesetzte gewesen. Denn die Vergleichung der Schriften unseres Neuen Testaments mit den Produkten, die allgemein als „Christliche Apokryphen" bezeichnet werden, und mit den Büchern der ältesten Kirchenschriftsteller ist glücklicherweise heutigentags jedem möglich, der nur Lust dazu hat. Aber jeder, der diese Vergleichung unternimmt, dürfte in das Urteil einstimmen, das B. H. Cowper, der treffliche Übersetzer der besten von jenen apokryphischen Evangelien und Briefen, abgegeben hat: „Ehe ich mich an diese Aufgabe machte, habe ich nie so vollständig wie jetzt die Unüberbrückbarkeit der Kluft bemerkt, durch welche die echten Evangelien von diesen Apokryphen getrennt werden" („The Apocryphal Gospels", by B. H. Cowper, im Verlag von Norgate in London; im Vorwort).

Wie ist diese Kluft zu erklären? Sie darauf zurückzuführen, dass die Verfasser der Schriften unseres Neuen Testaments [unter dem direkten oder indirekten Eindruck einer Persönlichkeit gestanden haben, die das menschliche Niveau wahrhaft überragte, und] von dem Geiste umströmt worden sind, der von dem erhöhten Christus ausströmt, — dies ist eine „psychologisch begreifliche" Erklärung.

7. Auch der Sieg der Bibel über alle ihre Verfolger —

denn weder der Koran noch die sonstigen heiligen Bücher haben solche Stürme zu überstehen gehabt, wie die Bibel — und der zugleich erschütternde und zugleich beseligende Eindruck, den dieses Buch durch alle Jahrhunderte hindurch ausgeübt hat, — sind Zeugnisse des Geistes, aus dessen Wehen dieses Buch geboren ist.

8. Ein Moment verdient schliesslich noch einer besonderen Erwähnung. Es ist nämlich neuerdings in steigendem Masse Sitte geworden, auf die Dummheit und den Aberglauben der Menschen des ersten christlichen Zeitalters hinzuweisen, um es leicht verstehen zu lassen, wie sie an Wunder glauben und überhaupt zur Annahme der christlichen Erzählungen bewogen werden konnten. Nun, dies würde ganz in Ordnung sein, wenn jene Christen nur solche groteske Darstellungen hinterlassen hätten, wie sie in den apokryphischen Schriften vorliegen, oder wenn die praktischen Ergebnisse ihrer Thorheit verunglückt und kurzlebig gewesen wären. Davon ist nun das gerade Gegenteil wahr. Aber gesetzt den Fall, die ersten Anhänger und Verteidiger des Christentums wären, wie jene neuere Darstellungsweise es will, schwachsinnig und thöricht gewesen, dann ist psychologisch unbegreiflich, wie aus einem solchen Kreise die neutestamentlichen Schriften mit ihren wundervollen Darstellungen und ihrem erhebenden Einfluss hervorgehen konnten.

Um alles zusammenzufassen, müssen wir es zum Schlusse noch einmal betonen: das Problem, das Neue Testament ohne die wesentliche Richtigkeit der in ihm erwähnten Ereignisse und ohne die Wirksamkeit des Geistes Christi erklären zu wollen, ist eine Sisyphusarbeit, die immer wieder auf den zurückprallt, der sie zu leisten versucht. Ein solches Problem wie eine Frage zu behandeln, die entweder von geringer Bedeutung oder leicht zu lösen sei, das ist der modernen Diesseitigkeitsphilosophie vorbehalten gewesen. Daher schliessen wir diesen Abschnitt mit einigen Sätzen von J. J. Rousseau, der wohl ein unparteiischer Zeuge sein dürfte. Er sagte: „Dürfen wir voraussetzen, das Evangelium sei eine Erzählung, die man zum Vergnügen erfunden habe? Nein, in dieser Art fabriziert man keine Erzählungen. Wenn das die Gewohnheit der Menschen wäre, würden sie Erzählungen betreffs des Sokrates erfunden haben, dessen Thaten viel spärlicher als die Jesu Christi bezeugt sind. Jene Voraussetzung weicht also der Schwierigkeit nur aus, beseitigt sie aber nicht. Es ist weniger begreiflich, dass eine Anzahl Personen darüber übereingekommen wären, eine solche Geschichte zu schreiben, als dass nur eine Person das wirkliche Subjekt einer solchen Geschichte lieferte".

VI.

Das moralische Gebiet.

Aus der Sphäre des Verstandes treten wir nunmehr in die des Sittlichen ein.

Dass der Mensch ein moralisches Wesen ist, darf ohne Verteidigung angenommen werden. Alles, was in Bezug auf frühere Wildheit der Menschen, wie der Urbewohner Afrikas etc., gesagt werden kann, thut hier nichts zur Sache; denn unsere Untersuchung betrifft den höchststehenden, nicht den niedrigststehenden Menschen. Wenn eine ungeschaffene, ungeleitete, ununterstützte Entwicklung zur Erklärung von irgendetwas dienen soll, so muss sie alles erklären. In Bezug auf das Naturgebiet des Universum ist aber nun alles, was der Agnostizismus (s. o.

S. 4) leisten kann, folgendes: Er setzt eine Materie voraus, giebt ihr die zu ihrer gleichfalls vorausgesetzten Leistung notwendigen und geeigneten Fähigkeiten, nimmt die Bewegung als gegeben an, fügt den Zufall als wirksames Prinzip hinzu, und dann erhebt er den Anspruch, das grenzenlose Geheimnis des Guten in uns und um uns „ohne das Übernatürliche" voll erklärt zu haben! Wir haben gesehen, dass die Voreiligkeit eines solchen Anspruchs durch die Unnatürlichkeit der Annahmen erwiesen wird, zu denen dieser Erklärungsversuch hintreibt.

Wenden wir uns nun aber von den psychischen Thatsachen, die den Unglauben in logische Schwierigkeiten verwickeln, zu dem Gebiete der Moral, so nehmen die Probleme ebenso an Verwickeltheit, wie an Feinheit zu. Dieser Umstand vermindert aber nicht die Bedeutung des moralischen Problems, sondern steigert sie. Die moderne Wissenschaft hat ja nach vielen Richtungen hin gezeigt, dass die Probleme, die es mit den kleinsten Körpern zu thun haben und daher die zarteste Behandlung mittels der feinsten Instrumente beanspruchen, gerade die allergrösste Wichtigkeit besitzen und in der That die Ausgangspunkte zu Gesundheit oder Krankheit, Leben oder Tod für das ganze Menschengeschlecht enthalten.

1. Der erste Posten von Schwierigkeit, der dem Gegner des Übernatürlichen vom Standpunkte der Moral aus erwächst, mag recht elementar zu sein scheinen, aber das vermindert nicht seine Wichtigkeit. Die allgemeine Verbreitung der Gottesidee und des irgendwie beschaffenen Sinnes für Religion hat noch keine ausreichende Erklärung von seiten derer gefunden, die den Gedanken an eine Offenbarung weit von sich weisen. Viele Anstrengungen sind freilich gemacht worden, die Richtigkeit jener Behauptung, dass die Religiosität eine allgemeine Verbreitung in

der Menschheit besitze, zu bestreiten. Aber die wenigen wilden Stämme, bei denen man noch am meisten einen Mangel des Gottesgedankens beobachtet zu haben meint, zeigen in fast allen Fällen Spuren der Entartung aus einem besseren Zustand.

Es ist also Sache des Ungläubigen, diesen Trieb zur Gottesidee zu erklären, der dem Menschen in unzerstörbarer Weise innewohnt und eine so bedeutungsvolle Rolle in der Geschichte gespielt hat. Es ist aber keine Erklärung, wenn man die Gottesidee als ein Produkt der Selbsttäuschung hingestellt hat. Wenn sie ein solches sein soll, wird die Aufgabe, ihren Ursprung und ihre Lebenskraft zu erklären, sogar noch schwerer. Ein besseres Anzeichen davon, dass man die verzweifelte Schwierigkeit dieser Aufgabe fühlt, kann kaum gefunden werden, als die ernsthafte Behauptung eines hervorragenden Vertreters der modernen Wissenschaft, dass der moralische Sinn, der den Unterschied zwischen gut und böse lehrt und sein höchstes Produkt in der erhabensten Vorstellung von Gott besitzt, in grauer Vorzeit im Gehirn irgendeines menschenartigen Affen sich bildete, der „vor Hunger verschmachtete oder vom Geschlechtstrieb gequält wurde".

Dem gegenüber muss man doch immer wieder an jene Worte Ciceros erinnern, welche [in seinen „Tusculanearum disputationum libri quinque" (I, 13)] so lauten: „Als festeste Thatsache, um deretwillen wir an die Existenz von Göttern glauben, scheint diese angeführt zu werden, dass keine Völkerschaft so wild, niemand von allen Menschen so untermenschlich ist, dass nicht der Gedanke an Götter seinen Geist berührt hätte. Viele hegen allerdings unsittliche Vorstellungen über die Götter — dies pflegt ja durch fehlerhafte sittliche Praxis veranlasst zu werden —, aber alle urteilen doch, dass es eine göttliche

Kraft und Wesenheit giebt, und dieser Gedanke ist fürwahr nicht durch eine Verabredung oder eine unbewusste Eintrachtserklärung der Menschen zu Wege gebracht, nicht durch Einrichtungen und nicht durch Gesetze befestigt worden: bei jedem Punkte aber ist die Zusammenstimmung aller Menschen für ein Naturgesetz zu halten."

Wie schlechte Vorstellungen über Gott von manchen Menschen gehegt werden, das wissen wir nicht nur aus der Andeutung Ciceros und nicht nur aus den Berichten von Reisenden und Missionaren, sondern auch aus der Geschichte der Theologie. Indes Fetischdienst und theologischer Irrtum kann ja, wie Ruskin bemerkt, von dem verzerrenden Einfluss des menschlichen Spiegels herrühren, der die göttliche Gegenwart reflektiert. Es mag überraschend und sogar empörend sein, wenn man sieht, wie ein schönes Gesicht in einem hohlen oder sonst unrichtigen Spiegel zu einer Missgestalt verzerrt wird; aber wir sind uns dessen wohl bewusst, dass alle solche Verdrehung sich aus den Gesetzen der Optik ableiten lässt. Aber was in diesem Falle das eigentlich zu Erklärende ist, das ist *das Erscheinen eines Gesichtes überhaupt, wenn es nichts vor dem Spiegel gäbe*, dessen Abbild jenes Gesicht sein könnte. Eine solche Erscheinung wird von der Wissenschaft für ganz unbegreiflich gehalten. Eine ebensolche Erscheinung zu erklären, ist aber die Aufgabe des Unglaubens, der „voraussetzt", dass der weltweite Trieb des Menschen zur Gottesidee aus nichts anderem entstanden sei, als aus Zufall und ursprünglicher Nebelmasse. Wenn eine solche Aufgabe geleistet werden sollte, müsste jeder Einwand gegen das Übernatürliche fernerhin verstummen. Denn eine Ursache braucht dann nicht mehr zu wirken, und „Naturgesetze" werden dann als blosse Gebilde der Phantasie erwiesen sein.

2. Aber wir haben es hier nicht mit der niedrigsten, sondern mit der höchsten Idee vom Guten und von Gott zu thun, die in das Menschenherz und Menschenleben ihren Einzug gehalten hat. Der Sehnsuchtsruf Platos „Wir wollen auf einen, sei es ein Gott oder ein gottbegeisterter Mensch, warten, dass er uns unsere religiösen Pflichten lehre und die Dunkelheit von unseren Augen wegnehme", hat seine Befriedigung in der Sendung Christi gefunden, von dem die geringsten unter den ihm zustimmenden Zeitgenossen sagten: „Es hat nie ein Mensch also geredet, wie dieser Mensch" [Joh. 7, 46]. Dieses Urteil, wie auch die Überzeugungen der besten christlichen Lehrer, sind hinreichend durch Christi Leben und ihr Leben bezeugt. Nicht eine Spur von Grund giebt es für die Behauptung, dass in intellektueller Auffassung oder in sittlicher Reinheit die Norm des Glaubens niedriger als die des Unglaubens sei.

Im Gegenteil giebt es gewisse Namen, die in der Literatur wohl bekannt sind und die das soeben abgegebene Urteil aufs vollkommenste bestätigen. So wird von Goethe berichtet, dass er in seinen Gesprächen mit Eckermann folgendes gesagt hat: „Mag die geistige Kultur nur immer fortschreiten, mögen die Naturwissenschaften in immer breiterer Ausdehnung und Tiefe wachsen und der menschliche Geist sich erweitern, wie er will, über die Hoheit und sittliche Kultur des Christentums, wie es in den Evangelien schimmert und leuchtet, wird er nicht hinauskommen" (Gespräche mit Eckermann [Magdeburg 1848], Bd. 3, S. 373). Ferner im Jahre 1835 erschien ein Buch, das als der Todesstoss für das Christentum hingestellt wurde. Aber inmitten der Gründe, die es zu Gunsten des Zweifels entwickelt, finden wir folgendes Geständnis: „Unter den Fortbildnern des Menschenideals steht in jedem Falle Jesus in erster Linie" (Leben Jesu von Strauss, Ausgabe von 1895, Bd. 2, S. 387f.).

Eine solche Schätzung wird auf unsagbare Weise durch die Vergleichung mit den Thatsachen bestätigt, die sich auf die zwei andern Weltlehrer beziehen, die hier eine Erwähnung verdienen, nämlich Buddha und Mohammed. (Man sehe hierüber ein gedankenreiches kleines Buch von Dr. Marcus Dods, das den Titel „Mohammed, Buddha and Christ" führt.)

Die frühere Neigung der Verteidiger des Christentums, die komparative Religionswissenschaft gering zu schätzen, ist in unsern Tagen glücklicherweise geschwunden. Anstatt dessen finden wir aber jetzt manchmal das Gegenteil. Die Vorzüge Mohammeds und die Vortrefflichkeit „des Lichts von Asien" sind bis zu einem früher nicht dagewesenen Grade erhoben worden. Aber eine gewissenhafte Vergleichung des Neuen Testaments mit dem Qor'ân ist für den gewöhnlichen Verstand mehr als ausreichend, um Christus und Mohammed das jedem von beiden zukommende Niveau anzuweisen. Was ferner Buddha und „die heiligen Bücher des Ostens" anlangt, so können wir aus den stark hervortretenden Gegensätzen erkennen, wie viel wir dem Christus der Evangelien dafür zu danken haben, dass er uns Gott nicht nur als den unendlichen Geist, sondern als den ewigen Vater in vollerer und eindringlicherer Weise vor die Augen gestellt hat, als sogar die Psalmisten es dachten. Christus allein verdankt die Menschheit die dreifache Versicherung „Gott ist Geist", „Gott ist Licht", „Gott ist die Liebe", die für alle Menschen der Religion einen neuen Sinn und eine neue Begeisterung einhaucht und die das Leben des Christen zu dem macht, das am reichsten an Trost in dieser Zeit und am vollsten von Hoffnung angesichts der kommenden Ewigkeit ist.

3. Dieser reinsten und erhabensten Auffassung des göttlichen Wesens tritt sofort die höchste Schätzung des Menschenwesens zur Seite. Die Überzeugung von der Sünde, welche die Menschheit von Anfang an gequält hat, findet in der Lehre Jesu ihren breitesten Raum und ihre tiefste Verinnerlichung. Aber wie entstand sie überhaupt? Der Schrecken, der sich mit diesem *Gefühl für das Unrecht* in barbarischen Zeitaltern und inmitten wilder Stämme verknüpfte, verlieh diesem Gefühl freilich eine schauerliche Lebhaftigkeit, aber zeigt doch in allen Fällen, dass es abgeleitet war und nicht ursachlos entstand. In civilisierten Staaten und modernen Zeiten tritt diese Idee von der Sünde nicht weniger stark selbst da hervor, wo das Christentum nicht mehr anerkannt wird. Diese Idee erweist sich als ebenso unausrottbar, wie der Gedanke an Gott und das Streben, einem Übermenschlichen zu huldigen. Dass nun alles dies sich aus dem vorzeitlichen Nebeldunst entwickelt haben soll, ist wunderbarer, als alles, was in der Bibel betreffs der Schöpfung und der Erziehung des Menschengeschlechts berichtet ist.

4. Wir wollen aber den Einfluss, den das Christentum auf die Ausbildung dieses moralischen Gefühls in den Menschen ausgeübt hat, noch genauer untersuchen!

Es steht ausser Frage, dass der gewöhnliche Ausdruck des *Schuldgefühls* schon von den frühesten Zeiten her die Darbringung der Tieropfer gewesen ist. In manchem Falle wurden sogar Menschenopfer als Sühnmittel für nötig erachtet. Die vorgeschrittene Kultur Griechenlands und Roms brachte darin keine Wandelung hervor. An dieser Sitte nahm auch das Volk Israel, das stufenweise zur reineren Religionsübung erzogen werden sollte (vgl. Ps. 40, 7; 50, 13 f.; Jes. 58, 5—8 etc.), noch teil. Aber *seit Christi Zeit* hat die Darbringung von Opfertieren aufgehört.

Dies ist eine grosse Thatsache, welche eine haltbare Erklärung fordert. Beträchtlichen Einfluss darauf darf nun allerdings der Zerstörung Jerusalems als des Hauptmittelpunktes des jüdischen Kultus zugeschrieben werden. Indes ist es deutlich genug, dass kein anderer solcher Wechsel in Bezug auf die nationalen Eigenheiten der Juden eingetreten ist. Nun wird es aber doch allseitig anerkannt, dass von allen menschlichen Ideen und Gewohnheiten diejenigen, welche sich auf die Religion beziehen, am zähesten sind und am wenigsten der Veränderung unterliegen. Wie also ist jene Wandelung zu erklären? Hier tritt uns ein indirekter Einfluss der neutestamentlichen Ereignisse entgegen. Denn sogar die Zerstörung der heiligen Stadt und die Unterbrechung des Tempeldienstes war vorher schon mehr als einmal eingetreten. Die vorhergehende Bedrückung, die Antiochus über die Juden verhängt hatte [167 v. Chr.], war in religiöser Hinsicht weit bitterer, als die der Römer. Also nicht die Zerstörung Jerusalems, nein, der stille Einfluss des Christentums bewirkte es, dass die jüdischen Opfer eine Sache der Vergangenheit wurden.

5. Aber diese Sache ist so noch keineswegs erledigt. Man wird sich ja zweifellos daran erinnern, dass es ein wohlbekanntes Religionssystem neben dem Christentum giebt, das ebenfalls nichts von der Praxis des Opfers zu wissen scheint. Aber der Buddhismus verwirft zugleich mit dem Opfer den Gedanken, dass die vergangene Sünde ein wirkliches Hindernis für den Frieden des Menschen mit Gott sei. Wenn es nun, wie es sicherlich scheinen möchte, einen bestimmten natürlichen Zusammenhang zwischen dem Sündenbewusstsein und der Opferdarbringung gäbe, dann würde das Aufhören der letzteren auch im Christentum eine Verringerung des Schuldgefühls hervorbringen müssen.

Aber das gerade Gegenteil ist, wie wir wissen, im Christentum eingetreten. Ein Schriftsteller hat mit Recht bemerkt, dass „es nie eine Zeit gab, wo das Sündenbewusstsein unter den kultiviertesten Nationen weiter verbreitet und innerlicher war, als die letzten achtzehn Jahrhunderte".

Dieser merkwürdige Kontrast des Christentums gegenüber dem Buddhismus wartet also auf eine Erklärung von seiten des Unglaubens. Das Opfer, dieses alte und weitverbreitete Symbol des Schuldbewusstseins, hat aufgehört, aber mit diesem Aufhören ist in das menschliche Herz ein tieferes Gefühl von der Sündhaftigkeit der Sünde eingezogen, als es je vorhanden war. Eine ausreichende Erklärung zeigt sich in der That, wenn wir die Wahrheit der Worte Christi annehmen: „Wenn der Geist der Wahrheit gekommen ist, wird er die Welt überzeugen von der Sünde" [Joh. 16, 8]. Aber wenn man dies als eine fromme Erdichtung behandelt, wenn man die über das Niveau der gewöhnlichen Erfahrung hinausgehenden Bestandteile der evangelischen Geschichte verwirft, dann wird die Erklärung des oben aufgezeigten Paradoxon in der religiös-sittlichen Menschheitsgeschichte eine ebensolche Aufgabe, wie wenn man in der Physik die Bewegung unserer Erde in ihrer Bahn *ohne die Sonne* erklären wollte.

Zur Bestätigung lasse man mich an die beredten Worte erinnern, die der verstorbene Professor Seeley über diesen Gegenstand geschrieben hat: „Man vergleiche doch die alte Zeit mit der von Christo an beginnenden! Man betrachte genau die beiden Bilder, die sich da dem Auge darbieten! Ein weiter Unterschied drängt sich da in den Vordergrund. Unter allen den Menschen der alten heidnischen Zeit gab es kaum einen oder zwei, auf die wir das Attribut „heilig" anwenden möchten. Mit andern Worten, da gab es, wenn überhaupt jemanden, nicht mehr als einen oder zwei, die nicht nur tugendhaft in ihren Handlungen, sondern auch mit einer ungekünstelten

Begeisterung für das Gute erfüllt waren, und die sich nicht nur des Lasters enthielten, sondern sogar einen lasterhaften Gedanken mit Schauder betrachteten. Wahrscheinlich wird niemand leugnen, dass in christlichen Ländern dieses höher geartete Gutsein, das wir Heiligkeit nennen, existiert hat. Nur wenige werden behaupten, dass es äusserst selten war" (Ecce Homo", small edition, p. 161). Damit vergleiche man noch das Geständnis, das Bradlaugh in seinem bekannten Sokrates-Streit mit Baylee ausgesprochen hat, nämlich dass dem Sokrates als einem Ungläubigen der Begriff „Heiligkeit" bedeutungslos war.

6. In Bezug auf die sittliche Höhenlage des Neuen Testaments überhaupt genügt es, an folgende Urteile zu erinnern. Dr. Wace schreibt mit Recht: „Die Strahlen, die von den Evangelien ausgehen, haben in jedem Zeitalter und in jedem Land gleich dem Licht der Sonne auf die sittliche Sphäre eingewirkt, indem sie in der Menschenseele ein neues Leben und eine neue Schönheit zum Erwachen brachten (Boyle Lectures: Christianity and Morality, 3 rd edition, p. 247). Ferner A. S. Wilkins bemerkt in seinem wertvollen kleinen Buche über „The Light of the World" (p. 148): *„Es war etwas Grosses,* dass das Christentum die Sittlichkeit nicht länger auf die wechselnden Sandwellen der Spekulation, sondern auf die offenbarte Beschaffenheit und Bestimmung des Menschen aufbaute und mit Auktorität von seinem Lebensende sprach. *Es war etwas Grosses,* dass das Christentum das ganze Wesen des Menschen gleichsam unter den Kompass seines Sittengesetzes stellte und ihn lehrte, sein ganzes Dasein nach Körper, Seele und Geist als ein lebendiges Opfer Gott darzubringen und darin seinen vernünftigen Gottesdienst [Röm. 12, 1] zu erblicken. *Aber noch etwas Grösseres war es,* dass das Christentum den Hauptquell alles richtigen Handelns in einer Begeisterung

sprudeln liess, die alle fühlen konnten, dass die Gesetze des Reiches Christi auch von den niedrigsten seiner Unterthanen erkannt und befolgt werden konnten." Und diese Schätzung des Christentums ist auch von keinem Geringeren, als Thomas Carlyle bestätigt worden. Denn er schrieb: „Blickt auf unser göttlichstes Wahrzeichen: auf Jesus von Nazareth und sein Leben und seine Lebensbeschreibung und was daraus folgte! Höher hat der menschliche Gedanke noch nicht hinangereicht" (Sartor Resartus, Book III, chapter III). Endlich Mill bekennt: „Auch sogar jetzt würde es für einen Ungläubigen nicht leicht sein, eine bessere Übertragung der Regel der Tugend aus dem Reiche der Idee in das Gebiet der Wirklichkeit zu leisten, als wenn man darnach strebt, *so zu leben, dass Christus unser Leben billigen würde*" (Essays on Nature, the Utility of Religion, and Theism, p. 253 f.).

Die sittlichen Prinzipien des Christentums haben auch auf dem weiteren Gebiete der gesellschaftlichen und staatlichen Verhältnisse gewirkt. Denn wenigstens soviel steht ausser Frage, dass das Christentum das Weib zunächst in religiös-sittlicher Hinsicht den Männern gleichgestellt (Gal. 3, 28: „Hier ist nicht Mann noch Weib") und so *die Ehen geheiligt* hat. Tertullian schildert eine christliche Ehe mit folgenden Worten: „Welche Verbindung zwischen zweien Gläubigen! Sie haben Eine Hoffnung und Eine Richtung ihrer Wünsche; sie dienen Einer Lehre und Einem Herrn . . . Sie lesen miteinander die Schrift, sie beten miteinander, sie belehren, ermahnen, fragen einander gegenseitig; sie finden sich miteinander in der Kirche bei dem Mahle des Herrn ein; Not, Verfolgungen und Freude teilen sie miteinander; keiner verbirgt dem andern etwas; keiner meidet den andern; keiner ist dem andern lästig; frei kann der Kranke besucht, der Arme unterstützt werden." Das Christentum hat ferner die *Sklaverei* zunächst *gemildert* und dann überwunden. Es hat die *Grausamkeit* in heimliche Winkel *verscheucht*. Horaz konnte, indem er die Stimmung der Grossen dieser Erde zum Ausdruck brachte, rufen: „Ich hasse das gemeine Volk." Aber kein christlicher Dichter hat jemals diese Verachtung der Armen widerhallen lassen. Eine der ersten Weisungen, die den ersten Schülern Christi mit besonderem Nachdruck eingeprägt wurde, lautete ja: „Ihr sollt keinen Menschen gemein oder unrein nennen!"

Ferner ohne die Nachfolger des Buddha oder des Konfucius verachten zu wollen, darf doch gesagt werden, dass die Völker, welche durch die Schule des Christentums gegangen sind und noch mehr oder weniger von seinen heiligen Prinzipien beherrscht werden, die ersten Nationen der Welt sind.

Hier haben wir also einen weltweiten Einfluss, der hinreichend real, mächtig und wohlthätig ist, um eine Erklärung zu fordern. Wenn der übernatürliche Ursprung der christlichen Moral verneint wird, dann muss sie und ihr ganzer Einfluss auf rein natürliche Anlässe zurückgeführt werden. Wir wissen nun, zu welcher Zeit das Christentum zuerst erschien, wir wissen, unter welchen Umständen es geschah, wir wissen, inmitten welcher Menschen und in welcher gesellschaftlichen Umgebung es seine Mission begann. Die grosse Frage ist also diese: Genügen diese Verhältnisse an sich, um die Erfassung und Verbreitung des reinsten und erhabensten Ideals der Moral zu erklären? Will man diese Frage bejahen, so stehen wir einem Wunder gegenüber, das nach allem, was wir von Moralität und Psychologie wissen, weit befremdlicher und schwerer erklärbar ist, als alles, was im Neuen Testament berichtet wird.

7. Ja, nicht bloss diese und andere Charakterzüge der neutestamentlichen Moral, die thatsächlich in ihr geregelt sind, fordern eine Erklärung, sondern auch die Punkte, von denen die moralischen Grundsätze des Christentums schweigen.

Wie oft schon ist dies gegen die neutestamentliche Moral angeführt worden, dass sie nicht die Sklaverei verbiete, dass sie an sozialen Problemen unachtsam vorbeigehe, dass sie keine Bemerkungen über Staatsverwaltung mache, dass sie sich nicht mit den internationalen Beziehungen beschäftige, dass sie nicht den Patriotismus einschärfe und nicht einmal das einpräge, was man jetzt den Gemeinsinn nennt! Gerade diese Einwände, die man gegen das Neue Testament erhoben hat, sind von Wert, indem sie zeigen, *wozu Menschen geneigt sind*, wenn sie sich natürlicherweise mit den grossen Angelegenheiten der menschlichen Wohlfahrt beschäftigen. Wir besitzen ausserdem die Abhandlungen von Plato und Aristoteles, von Cicero und Seneca samt allen den späteren Schriften von solchen, die sich theoretisch über die vorhin genannten und über ähnliche Themata geäussert haben. Darnach können wir urteilen, was von einer Gruppe ununterrichteter Eiferer zu erwarten gewesen wäre, die sich in der Zeit von Tiberius und Herodes zusammengesetzt hätten, um einen neuen Kodex der Moral zu schaffen.

Es könnte kaum geleugnet werden, dass die Menschen, die sich in den bekannten Zuständen jener Zeit zu einem solchen Unternehmen vereinigt hätten, Fanatiker gewesen wären. Und da bedarf es nur geringer Überlegung, um die Art von Programm zu entdecken, das der Fanatismus entworfen haben würde. Wir haben Proben davon in neueren Zeiten bekommen. Wir brauchen ja unseren Blick nur auf den modernen Sozialismus zu lenken. Hätte dieser selbe natürliche Geist in den Begründern des Christentums gewaltet, so könnte kein vernünftiger Zweifel darüber gehegt werden, dass das Neue Testament die absolute und unmittelbare Abschaffung der Sklaverei gefordert haben würde, ja sehr wahrscheinlich würde es für eine allgemeine Empörung gegen die politischen Machthaber eingetreten sein. Solche Fanatiker würden auch, nach aller menschlichen Wahrscheinlichkeit, irgendeine starre und extreme Staatsform empfohlen haben und hätten dadurch verhindert, dass das Christentum von anderen Nationen angenommen würde.

Wie sehr die christlichen Schriften von solcher verhängnisvollen Starrheit thatsächlich fern sind, davon sind wir alle selbst Zeugen. Es ist nun aber weit schwerer, diesen Charakter des Christentums zu erklären, wenn man dieses aus rein natürlicher Quelle ableiten will, als wenn man den Einfluss des übernatürlichen Elementes anerkennt, worauf das Christentum sich beruft.

8. Man hat neuerdings starke Anstrengungen gemacht, um zu zeigen, dass die Männer und Frauen der Entstehungszeit des Christentums so in Ignoranz und Aberglauben versunken gewesen seien und so durchaus jeder kritischen Fähigkeit der Untersuchung entbehrt hätten, dass sie leicht alles geglaubt hätten. So würde ihr Zeugnis wertlos sein. Diese Behauptung veranschaulicht aber mehr die Wünsche, als das Denken des Unglaubens. Denn sogar wenn diese Behauptung erlaubt wäre — es kann aber kein vernünftiger Zweifel darüber bestehen, dass sie eine grobe Übertreibung enthält —, so würde sie mehr Schwierigkeiten hervorbringen als beseitigen. Wie sich dies schon oben (S. 201) einmal zeigte, so tritt es auch hier wieder zu Tage. Denn ein moralisches Wunder würde es sein, wenn aus dem uninspirierten Busen höchst unwissender und abergläubischer

Menschen ein System der Moral entsprungen wäre, das so erhaben ist, dass es die höchste Bewunderung der grössten Geister erregen und den edelsten Herzen das Bekenntnis entlocken konnte, dass es ihr höchstes Streben nach dem Guten übertreffe. Sagte doch z. B. Rousseau: „Woher konnte Jesus inmitten seiner Landsleute diese erhabene und reine Moralität gewinnen, von der er allein die Vorschrift und das Vorbild gegeben hat? Mitten aus der wütendsten Bigotterie wird die erhabenste Weisheit gehört, und die Einfalt der heldenhaftesten Tugenden ehrt den geringsten im Volke" (Emile, IV).

Aber auch wenn die unberechtigte Geringschätzung der ersten christlichen Zeiten nicht gelten soll, so wird die Sache für den Unglauben kaum leichter. Denn von den drei Nationen, die in den neutestamentlichen Berichten in Betracht kommen, besitzen wir eine recht vollständige Kenntnis. Wenn auch die römische Macht verschwunden ist, besitzen wir die Geschichte und die Gesetzbücher der Römer. Die Weisheit der Griechen hat in neueren Zeiten nie der Schätzung ermangelt. Die Juden, überall gegenwärtig und doch immer von den anderen unterschieden, sind in bezug auf den Charakter ihre eigenen Zeugen. Das Alte Testament mit seinen Lehren und Vorschriften ist in unseren Händen. Die jüdischen Erklärungsschriften und der Talmud, auf welche die Schriftgelehrten und Pharisäer sich verliessen, sind unseren Gelehrten zugänglich. Die Aufgabe des Unglaubens ist es also, aus diesen Quellen die sittlichen Prinzipien des Christentums zu schöpfen.

9. Wir fassen zusammen. Wir haben gesehen, wie gerade von den Kritikern und Gegnern des christlichen Glaubens das Zugeständnis ausgeht, dass wir im Christentum ein System der Moral besitzen, dessen erhabene Reinheit unsere unbeschränkte Achtung und Bewunderung

rechtfertigt. Dieses hohe Ideal mit der dasselbe begleitenden Kraft der Anregung hat sich als die grösste Macht erwiesen, die je in der Welt zur Sittlichkeit antrieb, und hat seinen Anspruch auf allgemeine Anerkennung durch die Wunder der Erhebung und der Veredelung erwiesen, die es aus modernen Regionen hervorquellen liess, denen es ebenso wenig zuzutrauen war, dass sie dieses Ideal pflegten, wie es vom alten Palästina zu erwarten war, dass es ein solches Ideal erzeugte.

Ein Einfluss, der zugleich so wohlthuend und so mächtig war, fordert sicherlich eine entsprechende Ursache. Diese wird vom Neuen Testament eingestandenermassen dargeboten. Die Thatsächlichkeit des erhabenen Charakters und der mächtigen Wirkungen der übermenschlichen Person, die da gezeichnet wird, gewährt einen einfachen und doch zureichenden Grund für alles, was sie in Lehre und Wirkung begleitet. Aber wenn dies alles als unglaublich zurückgewiesen wird, was ist dann die notwendige Folgerung? a) Dass die reinsten und erhabensten Vorstellungen von Gott aus dem Herzen des engsten religiösen Fanatismus entsprangen. b) Dass aus der Mitte einer höchst mechanischen Frömmigkeit und selbstgefälliger religiöser Oberflächlichkeit eine sittliche Umwälzung hervorging, welche in die unermessliche Vertiefung des Sündenbewusstseins und zugleich in die Abstellung der Tieropfer ausmündete, in denen immer die schärfste Anerkennung der menschlichen Schuld sich ausgeprägt hatte. c) Dass das erhabenste sittliche Prinzip der Welt sich selbst aus den Einfällen schwachsinniger Bauern und krankhafter Frauen erzeugte, die selbst Betrüger oder Betrogene oder beides waren. d) Dass die ganz merkwürdigen „Lücken", die sich im ursprünglichen Programm der christlichen Ethik finden und durch die das Christentum mehr eine

Verkörperung ewiger Prinzipien als zeitlicher Einzelbestimmungen, d. h. ein allumfassender Glaube anstatt eines bloss lokalen Enthusiasmus, wurde, — durch reinen Zufall, im auffallendsten Gegensatz zu aller menschlichen Wahrscheinlichkeit, entstanden. Seht, da haben wir wieder eine Probe von der Wunderlosigkeit des Unglaubens!

VII.
Christus, sein Ursprung und Charakter.

1. Die Stellung des Christentums in der Sittengeschichte und der Ursprung des Neuen Testaments können nie richtig gewürdigt werden, wenn man von ihm absehen will, der das deutliche Zentrum und sogar die Substanz der neutestamentlichen Religion ist. Ja, es ist ganz mit Recht gesagt worden, dass „Christus das Christentum ist". Die sich als Christen bekennen, sind in der That nur in dem Grade seine Schüler, in welchem sie ihm ähneln, den sie als ihren Meister und Herrn bekennen. Nach seinem Charakter also, nicht nach ihrem, ist das Christentum zu beurteilen.

Von dieser Erkenntnis aus bekommen übrigens die Beweise, die im vorigen Kapitel entfaltet worden sind, eine neue Bestätigung. Denn im Lichte jener Erkenntnis sieht man, dass der thatsächliche Zustand, den die Sittlichkeit in einem Teil der Christenheit aufweist, nicht ein Gradmesser für die sittliche Grösse des Christentums selbst ist. In wie beklagenswerter Weise auch immer Christen ihr hohes Musterbild verleugnet haben, so schliesst das Christentum selbst ein solches Geheimnis des Sittlichguten in sich, dass ihm der Platz in der Geschichte der Moral garantiert bleibt, der ihm im vorigen Kapitel zugesprochen worden ist.

Weil nun aber, wie gesagt, die alte Wahrheit, dass die Stellung des Christentums in letzter Instanz von der Stellung Christi selbst abhängt, sich voll bestätigt, deshalb ist ein besonderer Abschnitt der Beantwortung der Frage zu widmen, ob Christus in logisch-vernünftiger Weise von natürlichen Voraussetzungen aus verstanden werden kann.

2. Wenn es sich um die Persönlichkeit und den Charakter Christi handelt, so sind wir eines Punktes absolut sicher, nämlich, dass keine Spitzfindigkeit des Gedankens oder der Ausdrucksweise ihn jemals auf eine unbedeutende Mittelmässigkeit herabdrücken kann. Sein Charakter und Einfluss sind unbestreitbar erhaben und enorm. Völlig einzigartig in der Geschichte unserer Welt dastehend, muss er entweder als der edelste Lehrer und Heiland unseres Geschlechtes für äusserst gut erklärt oder als der täuschendste Betrüger der Erde für unvergleichlich schlecht gehalten werden. Eine Mittelstrasse zwischen diesen beiden Urteilen giebt es nach dem Neuen Testament nicht.

Nun, wie die Christenheit darüber zu urteilen pflegt, ist wohlbekannt. Aber in nicht wenigen Kreisen giebt es eine wachsende Neigung, dieses Urteil als wertlos zu behandeln. Man setzt voraus, der religiöse Eifer beeinflusse das Urteil von Gläubigen so stark, dass er ihr Zeugnis wertlos mache. Aber wir dürfen doch fragen, warum das so sein soll. Giebt es irgend ein Gebiet des Gewerbfleisses oder der Sittlichkeit, der Wissenschaft oder der Kunst, in welchem, um nur ganz wenig zu sagen, die Gläubigen den Ungläubigen nicht die Wage gehalten haben? Sicherlich giebt es kein solches Gebiet. Folglich kann den Christen auch in Bezug auf das Christentum das Urteilsvermögen nicht abgesprochen werden. Ausserdem wird nicht ganz ohne Grund behauptet, dass nur der einem Charakter Gerechtigkeit widerfahren lassen kann, der ihn richtig kennt und eine gewisse Verwandtschaft mit ihm besitzt. Nun, wer will Christus besser erkannt haben, als die Christgläubigen, die im Laufe der Jahrhunderte sich so eng und zart an ihn angeschlossen haben?

Wenn wir trotzdem in der folgenden Auseinandersetzung uns mit dem Urteil begnügen, das von den Auktoritäten des Unglaubens über Christus gefällt worden ist, so geschieht dies aus zwei Gründen. Erstens können wir dadurch das äusserste Entgegenkommen gegen die Ungläubigen bethätigen, und zweitens können wir auf diese Weise einen Schluss vom Geringeren auf das Grössere bilden. Denn wenn unser Schluss auf Christi wirklichen Ursprung sich schon bei der niedrigeren Schätzung Christi bewährt, so bekommt er um so mehr überzeugende Kraft im Lichte der höheren Schätzung, die Christus bei den Gläubigen geniesst.

Die niedrigere Schätzung Christi soll übrigens in den Äusserungen von Menschen gefunden werden, die nach Bildung, Lauterkeit, Befähigung und Ehrfurcht unsere höchste Achtung verdienen. Höhnische Schmähungen, wie sie von gewissen Anhängern des Diesseitigkeitsdogma ausgegangen sind, verdienen nur ein mitleidiges Schweigen. Aber der Unglaube hat ebenso, wie der Glaube, würdige Vertreter. Von ihren Äusserungen über Christus wollen wir nun einige hören.

Spinoza spricht in seinem „Tractatus Theologicopoliticus" von Christus als dem Sinnbild göttlicher Weisheit und schreibt ihm eine unmittelbare Anschauung Gottes zu. — Rousseau fragt in seinem „Emile, IV": „Kann die Person, deren Geschichte die Evangelien berichten, selbst ein Mensch sein? Welche Süssigkeit, welche Reinheit in seinen Sitten! Welche Güte in seinen Belehrungen! Welche Erhabenheit in seinen Prinzipien! Welche tiefe Weisheit in seinen Gesprächen! Welche Geistesgegenwart, Schlagfertigkeit und gerechte Freimütigkeit in seinen Entgegnungen! Ja, wenn das Leben und Sterben des Sokrates das eines Philosophen ist, so ist das Leben und Sterben Jesu Christi das eines Gottes." — Auch Goethe spricht so: „Ich halte die Evangelien alle vier für durchaus echt, denn es ist in ihnen der Abglanz einer Hoheit wirksam, die von der Person Christi ausging und die so göttlicher Art ist, wie nur je auf Erden das Göttliche erschienen ist" (Gespräche mit Eckermann, 3. Teil [1848] S. 371). — Strauss bezeichnet ihn als „denjenigen, an welchen die Menschheit zur Vollendung ihres inneren Lebens mehr als an irgendeinen andern gewiesen bleibt" (Der alte und neue Glaube 1877, S. 32). — Renans Urteil lautet so: „Jesus ist in jeder Hinsicht einzigartig, und nichts kann mit ihm verglichen werden. Mögen die Erscheinungen der Zukunft sein, wie sie wollen, Jesus wird nicht übertroffen werden. Edler Begründer einer neuen Menschheitsperiode, ruhe nun aus in deiner Glorie! Dein Werk ist vollendet, deine Göttlichkeit begründet. Tausendmal mehr lebend und tausendmal mehr geliebt seit deinem Tode, als während der Tage deiner irdischen Wallfahrt, wirst du der Eckstein der Menschheit werden, denn deinen Namen aus dieser Welt zu reissen, hiesse, sie bis in ihre Grundlagen zu erschüttern. Nicht mehr sollen Menschen unterscheiden zwischen dir und Gott" (Étude d'Histoire Religieuse, p. 175. 213. 214). — Theodore Parker gesteht, dass „Christus in sich die höchsten Prinzipien und die göttlichste Praxis vereinigt und so den Traum von Propheten und Weisen in höherer Weise verwirklicht hat. Er tritt auf *frei von allen Vorurteilen* seines

Zeitalters, seines Volkes oder einer Partei und strömt eine Lehre aus, die *so schön wie das Sonnenlicht, so erhaben wie der Himmel* und *so erhaben wie Gott* ist. Achtzehn Jahrhunderte sind vergangen, seit die Sonne der Menschheit so hoch in Jesus stieg. Welcher Mensch, welche Partei hat seinen Gedanken sich voll zu eigen gemacht, seine Methode erfasst und voll auf das Leben angewendet?" (Discourses on Religion, p. 294. 303.) — Miss F. P. Cobbe urteilt, dass „der Begründer der christlichen Bewegung die grösste Seele seiner Zeit, wie in der That aller Zeit gewesen sein muss". — Dr. Congreve, der vom Standpunkt des sogenannten „Positivismus" [wesentlich = Agnostizismus; s. o. S. 4] aus spricht, bemerkt: „Je treuer ihr Christo dient, je vollständiger ihr euch in sein Bild hineinformt, desto schärfer wird unsere Sympathie mit euch und unsere Bewunderung für euch sein" (Essays, p. 298). — Auch der Verfasser des seiner Zeit soviel Aufsehen machenden Werkes „Supernatural Religion" nannte Jesus einen Mann von unerreichter Reinheit und Höhe des Charakters, der in seinem erhabenen Ernste die sittliche Grösse Buddhas überragte und die doch manchen Flecken aufweisenden, obgleich im allgemeinen ausgezeichneten Lehren von Sokrates und Plato und aller griechischen Philosophen in den Schatten stellte" (Vol. II, p. 487, 2nd edition). — Endlich Leckys oft zitierte Worte sind so wahr, dass sie auch hier eine Wiederholung verdienen. Sie lauten: „Der einfache Bericht über drei kurze Jahre der öffentlichen Wirksamkeit Christi hat mehr zur Erneuerung und Veredelung der Menschheit beigetragen, als alle Untersuchungen der Philosophen und alle Ermahnungen der Sittenrichter. Sein Einfluss ist in der That der Quellpunkt von allem Besten und Reinsten im menschlichen Leben gewesen" (History of Morality, Vol. II, p. 88).

Diese Zeugnisse mögen genügen, obgleich es ein Leichtes wäre, sie zu vervielfachen. Sie zeigen aber mindestens, dass wir uns hier mit einer wirklichen Person beschäftigen, deren Charakter eine einzigartige und überragende Trefflichkeit besass. Nach diesem einstimmigen Zeugnis kann auf die Frage „Wie dünket euch um Christo?" [Matth. 22, 42] wirklich keine andere Antwort gegeben werden, als sie eben in jenen Urteilen enthalten ist.

Aber die in der angeführten Stelle unmittelbar folgende Frage Christi verlangt die gleiche Beachtung. Diese Frage „Wes Sohn ist er?" wurde nicht nur den Pharisäern mit Recht vorgelegt, sondern erwartet ihre Beantwortung auch von seiten der modernen Ungläubigen. Sie müssen in der That die Frage: „Woher kam er?" beantworten, und auch wir wollen mit ihnen Antwort auf die Frage suchen „Ist er nur Menschensohn, oder auch und in erster Linie Gottessohn?" Wir wissen ja, dass schon seine einstige Umgebung frug: „Woher kommt diesem solche Weisheit und Thaten? Ist er nicht eines Zimmermanns Sohn? Heisst nicht seine Mutter Maria und seine Brüder Jakob und Joses und Simon und Judas? Und seine Schwestern, sind sie nicht alle bei uns? Woher kommt ihm denn dies alles?" (Matth. 13, 54.)

3. Die moderne Antwort auf alle solche Fragen soll in dem einen Worte „Entwickelung" liegen. Dann müsste Christus wirklich und ganz das Produkt seiner Abstammung und seiner Zeit sein. Aber diese Behauptung muss einer zweifachen Prüfung unterworfen werden. Zuerst sind wir genötigt, zu fragen, ob das Prinzip der Entwickelung hier überhaupt eine Anwendung zulässt, und zweitens ist zu fragen, was daraus folgen würde, wenn der Christus der Evangelien so abzuleiten wäre.

Wir sagen übrigens mit Absicht „der Christus der Evangelien", weil die ganze Kritik des letztvergangenen Jahrhunderts in der Hauptsache dahin geführt hat, das hohe Alter und die Echtheit dieser christlichen Berichte festzustellen. Daraus folgt, dass, wenn sie hinreichend zuverlässig sind, um die oben zitierten Lobsprüche Ungläubiger zu rechtfertigen, sie dies auch betreffs der entschieden christlichen Beurteilung Jesu leisten. Wenn ihre Erzählungen über die Umgebung Jesu Vertrauen verdienen können, so auch ihre Darstellungen von seinem Werk und seinen Worten. Es wird manchmal angenommen, dass das blosse Auftreten des übernatürlichen Elementes ein genügender Beweis der Unzuverlässigkeit dieser Darstellungen sei. Aber eine solche Voraussetzung ist nach oben S. 34—37 und 115—120 unbegründet.

Auf die erste von jenen beiden Fragen hat Professor Henslow, *obgleich er im übrigen ein erklärter Anhänger der Entwickelungstheorie ist,* die richtige Antwort in folgendem Satze gegeben: „Wenn man nach einem Beweis einer natürlichen Entwickelung Christi, wie er in den Evangelien uns gezeichnet ist, ausgeblickt hat, so zeigt sich ein solcher nicht" (*Christ no Product of Evolution.* Published by G. Stoneman, Warwick Lane).

Denn wir wissen ja ohne Zweifel, was die „umgebenden Bedingungen Jesu Christi" zur Zeit seiner Geburt und seines Lebens in Palästina waren. In politischer Hinsicht brauchen wir diese Zeit kaum zu betrachten, da wir sehen, dass Christus Politik nicht gelehrt hat, obgleich man sogar bei diesem Punkte fragen könnte, wie er dazu kam, so die Vorstellungen seiner Umgebung zu überragen. Was ferner die griechische Philosophie anlangt, so ist es vollkommen deutlich, dass Christus selbst ihr nichts verdankt. Die auf ihn einwirkende Umgebung muss also auf den Nationalgeist und die religiöse Atmosphäre Israels selbst eingeschränkt werden. Der jüdische Nationalgeist könnte in seiner Abstammung und Umgebung, meistens zu Nazareth, obgleich auch später zu Jerusalem sich geltend gemacht haben. Sodann die religiöse Atmosphäre wehte besonders kräftig in den Grundsätzen der drei Parteien, die zu jener Zeit Judäa zwischen sich teilten, nämlich der Pharisäer, der Sadduzäer und der Essäer. Von diesen bleiben die zwei ersten handgreiflich ein für alle Mal ausser Betracht. Auch nur die Vermutung, dass Christi Persönlichkeit das natürliche Produkt des Pharisäismus oder Sadduzäismus sein könne, ist eine reine Narrheit. Einige Versuche sind aber gemacht worden, das Christentum mit dem Essäismus in ursächlichen Zusammenhang zu bringen. Aber Christi nachdrücklicher Widerspruch gegen die am besten bekannten Grundsätze der Essäer ist vollkommen genügend, um zu beweisen, wie völlig unmöglich es ist, zu glauben, dass die mönchische Asketenpartei der Essäer der Boden gewesen sei, aus dem der Jesus der Evangelisten von selbst hervorgewachsen wäre.

[Zusatz des Übersetzers: In M. Friedländers Buch „Der Antichrist in den vorchristlichen jüdischen Quellen" (1902), S. 1 ff. ist behauptet, dass eine religiöse Bewegung „das Christentum erzeugt" habe, die von Spekulationen über das Geheimnis der Schöpfung ausgegangen gewesen sei. Aber diese Bewegung müsste während ihres Verlaufs ihren ursprünglichen Charakter ganz geändert haben. Denn bei Christus sehen wir nichts mehr davon. Die Lehren über die Weltschöpfung und den Gottesthron treten bei ihm eher in den Hintergrund, als in den Vordergrund. Und das Christentum soll aus einer Bewegung entsprungen sein, die, wie es bei Friedländer weiter heisst, zum Antinomismus, also zur Verachtung des Gesetzes führte? Ganz fehlgeschossen. Denn die Gerechtigkeit der Nachfolger Christi sollte besser, als die der Pharisäer, sein (Matth. 5, 20 etc.). — Nach andern Stellen von Friedländers Buch hat die Religionsbewegung, aus der das Christentum geboren worden sein soll, vorher den Essäismus erzeugt gehabt (S. 4). Dann hätte ebendieselbe Religionsbewegung zwei sehr verschiedene Söhne geboren. Denn die Essäer verwarfen den Eid und die Ehe und trieben, wie auch ihre weisse Kleidung andeutete, die Reinigkeitsgesetze des Alten Testaments auf die Spitze. Aber Christus verbot nicht den Eid bei dem lebendigen Gott (Matth. 5, 33—37; 23, 18; 26, 63 f.; Hebr. 6, 16). Verwarf Christus sodann die Ehe? Sieh doch hin, wie er die Kinder auf den Arm nimmt und herzt! Der da sagte „Lasset die Kindlein zu mir kommen!" und der auf einer Hochzeit mit den Fröhlichen fröhlich war, der hat die Ehe verworfen? Bekanntlich hat er nur davon gesprochen, dass es auch Personen gebe, die sich um des Reiches Gottes willen der Ehe enthalten. Soll der die Ehe verworfen haben, der das Gesetz über die **Ehescheidung** vervollkommnete (Matth. 19, 1 ff.)? — Die Essäer enthielten sich ferner durchaus des Tempelbesuchs, während Christus und die Christen (Apostelgesch. 3, 1 etc.) dies durchaus nicht thaten. — Die Essäer trieben die Beobachtung der Reinigkeitsgesetze soweit, dass sie sogar das, was im Alten Testament nur für einzelne Fälle geboten war (Exod. 19, 10 und Deut. 23, 13—15), mechanisch zu einer allgemeinen Regel stempelten. Christus aber lehrte uns, dass die äusserliche Reinigkeit, wie alle äusserlichen Zeremonien, an und für sich keinen Wert besitzen. „Nicht was zum Munde eingehet, verunreinigt den Menschen, sondern was zum Munde herausgehet, stellt ihn als einen unreinen dar" (Matth. 15, 2. 11. 18)].

Je genauer und unparteiischer wir uns mit allen Thatsachen bezüglich der religiösen Umgebung Christi bekannt machen, desto wahrer wird uns Renans Bemerkung, dass Jesu besonderes und mächtiges Gefühl der Gemeinschaft mit Gott als seinem Vater „seine grosse ursprüngliche That war, in Bezug worauf er mit seinem Geschlecht nichts gemeinsam hatte". [Zusatz des Übersetzers: Ja, auch die Souveränität Christi über die alttestamentlichen Propheten kann leicht erwiesen werden.

Wir brauchen nur z. B. folgendes zu beachten: Er war sich einer einzigartigen Beziehung zu Gott bewusst („Niemand kennet den Vater, denn nur der Sohn" etc. Matth. 11, 25 ff.). Er war nicht nur Gesetzesvermittler sondern selbst Gesetzgeber: er war „ein Herr auch des Sabbaths" (Matth. 12, 8). Er hob auch die alttestamentlichen Verheissungen in eine höhere Sphäre: „Mein Reich ist nicht von dieser Welt" (Joh. 18, 36).]

Im Gegenteil war die wirkliche Beschaffenheit der geschichtlichen Umgebung Jesu von der Art, dass sie sein Auftreten, wenn es von ihr abhängig gewesen wäre, hätte verhindern müssen. Die Priester mit ihren Eifersüchteleien, die Rabbinen mit ihren Überlieferungen und unmoralischen Haarspaltereien [Matth. 15, 1 ff. etc.], die Pharisäer mit ihren ungeistlichen Meinungen und Heucheleien [23, 1 ff. etc.] waren alles Faktoren der Umgebung Jesu. Dass er daraus sich durch blosse Naturprozesse entwickelt habe, ist ganz ebenso undenkbar, wie dass Trauben an Dornen oder Feigen an Disteln wachsen. Sein ganzer Charakter, seine Lehre, Werke und Verheissungen bildeten ja einen entschiedenen Gegensatz zu dem, was Menschen im allgemeinen und seine eigenen Landsleute im besonderen für das Beste, das Heiligste, das Notwendigste hielten. Also wenn Christi Charakter thatsächlich auch nur zur Hälfte die S. 221 zitierten Lobeserhebungen verdient, dann kann Entwickelung das Werden Christi nur durch einen völligen Selbstwiderspruch erklären.

4. So wollen wir an die zweite Hälfte der Untersuchung gehen, die oben S. 223 als unvermeidbar bezeichnet wurde, und da müssen wir sagen: Wenn behauptet wird, der Jesus der Evangelisten müsse auf natürlichem Wege sich aus seinem Zeitalter und seiner Umgebung und seiner Abstammung entwickelt haben, dann ist in diesem Falle

Entwickelung nicht mehr das, was uns so oft versichert wurde, und wirkt nicht das, was fortdauernd behauptet wird. Denn hier, in der Person, dem Charakter, der Lehre, dem Einfluss Christi ist, wenn man ihn mit seinen Vorfahren und Zeitgenossen vergleicht, ein plötzlicher und unermesslicher Sprung anstatt des ununterbrochenen Zusammenhangs; hier ist Umstossung, nicht Entfaltung; hier ist eher Gegensatz, als Nüancierung. Also „Entwickelung" kann das Werden Christi nur so erklären, dass sie sich selbst zerstört.

5. Die Zeugnisse über den Charakter Christi, die S. 221 zitiert worden sind, stimmen alle in einem Punkte nachdrücklich zusammen, nämlich darin, dass er im höchsten Grade gut war. Nun kann aber das Gutsein vom Treusein oder von der Wahrhaftigkeit ebenso wenig getrennt werden, wie sittliche Erhabenheit mit Selbsttäuschung verknüpft werden kann. Es wird also im allerhöchsten Masse wichtig, dass wir feststellen, was die Wahrhaftigkeit Christi in sich schliesst. Nun, wenn er so gut und so erhaben war, wie anerkannt worden ist, dann muss er auch wahrhaftig gewesen sein sowohl in Bezug auf die Darstellung betreffs seiner selbst als auch in Bezug auf die Lehren, die er zum Wohle der Menschheit auseinandersetzte. Dasselbe gilt auch von seinen „mächtigen Thaten". Es ist völlig unmöglich, sich einen guten und wahrhaftigen Menschen vorzustellen, der da vorgäbe, Heilungswunder leisten oder Wunder von irgendwelcher Art vollbringen zu können, und der doch zu gleicher Zeit wüsste, dass es Betrügereien seien.

Lasst uns also fragen, was Jesus in Wirklichkeit über sich lehrte!

In Bezug auf sich selbst behauptete er ohne Schwanken einen übernatürlichen Ursprung und ein vorzeitliches Dasein, denen ein freiwilliger Tod folgen müsse, der in einer wunderbaren Auferstehung und Himmelfahrt ausmünden werde. In Bezug auf seine Thaten und Lehren erhob er den Anspruch, dass seine ganze Mission in der Enthüllung der Wirklichkeit und Nähe des Übernatürlichen bestehe, das sich sowohl in der beständigen Gegenwart seines Vaters als auch in der besonderen Mitwirkung des heiligen Geistes zeige, der späterhin voller enthüllt werden solle. Dazu fügte er in unmissverständlicher Weise die Verheissung eines zukünftigen Lebens, die in vollkommener Übereinstimmung mit jenen übernatürlichen Voraussetzungen war.

Dem Wagemut des modernen Agnostizismus oder Positivismus (s. o. S. 4) war es vorbehalten, alles dies als eine Nebensache oder eine „Illusion" zu behandeln, während man doch eingestand, dass man Christus für das höchste Muster des Gutseins halte, das die Menschheit aufzuweisen habe. Aber dieser Naturalismus, der die Wirklichkeit des Wunders bestreitet und in Christo nur ein menschliches Element findet, das durch die ganze Geschichte seines Ursprungs und Einflusses erhabener geworden sei, ist verpflichtet, den Nachweis zu führen, wie er zugleich äusserst gut und völlig falsch sein kann. Man wird getrieben, mit den Worten des Jakobusbriefes [3, 11] zu fragen „Quillet auch ein Brunnen aus Einem Loche Süsses und Bitteres?" Schliesst solches Gutsein, wie es an Jesu anerkannt wird, nicht notwendig die entsprechende Wahrhaftigkeit in sich? Ist es, wenn man einen höchst erhabenen Charakter vor sich hat, vernünftig, völlige Selbsttäuschung als mit überragendem Seelenadel verträglich anzusehen?

[Zusatz des Übersetzers: Es giebt in den Evangelien auch Thatsachenbeweise dafür, dass Christus gegen den Vorwurf der Selbsttäuschung zu schützen ist. Denn er hat einen solchen überlegenen Scharfsinn gezeigt, dass die Gedankengänge seiner Reden noch jetzt das Staunen des ihnen nachgehenden Geistes herausfordern (Matth. 5, 32; 9, 12, hauptsächlich 12, 24—28, wo er die Pharisäer ad absurdum führte), dass er die Leiter des Volkes „Blinde" nannte (15, 13), und dass seine Antworten die doch nicht ungeschulten Gegner ausser Fassung brachten (22, 19—21). Er hat ferner nicht bloss positiv gefordert, dass jedermann seine wahre Gesinnung in seinen Äusserungen zum Ausdruck bringen müsse (6, 16—18; 9, 14—17 etc.), sondern hat auch andere Personen der heuchlerischen Verheimlichung ihrer wirklichen Gedanken angeklagt (23, 13ff.). Er hat gewusst, dass, wenn falsche Gedanken aus dem Herzen hervorgehen, sie den betreffenden Menschen als unrein erweisen (15, 11). Er hat weiterhin den Schriftgelehrten es zum Vorwurf gemacht, dass sie Mose's Gesetzgeberfunktion sich beilegten (23, 2), und da soll er selbst ohne klar bewussten Grund sich die Auktorität, Mose's Gesetz zu vervollkommnen, zugeschrieben haben (5, 17. 20ff.; 12, 8; 19, 9; 21, 13)? Er hat den Pharisäismus als eine Geschichtserscheinung hingestellt, die nicht aus göttlicher Initiative hervorgegangen sei (15, 13) und daher im Strom der Gottesreichsgeschichte wieder untersinken müsse. Wer darf da die Meinung wagen, dass er selbst ohne eine ununterdrückbar und unwegdeutbar an sein Bewusstsein hinandringende Mahnung sich die Ermächtigung beigelegt hätte, die Vollendung des Gottesreiches zu unternehmen? Ich meinerseits wage das nicht.]

6. Wenn dem Unglauben die Anerkennung abgerungen wird, dass Jesus als menschlicher Charakter einzigartig ist, wird es gewöhnlich ganz übersehen, dass er sich selbst als sündlos bezeichnet und von allen neutestamentlichen Schriftstellern so dargestellt wird. Wenn wir

die ganze Erzählung, die über ihn im Evangelium gegeben ist, so annehmen, wie sie dasteht, kann es nicht bezweifelt werden, dass dieser Charakterzug, der betreffs jedes gewöhnlichen Individuums als unerträglich bezeichnet werden würde, bei ihm vollkommen mit allem harmoniert, was sonst über ihn berichtet ist. Giebt es aber im Bericht über irgend einen andern wahrhaft guten Menschen den Fall, dass man ihn als völlig frei von sittlicher Krankheit hinstellt? Ist es nicht vielmehr immer wahr gewesen, dass je edler die Person war, desto feinfühliger oder sogar übertrieben empfindsam sie für sittliches Unrecht war, mochte es in ihr selbst oder ausser ihr vorhanden sein?

Aber hat irgend einer von denen, die unfraglich jenes „höher gestimmte Gutsein", das wir Heiligkeit nennen, in ihrem Leben verwirklicht haben, jemals seinen Begleitern einen Hinweis darauf gegeben, dass er sich als sündlos betrachte? Im Gegenteil wissen wir genau, dass immer das Gegenteil der Fall gewesen ist. Jedoch Christus, von dem wir nach der Anerkennung der höchstgebildeten Ungläubigen unsere zartesten Auffassungen des Rechts bekommen haben, legt kein Sündenbekenntnis ab und hat nach allem, was wir über ihn wissen, kein Bewusstsein von einem ihm anhaftenden sittlichen Mangel. Im Gegenteil, er fordert seine Feinde auf, ihn einer Sünde zu überführen, und ruft in Gegenwart seiner scharfsinnigsten und bittersten Gegner aus: „Wer von euch kann mich einer Sünde zeihen?" (Joh. 8, 46). Ja, er stellt da, wo er aus den geheimsten Tiefen seines Bewusstseins heraus redet (Matth. 11, 25 ff.; Joh. 17, 1 ff. etc.), sein inneres Leben als ein solches dar, das sich völlig in Harmonie mit jenem überaus heiligen göttlichen Willen befindet, zu dessen lebendiger Anerkennung er alle Menschen bringen wollte.

Nun ist es die Aufgabe der Leugner des Übernatürlichen, zu erklären, wie bei der Voraussetzung, dass er nur ein natürlicher Mensch war, es kam, dass er, umgeben von boshaften Feinden, deren jüdischer Scharfsinn gegen ihn vom Hass bis auf den feinsten Punkt geschärft war, sie herausfordern konnte, irgendwelchen sittlichen Makel an seinem Leben oder Charakter zu finden. Und der Unglaube muss weiter erklären, wie es doch wieder andererseits geschah, dass ein solcher Römer, wie Pilatus, und eine solche römische Matrone, wie des Pilatus Weib, und solch ein Mann des Blutes und Eisens, wie der römische Hauptmann beim Kreuze, alle gleichmässig sich gezwungen fühlten, die Anerkennung seiner Unschuld widerhallen zu lassen, die sogar seinen Mördern selbst abgerungen wurde. Als Letztes, obgleich nicht als Geringstes muss auch das erklärt werden, wie es kam, dass alle Versuche, ihn einer Sünde zu überführen, auf die zurückgeprallt sind, die einen solchen Versuch gemacht haben, und wie es weiter kommt, dass gerade dieser Anspruch auf Sündlosigkeit nur bei ihm fast allgemein als erlaubt betrachtet wird. Auch das vor allem fordert eine Erklärung, wie er, wenn er zugleich ein blosser Mensch und ein guter Mensch war, sich selbst als sündlos bezeichnen konnte. Dazu kommt, dass nach dem Zeugnis des Neuen Testaments dieser überragende Anspruch im vollsten Masse von denen anerkannt wurde, die zuerst an ihn glaubten. Wenn wir nun alles dies überblicken, so ist der einzige Schluss, zu dem wir nach einem Verlauf von neunzehn Jahrhunderten kommen können, dieser: die Schwierigkeiten, auf die wir stossen, wenn wir Jesus als blossen Menschensohn betrachten, sind weit grösser, als die Schwierigkeiten, die uns Bedenklichkeit verursachen, ehe wir ihn für den Sohn Gottes halten können.

7. Denn unsere Betrachtung ist noch nicht beendet. Das Problem verdichtet sich, indem wir vorwärtsschreiten.

Der Anspruch Christi geht nicht nur auf Sündlosigkeit, sondern auf göttliche Herrschaft. Er bezeichnete sich als einen König. Das „gute Bekenntnis", um die Worte des Apostels Paulus (1. Tim. 6, 13) zu zitieren, das Christus vor Pilatus ablegte, wurde ausgesprochen, als jener schlaue und stolze Römer „zu ihm sagte: „„So bist du dennoch ein König?"" und Jesus antwortete: „„Du sagst es [= ja], ich bin ein König"" (Joh. 18, 36f.). Als er sagte „mein (König)reich" (V. 36), da krümmte sich deutlich Pilatus, aber als er hinzufügte, dass seine königliche Sphäre die Wahrheit sei (V. 37), da können wir den Seufzer der Erleichterung belauschen, der sich mit dem Spott der Erwiderung des Pilatus vermischte. Er hatte ebensowenig einen Begriff von der Wirklichkeit und Weite dieses königlichen Reiches, wie ein Kind von der allgemeinen Verbreitung und Macht der Elektrizität.

Wir haben diesen Begriff aber seitdem bekommen, und Miss Cobbe ist sicher im Rechte, wenn sie sagt: „Lasst uns das Mass der Veränderung, die durch das Christentum in die Welt eingeführt worden ist, finden, dann werden wir zu gleicher Zeit den besten Massstab der Grösse Christi bekommen." Keine Probe kann richtiger sein, und das Ergebnis einer solchen Prüfung kann auch nicht besser ausgedrückt werden, als in den Worten eines Mannes, der ein solches Übergewicht über seinesgleichen erstrebt und erreicht hatte, wie wenige Herrscher auf Erden. Wir zielen auf folgenden Ausspruch Napoleons des Ersten: „Ich denke, ich verstehe etwas von der menschlichen Natur, und ich sage, alle diese — vorher charakterisierten Personen — waren Menschen, und ich bin ein Mensch, keiner sonst ist ihm gleich, Jesus Christus war mehr, als ein Mensch..... Christus allein ist es gelungen, den Geist des Menschen zum Unsichtbaren so zu erheben, dass er unempfindlich

wird für die Schranken der Zeit und des Raumes. . . . .
Er fordert das menschliche Herz, er will es ganz für sich
haben, er fordert es unbedingt und — seine Forderung
wird gewährt. Der Menschen Kräfte und Fähigkeiten
werden durch ihn eine Unterthanenschaft für das Reich
Christi. Diese Erscheinung übersteigt durchaus das Ziel
der schöpferischen Kräfte eines Menschen. Die Zeit, diese
grosse Zerstörerin, kann die Stärke dieser Erscheinung
weder erschöpfen noch ihrem Range eine Grenze setzen."

Aber wenn der Anspruch auf Sündlosigkeit sogar bei
den besten Menschen als eine sittliche Anmassung und
Unwahrheit anzusehen wäre, so könnte die Forderung und
Erwartung, als König in den Herzen und Gewissen der
Menschen zu herrschen, für nichts Geringeres als für Gotteslästerung gehalten werden. Mose wurde vor alters verurteilt, weil er sich in einem kritischen, aber gedankenlosen Augenblick Gott an die Seite stellte [vgl. Num. 20
10 f. 24; Deut. 32, 51; Ps. 106, 32 f.]. Einer wieviel stärkeren Gotteslästerung müsste jeder blosse Mensch schuldig
sein, der mit Überlegung und Nachdruck behaupten würde,
dass er und Gott eins seien [Joh. 10, 30], und dass für
alle Zeit die wahre Norm des treuen Rechtverhaltens gegen
das Göttliche diese sein sollte: „Wenn ihr mich liebet, so
haltet meine Gebote!" [14, 15]. Die Ansprüche Mohammeds,
die Vorschriften Buddha's, die Forderungen des Konfucius
erblassen neben jenem Anspruch. Und da soll Jesus ein
blosser Mensch gewesen sein? Wahrlich eine solche Behauptung beansprucht zu ihrer Billigung mehr Leichtgläubigkeit, als alle christlichen Wunder zusammen.

8. Die überwältigende Gewalt der vorher erwähnten
Schwierigkeiten, in die der Unglaube angesichts jener Ansprüche Christi gerät, erinnert uns an das, was uns oft in
einem verwilderten Labyrinth begegnet, in welchem der

Wanderer, nachdem er vergebens jeden scheinbaren Ausweg versucht hat, plötzlich auf einen vorher übersehenen Ausgang stösst, der ihn zuletzt ins Freie zu führen verspricht. Wie gross ist dann seine Enttäuschung, wenn er, nachdem er diesem Ausgang ganz nachgegangen ist, sich am Ende noch einmal an seinen ursprünglichen Platz im Labyrinth gebracht sieht! Dies ist unfraglich die Lage des Unglaubens, wenn er einen Ausweg aus den Schwierigkeiten sucht, die er sich selbst geschaffen hat, indem er kurzerhand die Möglichkeit, den Evangelien zu glauben, verneinte.

Der kürzeste Weg, der scheinbar dem Entweder-Oder des Zweifels entschlüpfen lässt, war die Weigerung, die Zuverlässigkeit der vierfachen Geschichte Christi und seines Werkes anzuerkennen, die wir als die vier Evangelien kennen. Dieses vierfältige Zeugnis ist ja auch thatsächlich der Tortur der Kritik unterworfen worden, und nachdem man viel hinzugethan und weggenommen hat, wird uns ein „Man weiss nichts Gewisses" präsentiert. Es ist beinahe bis zur Unmöglichkeit schwer, in wenigen Worten richtig die Folgerungen der extremen Schule der modernen Kritik in Bezug auf unsere Evangelien darzustellen. Aber wenn man über alle gegenseitigen Differenzen der einander bekämpfenden Theorien hinwegsieht, kann der Standpunkt dieser Kritiker in folgenden Hauptsätzen zusammengefasst werden: Die allererste Voraussetzung ist die, dass es nichts Übernatürliches geben könne. Daher können die Evangelien nicht von denen stammen, von denen sie selbst herrühren wollen. Dies führt zu dem Verdacht, dass sie nicht echt sein mögen. Weitere Untersuchung führt zu dem Ergebnis, dass das Johannesevangelium gänzlich unglaubwürdig ist. Weiter macht man die drei ersten Evangelien, die sogenannten „Synoptiker", zu Produkten von gänzlich unbekannter Urheberschaft und weist ihnen eine so späte Entstehungszeit zu, dass der geschichtliche Christus, der von vornherein nur ein origineller jüdischer Kleinstädter war, durch Mythen und haltlose Einfälle vom wunderlos wirkenden, natürlichen Lehrer der „dreifachen Überlieferung" in den mächtigen Vollbringer von Wundern, den übernatürlichen Christus, den auferstandenen Herrn umgebildet wurde.

Dem einfachen Leser wird die Frage des Nikodemus [Joh. 3, 9] „Wie mag solches zugehen?" auf den Lippen schweben. Und gewiss ist er zu dieser Frage berechtigt. Denn wenn vorausgesetzt wird, dass durch diesen Prozess das grosse Gespenst des Übernatürlichen beseitigt werde, so wird die Luft selbst sofort dick von gespensterhaften Fragen, die Beachtung und Beantwortung fordern, und sie alle tönen in die Hauptfrage zusammen, woher, wenn die Sache mit Christus so stünde, die S. 221 zitierten Beurteilungen Christi von seiten eines Strauss, eines Renan und anderer kommen. Die Antwort kann nur lauten: „Aus unseren Evangelien." — „„Aber unsere Evangelien schliessen ja sicher das Übernatürliche ein!"" — „Dann müssen die Teile, welche übernatürliche Thatsachen und Lehren behaupten, weggelassen werden." — „„Aber auf wessen Auktorität hin?"" — „Auf die Auktorität der subjektiven Fähigkeit des betreffenden Kritikers." — Das heisst in einfachem Deutsch: Was nach dem „Gefühl" des Kritikers echt und zuverlässig ist, darf angenommen werden, aber was nach seinem „Gefühl" verworfen werden muss, muss sofort und endgültig als unglaubhaft preisgegeben werden.

Nun liesse sich viel in Bezug auf das weite Auseinandergehen der Meinungen dieser Kritiker sagen. Dieses kommt eben davon her, dass man die subjektive Methode walten lässt. [Zusatz des Übersetzers: Diese innere Uneinigkeit der Evangelienkritik kann sie freilich nicht als eine vollständig unberechtigte erweisen. Denn man kann sagen, daß jede neue Untersuchung sich erst zur Klarheit hindurcharbeiten müsse. Nur soll damit durchaus nicht die Neigung mancher Kritiker zur Verwendung unzureichender Beweismittel und zu übertreibenden Folgerungen in Schutz genommen werden.]

Indes untersuchen wir lieber, ob sich denn kein klares Urteil über dieses Gemisch von Voraussetzung und Behauptung gewinnen lässt! Das Resultat ist: Gewiss, es giebt ein Mittel, das uns klar erkennen lässt, dass die Pflicht der Erklärung, die nach unserem obigen Nachweis dem Unglauben obliegt, auf dem zuletzt beschriebenen verzweifelten Ausweg unmöglich abgeschüttelt werden kann. Wir haben ja ein fünftes Evangelium, und dieses besitzt unanfechtbare Echtheit und stammt aus der frühesten Zeit, wie sogar auch von extremen Kritikern zugestanden wird. Dieses Evangelium besteht in den schon oben oft erwähnten „vier grossen Briefen" des Paulus an die Römer, die Korinther und die Galater. Diese verlangen also hier in diesem Zusammenhang eine nochmalige Berücksichtigung.

Nun ist es für jeden Leser im Übermasse deutlich, dass der Christus des Paulus in diesen seinen anerkannten Briefen kein anderer als der übernatürliche Christus der Evangelien ist. Alle Hauptzüge der Schilderung seiner Person, seines Charakters, seiner Lehre, seines Wirkens, seines Leidens und seiner Auferstehung, die uns aus den Evangelien entgegentreten, werden von Paulus in seinen Schreiben an seine verschiedenen Gemeinden in klarer Weise bestätigt und direkt behauptet. So haben wir viel mehr, als das Zeugnis des Paulus. Denn es ist einleuchtend, dass er in dieser Weise nicht an Gemeinden schreiben konnte, die noch nichts von den Gegenständen wussten, die da erwähnt werden. Seine Methode der indirekten Anspielung auf vergangene Ereignisse setzt unfraglich voraus, dass diese voneinander ganz verschiedenen und entfernten Gemeinden aufs genaueste mit einer gerade solchen Reihe von Thatsachen bekannt waren, wie sie in den vier Evangelien erzählt werden. Nun wurde der älteste von diesen vier Briefen (der Galaterbrief) sicher innerhalb zwanzig bis dreissig Jahren nach der Kreuzigung Christi geschrieben, und doch ersehen wir aus ihm, dass er eine als echt anerkannte Charakteristik Christi enthält, die in allen wichtigen Zügen der der Evangelien gleich ist. Da springt es in die Augen, wie bodenlos die Behauptung ist, dass das übernatürliche Element in der evangelischen Erzählung sich aus Mythenbildung erkläre. Die schneidigste Kritik kann nicht leugnen, dass viele Jahre vor dem frühesten Datum, das man dem geschriebenen Evangelium zuzuschreiben pflegt, in der ganzen Christenheit ebenderselbe Glaube an den übernatürlichen Christus verbreitet war, wie die Evangelisten ihn bezeugen. Die Evangelien sind also so wenig Produkte der Mythenbildung über Jesus, dass sie nur berichten, was von der ganzen damaligen Christenheit bereits einmütig angenommen war.

Alles, was von den äussersten Anstrengungen der zweifelnden Kritik geleistet worden ist, ist die **Erschwerung der Schwierigkeiten** für den das Übernatürliche leugnenden Standpunkt. Denn, wie gesagt, jene vier sogenannten Hauptbriefe des Paulus sind zwanzig bis dreissig Jahre nach der Kreuzigung Christi geschrieben. Nun leben ja um uns selbst herum Menschen, die mit Leichtigkeit sich an Ereignisse erinnern, die vor dreissig Jahren geschehen sind. An alle solche Personen kann appelliert werden, wenn es sich um die Frage handelt, welche Wahrscheinlichkeit oder vielmehr Möglichkeit bestand, dass *in einem solchen Zeitraum* ein blosser Mensch, der anscheinend als Übelthäter und Nichterfüller von Versprechungen in den Tod gegangen war, *ohne irgend einen Anlass* von Männern und Frauen aller Stände und Völker, die fast seine eigenen Zeitgenossen waren, als Auferstandener anerkannt und als „Gottessohn in Kraft" (Röm. 1, 3) verehrt worden wäre.

Man betrachte doch ein Beispiel aus der neueren Zeit! Ist es einem ergebenen Bewunderer des Charakters und der Laufbahn Napoleon Buonaparte's möglich, in einem Zeitraum von zwanzig bis dreissig Jahren seine Erinnerung mit einem Gestrüpp von wilden Einbildungen zu umgeben, die anerkannten Thatsachen widersprechen? Nein. Aber Whately hat in seinem kleinen Buch „Historic Doubts concerning Buonaparte" gut nachgewiesen, was das Ergebnis der durchgängigen Anwendung jener subjektiven Methode sein kann, welche die Seele der modernen Kritik geworden ist. Er hat dadurch vollkommen gezeigt, dass Napoleon niemals existiert hat. Über eine solche Schlussfolgerung lächeln wir selbstverständlich. Aber es muss offen behauptet werden, dass es nur einen Weg giebt, um den Fragen und Bedenken zu entrinnen, die von Whately angeregt worden sind. Dieser eine Weg besteht darin, dass man an die Erfahrung und das Zeugnis derer appelliert, die mit Napoleon verbunden waren und von seiner Laufbahn beeinflusst wurden. Genau auf demselben Wege aber befand sich die grosse Masse der ältesten Christen in Bezug auf das Leben und die Werke, den Tod und die Auferstehung Jesu Christi.

So steht es mit der das Übernatürliche leugnenden Kritik, wenn wir sie auf die sogenannten vier Hauptbriefe des Paulus zurückverweisen. Übrigens aber ist es keineswegs ausgemacht, dass die Beglaubigungsscheine unserer

Evangelien ganz des Vertrauens unwürdig sind. Das mit jedem Jahre sich erneuernde Durchsieben derselben neigt — langsam allerdings, aber wirklich — dahin, zu zeigen, dass ihre Zuverlässigkeit eher weniger als mehr in Frage zu stellen ist.

Es liegt also kein Grund dazu vor, dass wir unsere Darlegung der Schwierigkeiten, die der Unglaube hinsichtlich der Person und der Wirksamkeit und des Charakters Christi zu überwältigen hat, zurücknehmen oder auch nur ermässigen müssten. Denn wir haben solche zuverlässige Berichte von den Thaten und Aussprüchen Jesu, dass sie uns eine sichere Grundlage dafür geben, ihn nicht nur als äusserst gut zu bezeichnen, sondern auch seinem eigenen nachdrücklichen Anspruch auf übernatürlichen Ursprung und Macht zu vertrauen. Dieser Anspruch ist so beschaffen, dass, wenn das Gutsein Christi zugestanden wird, dann seine Wahrhaftigkeit mit Notwendigkeit folgt und das Übernatürliche ausser Frage gestellt ist. Wenn Christus nicht wahrhaftig sein soll, war er nicht gut. Die einzige haltbare Methode, einen Angriff auf das Übernatürliche zu machen, besteht darin, den Charakter Christi zu zerstören. Jesus muss *noch einmal gekreuzigt* und in eine noch schlimmere Schande gebracht werden, als die war, die man schon auf ihn zu laden versucht hat, ehe die übernatürliche Botschaft von Liebe und Wahrheit und Hoffnung, die er als „vollbracht" bezeichnet hat, in eine Täuschung hineingequält oder in einen Betrug verdreht werden kann.

VIII.

Das Gebiet des Geistigen.

Zwei Dinge, gestand Kant, flössten ihm eine überwältigende Ehrfurcht ein, nämlich „der sternenbesäete Himmel über ihm und das Sittengesetz in ihm". Diese Überzeugung wird von fast allen geteilt, die irgendwelchen Anspruch darauf machen, für nachdenkend gehalten zu werden. Wir haben nun auf den vorhergehenden Seiten gesehen, wie in Bezug auf das erste von jenen beiden Dingen es schlimmer als Thorheit ist, die ehrfurchtgebietende Grösse des körperlichen Universums dem blinden Zufall geistloser Entwickelung zuzuschreiben. So bleibt uns noch übrig zu zeigen, dass es eine ebensolche Sinnlosigkeit ist, aus der ebenerwähnten Quelle die Elemente des menschlichen Wesens herzuleiten, die uns von seinen erstaunlichen Anlagen und seiner auf Erden unvergleichlichen Würde überzeugen.

Unter den vielfachen Charakterzügen, die den Menschen so deutlich von der ihn umgebenden Tierwelt unterscheiden, überragen zwei Triebe des Menschen in Bezug auf allgemeine Verbreitung und Unausrottbarkeit alle übrigen. Diese beiden sind *das Streben, eine Gottheit zu verehren, und die Sehnsucht nach Unsterblichkeit*. Die zahllosen Bände, die über diese beiden Gegenstände geschrieben worden sind, haben das Material weder erschöpft noch sein Interesse vermindert. Wir richten unser Augenmerk jetzt aber nur auf einige springende Punkte. Während wir die verschiedenen Grade jener beiden Triebe, die beide oft in Dunkelheit verschleiert haben, voll anerkennen, sind wir bei unserer jetzigen Untersuchung ganz berechtigt, beide in ihrer höchsten und besten Erscheinungsform zu erfassen und so eine entsprechende Erklärung ihres Ursprungs und ihrer Entfaltung zu suchen.

I. Was zunächst *den Trieb, einer Gottheit zu huldigen*, anlangt, so bieten nach der Meinung des Verfassers zwei verschiedene Gegenstände auf einmal sich der Betrachtung dar. „Gottesdienst" scheint ihm stets ein Objekt und einen Einfluss desselben in sich zu schliessen. Denn einerseits bezieht sich die betreffende Art von Kultus immer auf das vorausgesetzte Wesen des Gottes oder der Götter, die angebetet werden, und andererseits muss immer eine bestimmte Wirkung auf die Gottesverehrer ausgehen, je nachdem der betreffende Glaube mit den ihn begleitenden gottesdienstlichen Gebräuchen erhebend oder erniedrigend ist.

Die vor uns liegende Aufgabe besteht also darin, zwei Dinge zu prüfen und zu entscheiden, nämlich *welche* Form der *Religion* es verdient, als *die höchste* bezeichnet zu werden und, wenn dies festgestellt ist, wie diese Religionsform auf Grund der naturalistischen Voraussetzungen zu erklären ist.

Herbert Spencer drückte sich nicht zu stark aus, wenn er sagte: „Eine unvoreingenommene Betrachtung zwingt uns zu dem Schlusse, dass die Religion, die uns überall als ein Einschlag begegnet, der sich durch das Gewebe der Menschheitsgeschichte hindurchzieht, eine ewige Thatsache ausdrückt." Aber so gewiss die Pflanzenwelt Früchte darbietet, die alle Stufen der Verschiedenheit von den heilsamen Getreidearten an bis zu den tödlichen Giften zeigen, so bringt die Welt der Religiosität ihre höheren und niedrigeren Vorstellungen von der Gottheit hervor, die Anbetung und Gehorsam fordert. Indes thatsächlich giebt es nur drei Formen der Religion, die mit dem Christentum vergleichbar sind, nämlich der Buddhismus, der Mohammedanismus und der Positivismus.

Was nun zunächst den Positivismus anlangt, so dürfen wir sicherlich uns die Mühe einer ausgedehnten Vergleichung ersparen, wenn wir die Worte zweier befähigter Beurteiler zitieren, die als Kenner der Religionsverschiedenheiten anerkannt werden und die bestimmt von jeder ungebührlichen Neigung zu Gunsten des christlichen Ideals frei sind.

Also in Bezug auf den Positivismus und den Gottesdienst, der von Comte eingerichtet wurde, sagt Huxley: „Gross war meine Betroffenheit, um nicht zu sagen meine Verstimmung, als ich das Fortschreiten dieses mächtigen [!] Erdensohnes in seinem Werk der Neubildung verfolgte. Unzweifelhaft ist Gott verschwunden, aber das neue, das allerhöchste grosse Wesen, ein riesenhafter Fetisch, nagelneu von Comte's eigenen Händen gedrechselt, hat an Gottes Statt die Herrschaft angetreten." — Ferner Sir James F. Stephen bemerkt mit Beziehung auf Herbert Spencers „Unkennbaren" und mit Vergleichung desselben mit der vergötterten Humanität Comte's: „Humanität mit einem grossen H ist weder besser noch schlechter geeignet, ein Gott zu sein, als das Unkennbare mit einem grossen U. Jedes von beiden ist eine dürre Abstraktion, ein toter Begriff." — Also sind die schneidenden Worte nicht unberechtigt, die William Arthur in Bezug auf die Definition der „Humanität" gebraucht, zu deren göttlicher Verehrung wir vom Positivismus aufgefordert werden. Er sagt: „Wir begannen mit einem Unbekannten, dem Inbegriff der vergangenen, gegenwärtigen und zukünftigen Menschen. Von diesem, so sagte man uns, sollten wir einen Unbekannten subtrahieren, den Inbegriff der nutzlosen Menschen. Zu dem Rest, dem dritten Unbekannten, sollten wir, wie man uns sagte, einen vierten Unbekannten, den Inbegriff hilfreicher Tiere, fügen. Vier Unbekannte machen aber nicht einen Bekannten aus. Die erste Gesamtsumme war eine Abstraktion, die davon abgezogene Summe war wieder eine Abstraktion, die dazu addierte Summe war gleichfalls eine Abstraktion, und das Resultat ist ein unbekannter Bruchteil von einer unerkennbaren Abstraktion. Dies ist das neue höchste Wesen, hervorgegangen aus Comte's geschwollenen Fehlgeburten und aus Frederic Harrison's überdreister Kühnheit. Das ist es, was Menschen, die den Anspruch erheben, über alles erhabene Denker zu sein, mit einer ernsthaften Miene unseren Seelen als den Hort ihres Vertrauens und den Quellpunkt ihrer Hoffnung anzubieten vermögen."

Ferner in Bezug auf den Buddhismus haben wir es hier nicht mit der umfassenden Zahl seiner Anhänger, oder der sittlichen Anziehendheit des Lebens von Gautama oder mit den verzweifelten Versuchen zu thun, die von modernen Lehrern, von Max Müller abwärts, gemacht worden sind, die Geschichte Christi aus buddhistischen Legenden herzuleiten. Wir würdigen hier nur das Wesen und Objekt des Gottesdienstes als eines allgemein menschlichen Triebes. Wenn wir in dieser Beziehung den Buddhismus untersuchen, so finden wir es beinahe unmöglich, seine Grundsätze zu charakterisieren. Denn einerseits ist es wahr, was Dr. Reynolds bemerkt hat, dass „der Buddhismus in einem erstaunlichen Grade die Gedanken beschäftigt, die Spekulation angeregt und in einem gewissen Masse das Sehnen der Menschheit befriedigt hat", aber andererseits ist es ebenso Thatsache, dass, von seiner pessimistischen Weltanschauung und seiner Lehre von der Willensunfreiheit samt seinem schauervollen Versinken in das Nichts (Nirvana) ganz abgesehen, der höchste Gegenstand seiner Frömmigkeit nur Verwirrung und Widerspruch ist. Im wesentlichen ist der Buddhismus agnostisch [s. o. S. 4], insofern er ursprünglich behauptet, dass „ein ungeheurer Kreis von Ereignissen, nicht ein Wille oder eine Ursache, das Weltall hervorgebracht haben" (The Yasomitra, zitiert von Burnouf). „Die buddhistische Theorie vom Weltall," sagt Dr. Reynolds mit Recht, „ist diese, dass es ein ungeheures Aussätzigenhaus bildet, durch welches ohne Verlöschen die Flamme jeder verschlingenden Sehnsucht und schrankenlosen Selbsttäuschung hindurchrauscht." Der südliche Buddhismus hat an dieser grässlichen Auffassung festgehalten, aber in Nepal, Tibet, China, Japan und der Mongolei sind Veränderungen in der Richtung auf die Annahme lebender Gottheiten beobachtet worden, die zum Teil auch die Formen gewisser Trinitäten angenommen haben. In Bezug auf die älteste von diesen, Wadschrapani, Mandschusri und Awalokiteswara, bemerkt der bekannte Sachkenner Rhys Davids: „Diese Wesen und ein oder zwei weniger auffallende Bodhisatwa's [„zukünftige menschliche Buddha's" nach Chantepie de la Saussaye, Lehrbuch der Religionsgeschichte § 76] waren in der Praxis zu Göttern geworden, und es braucht nicht hervorgehoben zu werden, wie vollständig ihre Verehrung der ursprünglichen Lehre Gautama's entgegengesetzt war, die nichts von Gott wusste, vielmehr lehrte, dass Arahat's (heilige Menschen) besser, als Götter, seien, und keine Form des Gebets anerkannte. Der Name Awalokiteswara, welcher „der Herr, der von der Höhe herabsieht" bedeutet, ist eine rein metaphysische Erfindung."

Es bedarf keines Kommentars, um den Unterschied zu betonen, der zwischen dieser Auffassung vom Ursprung und der Einrichtung des Weltalls und der christlichen Lehre von Gott besteht. Die einfache und doch erhabene

Auffassung „Gott ist Geist, Licht, Liebe" [Joh. 4, 24; 1 Joh. 1, 5; 4, 16] ist ebenso weit von dem ursprünglichen Agnostizismus und den späteren Gotterfindungen des Buddhismus entfernt, wie sie geistig und logisch über die lächerlichen Selbstwidersprüche des Positivismus erhaben ist.

Was den Mohammedanismus anlangt, so liegt die Sache etwas anders. Hier sind folgende Worte des bekannten Kenners Sir William Muir ganz zutreffend: „Es kann keine Frage sein, dass es dem Islâm mit seinem reinen Monotheismus und einem Gesetzbuche, das in der Hauptsache auf Gerechtigkeit und Menschlichkeit begründet ist, gelingt, solche Völker auf eine höhere Stufe zu erheben, die, wie die in Centralafrika, in Bilderverehrung und Fetischismus versunken sind, und dass er in mancher Hinsicht, hauptsächlich in Bezug auf Mässigkeit, thatsächlich die Sittlichkeit solcher Völker verbessert." Aber mag auch seine Lehre von Gott als dem höchsten Gegenstande der Verehrung sich über die vom Positivismus auf den Gottesthron gesetzte Humanität und über die philosophisch-abstrakten Trinitäten des Buddhismus erheben, so steht sie doch unermesslich tiefer, als die Lehre Christi. Mit Recht sagt auch in dieser Hinsicht der vorhin zitierte Sir William Muir: „Während der Qor'ân Gott als den Schöpfer, Beherrscher und Erhalter der Welt, den Vergelter von Gutem und Bösem und den Erhörer des Gebets darstellt, erkennt er ihn nirgends als einen Vater, geschweige denn als den Vater unseres Herrn Jesu Christi."

Die beste und höchste Vorstellung des Moslem in Bezug auf Gott ist die, dass er eine alles beherrschende, manchmal wohlwollende, immer schreckliche Macht ist. Ein solcher Gedanke, wie er so oft und nachdrücklich von Christus ausgesprochen worden ist, nämlich „Der Vater selbst liebt euch" oder „Wer mich siehet, der siehet den

Vater" oder „Also hat Gott die Welt geliebt, dass er seinen einziggeborenen Sohn dahingab, auf dass alle, die an ihn glauben, nicht verloren gehen, sondern das ewige Leben haben" [Joh. 16, 27; 14, 9; 3, 16], liegt dem unbeugsamen Monotheismus des Islâm so fern, wie der Charakter Jesu selbst in jeder Hinsicht dem des arabischen Propheten überlegen ist. In der That drückt sich über den Charakter Mohammeds T. P. Hughes nicht zu stark aus, wenn er bemerkt: „Wir folgen dem selbstgeschaffenen Propheten in seiner selbstbehaupteten Mission von der Höhle zu Hira bis zu der Schlussszene, wo er inmitten der Klagerufe seines Harems und der Beteuerungen seiner Freunde stirbt. Da ist es, wo der göttliche und heilige Charakter Jesu vor unseren Blicken sich erhebt, und der forschende Geist krank wird, wenn er daran denkt, dass der liebreiche, reine, demütige Jesus dem ehrgeizigen, sinnlichen, den Zeitverhältnissen dienenden Helden Arabiens so oftmals den Platz räumen muss" (Notes on Muhammadanism, p. 7).

Es ist hier unnötig, diese Vergleichung weiter zu verfolgen. Wenn auch in aller Kürze, so ist doch schon hinreichend dargelegt worden, dass der reinste und erhabenste Gegenstand des Gottesdienstes dem Menschengeschlecht unfraglich durch die Lehre Christi und seiner Apostel vor Augen gestellt worden ist. Die Idee von einem Gott, der nicht nur der Schöpfer des All, sondern auch der ewige Vater ist, der zugleich unendlicher Geist und auch Licht und Liebe ist, das ist die erhabenste und am stärksten begeisternde Gottesidee, die jemals den Geist des Menschen beschäftigt oder sein Herz durchzuckt hat.

Aber es ist offenbar unmöglich, den Kultus irgend einer Religion von deren Einfluss auf den Charakter und das Leben ihrer Anhänger zu trennen. Welche Ideale des Verhaltens werden von den einzelnen Religionen aufgestellt? Dies ist die Frage, die immer erhoben und beantwortet werden muss, wenn wir den verhältnismässigen Wert der menschlichen Glaubensformen würdigen wollen. In dieser Beziehung hat das Christentum gleich von seinem Anfang an eine Vergleichung mit allen andern Religionen herausgefordert.

Was das Lebens- und Charakterideal des Christentums anlangt, so dürften die Zeugnisse von Ungläubigen, die oben S. 206 f. zitert worden sind, wohl ausreichen. Aber das Neue Testament ist der beste Zeuge des Christentums. Denn nicht bloss das ist wahr, was John Stuart Mill gesagt hat, dass „einige Vorschriften Christi mehrere Arten der sittlichen Güte auf eine vorher unerreichte Höhe emporhoben", sondern auch das ist wahr, dass das christliche Gesamtideal in ein einziges Wort zusammengefasst werden kann, nämlich in den Ausdruck *„Gemeinschaft mit Gott"*, und zwar mit dem Gott, den Christus in seiner Antwort auf des Philippus Aufforderung: „Herr, zeige uns den Vater!" enthüllte. Die Antwort Christi lautete bekanntlich: „Ich und der Vater sind eins", „Bleibet in mir wie ich in euch!" [Joh. 14, 9; 10, 30; 15, 4]. Und dass die reinste und erhabenste Auffassung des geistigen Lebens nach Christi Meinung unauflöslich mit dem entsprechenden praktischen Verhalten verbunden sein soll, davon legen alle seine Worte und ebenso die der Apostel ein überwältigendes Zeugnis ab. Die Welt der Moral darf sicherlich aufgefordert werden, eine Parallele zu solchen sittlichen Programmen aufzuweisen, wie sie im zwölften Kapitel des Briefes an die Römer, oder im vierten Kapitel des Epheserbriefs, oder im dritten Kapitel des Kolosserbriefs, oder im ganzen ersten Johannesbrief vorliegen.

Wenn man ferner fragt, ob auch die Thaten diesen

Idealen entsprechen, da braucht man mit der Antwort nicht zu zögern. Die Inkonsequenzen christlicher Gläubigen sind allerdings weder wenig noch klein gewesen, und darüber ist von alten und neuen Zweiflern eine volle Schale der Verurteilung ausgegossen worden, mochten diese Verletzungen des christlichen Ideals von Einzelpersönlichkeiten oder von Nationen begangen worden sein. Dabei wird aber gewöhnlich die Thatsache übersehen, dass je mehr den Christen eine Inkonsequenz nachgewiesen wird, desto mehr dies zur Ehre des Ideals gereicht, das sie nicht zu erreichen vermocht haben. Je schwärzer der Schatten, desto heller ist stets das Licht, das ihn wirft. Die ganze Wahrheit kann, um noch einmal das Buch „Ecce Homo" zu zitieren, kaum besser ausgedrückt werden, als in den folgenden Worten: „Wie Liebe Gegenliebe wachruft, so haben manche es möglich gefunden, eine Anhänglichkeit an Christus zu hegen, deren Innigkeit mit Worten zu schildern unmöglich ist, ihm eine Verehrung zu bezeigen, die den Menschen so in Besitz nimmt und verzehrt, dass sie gesagt haben: „„Ich lebe nicht mehr, sondern Christus lebet in mir"" [Gal. 2, 20]. Nun, eine solche Liebe entzündet mit Notwendigkeit auch das Gefühl der Liebe gegen alle andern menschlichen Wesen. Es kommt da nicht mehr darauf an, was für Menschen das sind, ob liebenswürdige oder unliebenswürdige. Als die Brüder Christi, als zu seinem geheiligten und geweihten Geschlecht gehörend, als die Gegenstände seiner Liebe im Leben und Tod, müssen sie allen lieb sein, denen er lieb ist."

Ja, wenn wir eine recht vollständige Liste derer, die an Reinheit und Adel des Charakters in der Geschichte des neunzehnten Jahrhunderts hervorgeragt oder während dieses Jahrhunderts den stärksten Einfluss auf die höchste Wohlfahrt der Menschheit ausgeübt haben, aufstellen wollten, so würden die grosse Mehrzahl von Namen in jedem Gebiete des menschlichen Lebens entschieden christliche sein. Und könnte überhaupt jemand gefunden werden, der dem Werk und Einfluss Christi wirklich gar keinen Dank schuldig wäre? Übrigens ist es, obgleich es als ein Vorurteil angegriffen werden kann, wahrscheinlich ganz wahr, dass noch jetzt, inmitten aller Unruhe und alles Kampfes unserer vorgeschrittenen Civilisation, das „Salz der Erde" und „das Licht der Welt" diejenigen sind, die auf jeder Lebensstufe unaufhörlich darnach streben, ihren ganzen Charakter und ihr ganzes Verhalten so zu gestalten, als wenn sie immer vor den Augen des lebendigen „Gottes und Vaters unseres Herrn Jesu Christi" stünden.

Die Einwirkung, die das Christentum auf die gesellschaftlichen Einrichtungen der Menschheit und auf die Völkerverhältnisse weithin ausgeübt hat, will auch in volle Erwägung gezogen sein. Dies ist freilich ein zu umfassendes Thema, um hier erschöpfend behandelt werden zu können. Aber ein Blick darauf kann, wenn er auch nur die Umrisse berührt, doch sorgfältig und zuverlässig sein. Dies wenigstens ist möglich.

Sogar Voltaire sagte, dass die staatliche Einführung der Gottesleugnung ein Missgriff sein würde, der mit einer weisen Regierung unverträglich wäre. Kein Land hat die Wahrheit dieses Satzes in tragischerer Weise veranschaulicht, als sein eigenes Vaterland. Die französische Geschichte während der nächsten Zeit nach 1789 ist ein lebendiger Kommentar zu Frederic Harrisons Bekenntnis: „Die, welche lehren, dass die Zukunft auf Wissenschaft und Civilisation aufgebaut werden kann, versuchen es, eine Pyramide aus Ziegeln ohne Stroh zu bauen" (Nineteenth Century, April 1877).

Es ist auch durch die vergangene Geschichte der

menschlichen Gesellschaft nichts in mehr mitleiderregender und ausgedehnter Weise bewiesen worden, als dies, dass „die menschliche Natur kein so gelehriges und intellektuelles Ding ist, dass sie durch feine Gedanken gesittet gemacht werden könnte, und auch die menschliche Gesellschaft lässt sich nicht durch reine Ideen leiten." Ja, auch die Moral ist nicht ausreichend, das menschliche Leben zu leiten, ehe sie in die Gefühle der Demut, der Anbetung und der Gemeinschaft mit einer allesbeherrschenden Vorsehung übergeleitet ist, die die wahren Kennzeichen der Religion bilden."

Wo aber ist dieser moralisch-religiöse Einfluss auf die menschlichen Gesellschaftsverhältnisse lebendig gewesen ausser wo das Christentum gewirkt hat? Denn es darf nicht vergessen werden, was Seeley im Vorwort zu seinem Buche „Ecce Homo" schreibt: „Die Atmosphäre Europas ist seit fünfzehn Jahrhunderten mit christlichen Prinzipien gesättigt worden. Christliche Einflüsse liegen in der Luft. Sogar unser Begriff von Tugend ist christlich. Der herrschende Ton, die Neigung zu urteilen und die Ausdrucksweise, kurz alle Begleiterinnen der Tugend, sind durch die Erziehung der christlichen Kirche dargeboten worden." Dies wird auch noch durch einen ganz unvoreingenommenen Zeugen bestätigt. Professor Goldwin Smith sagt: „Der Fortschritt geht mit dem Christentum Hand in Hand. Ausserhalb der Grenzpfähle des Christentums herrscht Stillstand. Auch Japan hat seine neue Civilisation an einer Glühkohle vom Herde des Christentums entzündet." Dieses Urteil wird mit Berücksichtigung des Islâm durch die gewichtigen Worte solcher Sachkenner, wie Sir William Muir und T. P. Hughes, bekräftigt. Der erstere sagt: „Aber wenn der Islâm die — in Bilderdienst und Fetischismus etc. (s. o. S. 246) versunkenen — Völker bis zu einem gewissen

Punkte erhoben hat, lässt er sie da stehen. Weder in weltlichen noch in sittlich-religiösen Dingen giebt es einen Fortschritt." Hughes aber bestätigt dieses Urteil mit folgenden Worten: „Trotz seines hübschen Scheins von äusserlichem Pflichteifer und trotz seiner strengen gesetzlichen Forderungen giebt es im Islâm etwas, was sogar die Wurzeln der Moral verletzt, was das häusliche Leben vergiftet und im wahrsten Sinne des Wortes die menschliche Gesellschaft zersetzt. Die Freiheit des Urteils ist zermalmt, und eine Schranke ist nicht nur gegen das Fortschreiten des Christentums, sondern gegen das Weiterschreiten der Civilisation selbst aufgerichtet. Für jede Erscheinung in Religion, Gesetz, Leben und Denken ist für alle Zeit das Mass festgesetzt. Der Mohammedanismus lässt keinen Fortschritt in Sitte, Gesetz oder Verkehr zu. Er wirkt keine Erneuerung des Menschen und ist ebenso kraftlos in Bezug auf eine Wiedergeburt der Nation."

Es ist ja eingestandenermassen eine starke Ausdrucksweise, wenn man sagt: „Wie weit auch immer die Auflehnung gegen die Kirche sich verbreitet haben mag, sie darf trotzdem noch die Moral-Universität der Welt genannt werden, — nicht nur die grösste, sondern die einzige grosse Tugendschule, die existiert" (Vorrede zu „Ecce Homo", small edition, p. XVII). Aber Professor Seeley war keineswegs ein Ritter für Orthodoxie und gab gute Gründe für seine Behauptungen. Sein Bekenntnis, dass „das Leben nach den Prinzipien der Wissenschaft weniger edel, als das christliche Leben ist, und dass „es besser ist, ein Bürger im Neuen Jerusalem, als in Neu-Athen zu sein", mag ja für die gegenwärtige Generation besonders schwer zu begreifen sein, aber ein Urteil aus solchem Munde kann nicht des blinden Eifers angeschuldigt werden. Ohne aber nun noch weiter auf die geistige Überlegenheit des Christentums eingehen zu wollen, zitieren wir nur noch ein Urteil aus einer Quelle, die unanfechtbar sein dürfte. Der Verfasser des Buches „A candid Examination of Theism" ist zuletzt zu folgender Einsicht gelangt: „Auf allen Seiten (blökende Ignoranz oder Grundgemeinheit ausgenommen) wird anerkannt, dass die Umwälzung, die vom Christentum im menschlichen Leben hervorgerufen worden ist, an keiner geschichtlichen Bewegung ein Seitenstück besitzt. Weder Philosophie noch Wissenschaft noch Poesie hat jemals im Gebiete des Denkens oder Verhaltens Resultate hervorgebracht, die in irgend einem Grade mit den Wirkungen des Christentums verglichen werden können. Nur einem Menschen, der für geistliches Empfinden gar keinen Sinn hat, kann es entgehen, dass das Christentum die grossartigste Ausstellung des Schönen, des Erhabenen und alles dessen, was zum geistlichen Wesen des Menschen spricht, ist, die auf Erden je bekannt geworden ist" (Romanes, Thoughts on Religion, p. 159).

Woher also kommt diese Weltanschauung, die das Denken der Menschen völlig über sich selbst hinaushebt, dieses Lebensideal, das mehr als eine andere menschliche Philosophie darnach strebt, unsere Erde zu einem Himmel zu machen? Keine klarere oder wahrere Antwort kann gegeben werden, als die des Apostels Paulus: „Christus ist mein Leben" [Phil. 1, 21; Gal. 2, 20; Röm. 14, 8 f. etc.]. So völlig besitzt die ganze Gestalt des christlichen Denkens und Lebens in Christo ihr Centrum, dass es kaum eine Redefigur, sondern vielmehr eine lebendige Wahrheit ist, wenn man sagt: Christus ist das Christentum. Dafür legt das ganze Neue Testament ein unmissverständliches Zeugnis ab. Sogar wenn wir hinsichtlich der Person und des Charakters Jesu Christi uns nur auf das oben (S. 221 f.) zitierte Urteil hervorragender

Ungläubiger beziehen, so ist die Anerkennung unvermeidlich, dass dieser Jesus, den sie bewundern und verehren helfen müssen, selbst darauf bestanden hat, dass die Nacheiferung seiner Nachfolger so innerlich und völlig sei, dass seine Beziehung zu ihnen nur mit seinen eigenen Worten „Bleibet in mir, wie ich in euch!" [Joh. 15, 4] ausgedrückt werden kann. Diese Worte gehören zu seinen letzten Äusserungen, auf die durch die Nähe der dunklen Stunde des Verrats ein besonders ergreifender Nachdruck gelegt wird. Die in jener Ermahnung verborgene Verheissung wird anderwärts klar in den Worten: „Und ich, wenn ich erhöhet werde von der Erde, werde alle Menschen zu mir ziehen" [Joh. 12, 32]. Dies ist auch wirklich durch die Jahrhunderte hindurch geschehen. Es kann kein Zweifel sein, dass das Kreuz Christi, durch das Licht des Auferstehungsmorgens umstrahlt, „die Kraft Gottes zur Beseligung" [Röm. 1, 16] war, welche die Apostel selbst fühlten und worauf ihre ganze Zuversicht beruhte. Dem gewöhnlichen Hinweis auf die Mängel und Thorheiten von Christen muss aber die unzweifelhafte Thatsache gegenübergestellt werden, dass Tausende und aber Tausende menschlicher Seelen, deren Trefflichkeit keinen Geschichtsschreiber auf Erden gefunden hat, Christus fest als ihren Heiland und Meister geliebt haben und sozusagen Miniatur-Christen für die sie umgebende Generation gewesen sind.

So dürfen wir denn also mit den ältesten Zweiflern fragen: „Woher hat dieser Mann solche Weisheit und solche mächtige Thaten?" [Mark. 6, 2]. Wie geschieht es — wenn das Übernatürliche als etwas Unzulässiges ausgeschaltet werden soll —, dass die reinste, erhabenste, geistigste Auffassung Gottes, die Menschen bekannt ist, zugleich mit einem moralischen und geistlichen Impuls, der seinesgleichen nicht in der Weltgeschichte besitzt, von den Lippen eines ungelehrten jüdischen Handwerkers ausgehen sollte, der von Aberglauben und blindem Eifer umgeben war? Wie ist es gekommen, dass die höchste Philosophie der Moral, die je die Menschheit bewegt hat, dass der machtvollste Impuls zur Rechtschaffenheit von selbst vor etwa neunzehn Jahrhunderten von den geistig beschränktesten Religionsfreunden in einer Periode ihrer ausgesprochensten Entartung ausging? Wenn das alles in der That so zugegangen ist, dann ist das Christentum mit seiner ganzen vergangenen Geschichte und seinem gegenwärtigen Einfluss wahrhaftig ein viel erstaunlicheres Wunder, als jemals eines anerkannt worden ist.

II. Es giebt indes noch eine andere Erwägung, die mehr Beachtung verdient, als ihr oft geschenkt wird. Eine der stärksten apostolischen Äusserungen hat den Inhalt, dass „wenn wir nur in diesem Leben auf Christum hoffen, wir die elendesten unter allen Menschen sind" [1. Kor. 15, 19]. Die wohlbekannten Worte, die darauf folgen, enthalten die beste Darlegung der Beziehung der christlichen Lehre zu der grossen Frage von der Unsterblichkeit des Menschen. Über dieses umfassende Thema hat sich eine ganze Literatur von den ältesten menschlichen Berichten bis zur Gegenwart aufgehäuft. Der Wert dieser Literatur muss anderswo gewürdigt werden. Wir haben es hier nur damit zu thun, zwei grosse Thatsachen anzuerkennen und zu erklären, nämlich das Sehnen und Fragen der Menschheit nach Unsterblichkeit und die christliche Antwort darauf.

1. Die Stärke des Sehnens nach Ewigkeit und des Glaubens an eine Fortdauer des Daseins nach dem Tode sind im menschlichen Wesen seit unvordenklicher Zeit überaus deutlich. Die Versuche, diese Thatsache auf ein

Minimum herabzudrücken oder gar zu leugnen, sind wirklich nicht wert, erörtert zu werden.

Dr. Tylor ist ganz im Rechte, wenn er bemerkt: „Blickt man auf die Religion der niedrigststehenden Rassen, so werden wir wenigstens nicht übel beraten sein, wenn wir die Lehre vom zukünftigen Leben der Seele als eines ihrer allgemeinen und hauptsächlichen Elemente ansehen." Auch zwei andere grosse Sachkenner bestätigen dies. Renouf sagt: „Ein Glaube an die Fortdauer des Lebens nach dem Tode und die Beobachtung religiöser Gebräuche, die auf diesem Glauben beruhen, kann in jedem Teile der Welt, in jedem Zeitalter und unter Menschen von jedem Grad und jeder Art der Kultur beobachtet werden." Sodann Alger schreibt: „Der Glaube der Menschheit, dass eine Seele oder ein Geist den Körper überlebt, ist so fast allgemein verbreitet gewesen, dass er wie das unwillkürliche Ergebnis eines Triebes erscheint."

In den Berichten der Akkadier [oder Sumerier, der älteren Bewohner Babyloniens], der Ägypter, Babylonier, Assyrer, Perser etc., um von den Völkern des ferneren Ostens nicht zu sprechen, liegt eine Fülle von Beweis für die Richtigkeit der soeben zitierten Behauptungen vor. Das Zeugnis der jüdischen Geschichte ist gleichfalls ein thatsächliches, obgleich unbestimmteres, und gipfelt in dem mehr ausgesprochenen Unsterblichkeitsglauben der sogenannten Apokryphen. Das Zeugnis der Griechen ist allzu gut bekannt, als dass es Belege forderte. Aus dem Herzen der römischen Civilisation erklärte Cicero: „Nach der übereinstimmenden Meinung aller Nationen behaupten wir die fortdauernde Existenz der Seele."

Steigen wir endlich zur Gegenwart herab, so dürfen die Stimmen unserer eigenen Nation wohl als für die übrige Menschheit gültig aufgefasst werden. Es waren auch

Dr. Liddon's glühende Worte (in seinen „University Sermons") nicht übertrieben, wie alle wissen, die viel mit den arbeitenden Klassen verkehrt haben. Nämlich er sagt: „Setzt diesen, den leidenden Klassen, auseinander, dass ihr auf die Auktorität dieses Anatomen oder jenes Arztes die Unsterblichkeit aufgegeben habt, und ihr werdet auf eine Überzeugung stossen, deren Stärke und Majestät ihr nicht vermutet. Jene Masse unerklärlichen Leidens wird rund um sich auf die vielen blicken, die „in kein Unglück wie andere Leute geraten und nicht wie andere Menschen geplagt sind" und doch nichts thun oder sind, was eine solche Ausnahmestellung verdienen könnte. *Jene Masse unerklärlichen Leidens wird empor zu jenem Himmel blicken, in welchem Gott herrscht, verborgen zwar durch die Wolken seiner undurchdringlichen Vorsehung, aber in sich ewig und unveränderlich gerecht.* Endlich nach einem Augenblick schrecklicher Unterbrechung wird jenes Leiden euch ins Gesicht sehen, um euch zu sagen, dass euer Unglaube in Bezug auf die Unsterblichkeit unmenschlich ist. Jenes Leiden wird euch sagen, dass es eine Ewigkeit geben muss, wenn es auch sogar zu ehrlich und zugleich zu demütig sein sollte, mit dem Psalmisten hinzuzufügen: „„Wenn mir gleich Leib und Seele verschmachtet, bist du doch, Gott, allezeit meines Herzens Trost und mein Teil"" [Ps. 73, 26].

Dieser nur lallende, aber unauslöschliche Glaube ist von zahlreichen Schriftstellern betont worden. Aus ihrer Reihe mag Dr. Momerie herausgegriffen werden, der da schreibt: „Wenn diese Welt ein in sich vollständiges System sein soll, wenn aber auf dieses Leben kein anderes folgen soll, wenn Hoffnungen in uns geboren werden, nur um vernichtet zu werden, eine Sehnsucht entstand, nur um niedergeschmettert zu werden, Wesen geschaffen wurden, nur um zerstört zu werden: dann ist der Urheber der Natur entweder sehr gottlos oder sehr schwach. Gott und Unsterblichkeit stehen und fallen miteinander." [Zusatz des Übersetzers: Da ist nicht auf die Willensfreiheit der Menschen Rücksicht genommen. Für die Gestaltung der von Menschen abhängigen Verhältnisse ist nicht Gott verantwortlich zu machen.]

Woher aber stammt dieses unausrottbare [und nicht notwendig mit solchen falschen Folgerungen verknüpfte] Sehnen des Menschen nach einer künftigen Vollendung, nach einem jenseitigen Aufschluss über die Rätsel des Diesseits? Kann es sich — unverursacht und ungeleitet — aus einem uranfänglichen Feuerdunst entwickelt haben? Kann die Sache sich so verhalten, wie Fiske in „Man's Destiny" (p. 117) behauptet, dass „in einer gewissen Periode der Entwickelung des Menschengeschlechts dieser göttliche [!] Funke hinreichende Konzentration und Festigkeit erlangte, dass er die Zerstörung der materialen Formen überlebte und für immer blieb"? Dann ist die „Konzentration und Festigkeit" ohne jene göttliche Leitung unbegreiflich, die eingestandenermassen übernatürlich ist. Oder darf man sagen: „Ein solches — die Menschheitsentwickelung — krönendes Wunder erscheint mir nur als die höchste Staffel für ein schöpferisches Wirken, das auf allen seinen tausend Stufen unaussprechlich schön und erstaunlich gewesen ist"? Das heisst, sich auf ein bestimmtes Prinzip der unbeeinflussten Entwickelung berufen, deren Hervorgehen aus einem ewigen Chaos ohne Leitung eines höchsten Verstandes einfach undenkbar ist. Nein, wenn dieses unausrottbare Sehnen der menschlichen Seele, welches alles Höchste und Edelste im Menschengeiste in sich schliesst, von nichts weiter als einem zufälligen Zusammenprall von Atomen ausgegangen sein soll, dann haben wir ein Wunder über alle Wunder anzunehmen.

Übrigens ist während der letzten Jahre die Wissenschaft selbst zu einem Gefühl für die ungeheure Wichtigkeit dieses Gegenstandes erwacht. Was „verborgene Erscheinungen" genannt zu werden pflegt, wird nicht mehr verachtet und den träumerischen Mystikern des Ostens überlassen, sondern in den Bereich der kühleren Analyse und der strengeren Logik der westlichen Wissenschaftler gebracht. Der Spiritismus und andere verwandte Erscheinungen, die ihr Interesse unfraglich von den in ihnen geltend gemachten Enthüllungen über einen andern Zustand des menschlichen Daseins herleiten, sind jetzt der unbestechlichen Prüfung von Gelehrten unterworfen worden, die in der Gesellschaft für Seelenforschung gut vertreten sind. Einige von ihnen sind nun sogar kühn genug, dass sie den Anspruch erheben, einen „wissenschaftlichen Beweis für das zukünftige Leben" geliefert zu haben. T. J. Hudson schreibt unter diesem Titel: „Bei dem Nachweis der Thatsache eines zukünftigen Lebens habe ich einfach die geistige Organisation des Menschen in ihre einzelnen Faktoren zerlegt und gezeigt, dass schon nach dessen körperlicher, intellektueller und seelischer Struktur und Organisation kein anderer Schluss logisch haltbar ist, als dass er für ein zukünftiges Leben bestimmt ist" (Preface, p. 8). [Man vergleiche auch z. B. Otto Flügels Büchlein über „Die Seelenfrage mit Rücksicht auf die neuere Wandelung gewisser naturwissenschaftlicher Begriffe" (Cöthen bei Schulze) und „Die persönliche Unsterblichkeit" (2. Aufl., Langensalza bei Beyer und Söhne).]

2. Das ist aber noch nicht alles, was gesagt werden kann. Der christliche Glaube bietet eine bestimmte und nachdrückliche Antwort auf jene sehnsuchtsvolle Frage der Menschenseele. Und es giebt gewisse unmissverständliche Merkmale dieser Antwort, die sie als eine solche

charakterisieren, die in der Religionsgeschichte der Menschheit absolut einzigartig dasteht. Die christliche Hoffnung auf Unsterblichkeit ragt nämlich durch folgende fünf Merkmale hervor.

a) Durch ihren Ton der Bestimmtheit. Freilich findet es niemand fraglich, dass der fromme Moslem fest glaubt, dass, wenn er im Kampfe für seinen Glauben stirbt, seine zukünftige Seligkeit sicher sei. Aber sein Glaube ist ganz subjektiv und besitzt absolut nichts zu seiner Gewährleistung, ausser dem Wort des Propheten, der, selbst wenn er von seiner besten Seite beurteilt wird, ebenso hilflos und unwiderruflich wie die übrigen Menschen starb. Aber die christliche Gewissheit beruht nicht auf einer blossen Behauptung, sondern auf der Bestätigung des Zeugnisses Christi durch die Thatsächlichkeit seiner eigenen Auferstehung von den Toten. Die siegreiche Fahne des Christentums weht von diesem Felsen her. Denn wir haben oben (S. 149 ff.) gesehen, dass die Leugnung der Auferstehung Christi grössere Wunder in sich schliesst, als ihre Anerkennung.

b) Ferner zeichnet sich die christliche Unsterblichkeitshoffnung durch ihre Einfachheit aus. Man halte sie doch neben die Zukunftsverheissung des Islâm oder des Buddhismus, welche auch in dieser Hinsicht die zwei Glaubensrichtungen sind, die einer Vergleichung mit dem Christenglauben wert erscheinen. Es ist wahr, dass es in der neutestamentlichen Apokalypse viele merkwürdige Darstellungen von himmlischen Dingen giebt; aber dieses ganze Buch besitzt so handgreiflich eine bildliche Ausdrucksweise, dass der Verstand eines Kindes kaum dazu verleitet werden könnte, die Aussagen jenes Buches für buchstäbliche Behauptungen über die thatsächliche Zukunft zu halten. In der gesamten Lehre Christi und seiner Apostel giebt es aber nichts, was der „Brücke von *Sirat*" oder den acht Abteilungen der himmlischen Seligkeit oder den sieben Himmelsgewölben entspräche. („*Sirat* ist nämlich eine Brücke, über die alle am Tage des Gerichts hinüberschreiten müssen. Von ihr wird gesagt, dass sie sich über die Mitte der Hölle ausspanne und schärfer als die Schneide eines Schwertes sei. Beim Überschreiten derselben werden die Füsse des Ungläubigen ausgleiten und er wird in das Höllenfeuer fallen, aber die Füsse des Moslem werden fest sein und ihn sicher in das Paradies hinübertragen" (Hughes, Notes on Muhammadanism, p. 90). — Die Bezugnahme des Paulus auf den „dritten Himmel" [2. Kor. 12, 2] ist deutlich [?] eine rhetorische Ausdrucksweise und besitzt nicht mehr lehrhafte Bedeutung, als die Aussage, dass er „den Herrn dreimal angefleht hat" [2. Kor. 12, 8], oder die Bemerkung, dass die Vision des Petrus „zu dreien Malen geschah" [Apostelgesch. 10, 16].)

Was die buddhistische Lehre vom Nirwana anlangt, so darf man kühnlich behaupten, dass bis zu dieser Stunde niemand wirklich weiss, was es sein soll. Die tüchtigsten Sachkenner der orientalischen Vorstellungswelt widersprechen sich in der Deutung des Nirwana direkt, und manche sagen sogar, dass „Buddha nichts Positives über ein zukünftiges Leben sagte, weil Kenntnisse über diesen Gegenstand nicht die Heiligkeit eines Heiligen fördern könnten". Es wird sicherlich lange dauern, ehe ein gewöhnlicher okzidentalischer Verstand fähig sein wird, das zu fassen, was nach Max Müller der Sinn von „Nirwana" ist, der in dem Buche Maitreyopanischad vorliegt, nämlich ein „Aufgehen in das höchste Sein, über das hinaus es weder ein Sein noch ein Nichtsein giebt".

c) Die christliche Unsterblichkeitshoffnung ist ferner nicht weniger durch die von ihr behauptete Stärke des individuellen Charakters der zukünftigen Existenz ausgezeichnet. Hierin trifft sie mit dem Qor'ân zusammen, unterscheidet sich aber ebenso von den dunklen Nebelgebilden des älteren Buddhismus wie den luftigen Nichtsen neuerer philosophischer Theorien. — Inwiefern die buddhistische Lehre vom „Karma"[1]) die Fortdauer der persönlichen Identität ein-, oder ausschliesst, muss der Erörterung der Spezialisten überlassen bleiben. Aber sehen wir zu, wie Le Gallienne sich über den Glauben eines modernen Schriftstellers ausspricht: „Wir hören oft die Leute sagen, dass die Persönlichkeit etwas so kostbares sei, dass ohne deren Fortdauer nicht einmal das geringste Geschöpf seinen Platz mit dem höchsten vertauschen möchte. Darüber kann ich nur sagen: das ist gar zu närrisch. Unser Kleben an der persönlichen Identität ist eine Täuschung. Wir lieben sie in Wirklichkeit nicht so sehr, wie wir uns einbilden. Was wir lieben, ist das Leben selbst, und was kommt darauf an, ob wir wieder in unserer gegenwärtigen Individualität, oder in einer neuen leben? Nach dem Eintauchen in Lethe's Fluten werden wir gar kein Bewusstsein von der Verschiedenheit haben. Dass wir irgendwo in einer gewissen Fortdauer unserer Eigenschaften und Kräfte leben sollen, ist gewiss. Soviel wenigstens von Unsterblichkeit ist uns sicher" (Religion of a Literary Man, p. 48. 55).

Der Mensch, der in diesem dampfenden Gedankengemisch einen Trost finden kann, muss in der That eine mikroskopische Sehkraft besitzen. Damit verglichen, ist die christliche Hoffnung so stärkend, wie die Bergluft für einen Menschen ist, der darnach gestrebt hatte, in einem

---

[1]) [„Die das Einzelleben absolut bestimmende Macht heisst Karma" (Chantepie de la Saussaye, Lehrbuch der Religionsgeschichte § 73).]

luftleeren Raume zu atmen. Ein Ausspruch, wie dieser „So sollen wir denn ein jeder Rechenschaft von sich geben vor Gott" [2. Kor. 5, 10 etc.], enthält mehr gewichtige Wahrheit, als ganze Bände von solcher literarischen Nebelhaftigkeit.

d) Ebensowenig lässt sich das höhere Niveau in Frage stellen, das der christlichen Hoffnung vom Standpunkt des sittlichen Adels aus zukommt. Niemand, der mit der Geschichte Mohammeds bekannt ist, kann den sinnlichen Charakter des von ihm versprochenen Paradieses bezweifeln. Eine Durchsicht von Sure 55, 56 und 76 wird dies vollständig beweisen. In Bezug auf die Neigung mancher Schriftsteller, diese moslemischen Anschauungen von einem sinnlichen Himmel als rein bildliche zu deuten, hat T. P. Hughes mit der Auktorität eines Sachkenners bemerkt: „Alle moslemischen Theologen haben eine buchstäbliche Deutung von diesen sinnlichen Freuden gegeben, und es ist für jeden ehrlichen Geist unmöglich, den Qor'ân und die Überlieferungen zu lesen und zu einem andern Urteil über den Gegenstand zu gelangen" (Notes on Muhammadanism, p. 93).

Neben diesen Gemälden leuchtet die christliche Auffassung des Himmels wie ein heller Frühlingstag nach einem düsteren Winternebel. Und so ist es nicht nur deshalb, weil alle sinnlichen Zugaben zur Seligkeit fehlen, wie ja Christus selbst gesagt hat: „Sie werden weder freien noch sich freien lassen" [Matth. 22, 30]. Es ist auch positiv eine solche moralische und geistliche Entfaltung in Aussicht gestellt, dass wir Gott ähnlich sein werden (1 Joh. 3, 2).

e) Diese Wertschätzung der christlichen Seligkeitshoffnung wird eher noch gesteigert, als vermindert, wenn wir die merkwürdige Zurückhaltung beachten, die von den christlichen Schriften über viele von den Fragen beobachtet wird, die uns gerade am meisten interessieren. Die realistischen Einzelzüge, die das Wesen der bezaubernden Schilderungen eines Dante ausmachen, die unheimlichen Neuigkeiten, die den modernen Spiritismus in starres Staunen versetzen, die verwickelten Probleme betreffs einer materiellen oder immateriellen persönlichen Identität des irdischen und himmlischen Menschen, die für den Mann der Wissenschaft alle andern Erwägungen in den Hintergrund drängen, — alle diese Dinge glänzen in der christlichen Unsterblichkeitshoffnung nur durch ihre Abwesenheit. Sie schweigt auch über tausend Fragen, die sogar der fromme Glaube gern über das Jenseits vorlegen möchte, und über die dunkleren Geheimnisse, die nur durch eine zuverlässige Äusserung hinter dem Schleier des Jenseits eine Enthüllung finden können. Dies ist sicherlich nicht die Art, auf die falsche Orakel sich kenntlich machen oder ihre Tempel bauen, wie die Geschichte aller andern Religionen überreichlich bezeugt.

So werden wir also wieder zu der Frage getrieben: Woher kann diese einzigartige und unmissverständliche Antwort auf den menschlichen Sehnsuchtsschrei gekommen sein, der sich weder durch Spott zur Ruhe verweisen noch durch gütliches Zureden beschwichtigen lassen will? Diese absolute Sicherheit betreffs der allgemeinen Thatsache des Fortbestehens der menschlichen Existenz, diese zarte Einfachheit, die das Herz des Bauern ebenso tröstet, wie das des Philosophen, diese offene Versicherung, dass die Individualität, die unser ganzes inneres Bewusstsein zusammenfasst, nicht wie der Tropfen im Ocean verloren gehen soll, diese unvergleichliche Erhabenheit der Moral und der geistlichen Erwartung, diese undurchdringliche und würdevolle Zurückhaltung — wie kann dieser wundervolle Strauss von zartblühenden Blumen, deren Duft unsere Ewigkeitshoffnung nährt, entstanden sein?

Mit überwältigender Macht drängt sich uns die Gewissheit auf, dass diese christliche Unsterblichkeitshoffnung nicht von selbst aus dem blossen Menschenwesen entsprungen sein kann. Wir besitzen in Fülle Proben von dem, was sich aus einer solchen Quelle entwickeln kann. Es ist nicht zuviel gesagt, wenn man meint, dass die oft zitierten Worte Hamlets „zu sterben — zu schlafen; zu schlafen — vielleicht zu träumen!" das Höchste und Reinste über das jenseitige Dasein ausdrücken, was das blosse menschliche Denken erreichen kann. Unzweifelhaft spricht aus diesen Worten das menschliche Wesen in seinen besten Tönen, — aber es war nicht unbeeinflusst vom Christentum.

Die christliche Unsterblichkeitshoffnung kann auch nicht aus dem Judentum hergeleitet werden. Was das Alte Testament an Spuren der Hoffnung auf ein jenseitiges Leben bietet und was in den apokryphischen Schriften sich darüber findet, kann nicht mit der neutestamentlichen Gewissheit eines zukünftigen Herrlichkeitsreiches verglichen werden, die auf der Thatsache der Auferstehung Christi ruht.

Woher also kommt diese vollkommenste Antwort auf das sehnsuchtsvolle Fragen des Menschen, die den Beifall auch der grössten Geister unseres Geschlechts besitzt? Kann sie etwa von selbst aus einem abergläubischen Gemisch von Selbsttäuschung und Betrug gekommen sein, das nach der Hypothese der Leugner des Übernatürlichen die Grundlage des Christentums gebildet haben soll? Wenn es so wäre, dann würde dies ein solches Wunder sein, dass es alle Wunder in den Schatten stellen müsste, die auf den Blättern des Neuen Testaments dem Einfluss des Übernatürlichen zugeschrieben sind.

Man darf auch endlich das nicht übersehen, was Hudson in „Scientific Demonstration of a Future Life" (p. 326) bemerkt: „Die neuere Wissenschaft über die Menschenseele enthüllt die gleiche Bestimmung des Menschen zum unsterblichen Dasein, die Jesus ans Licht brachte, und stellt mit ihm gleiche Bedingungen auf, unter denen man sich dieses Daseins erfreuen soll. Diese Wissenschaft enthüllt auch ein vollkommenstes Mittel, um sich der Belohnungen teilhaftig zu machen, die von der christlichen Religion für ein wohl verwendetes Leben in Aussicht gestellt werden, und um den Strafen zu entgehen, die für Laster und Verbrechen in notwendiger Übereinstimmung mit den Thaten folgen müssen, die im diesseitigen Leben gethan worden sind. Überdies lässt die Wissenschaft ihre Enthüllungen gerade an dem Punkte aufhören, wo auch Jesus abbrach. Er gab uns eine Zusicherung über ein zukünftiges Leben, und die Wissenschaft bestätigt seine Worte. Er sicherte uns reiche Belohnungen im zukünftigen Leben für Wohlverhalten in diesem zu, und die Wissenschaft enthüllt in uns die Fähigkeit, uns dieser versprochenen Belohnungen zu erfreuen. Über das hinaus waren Christi Lippen versiegelt. Über das hinaus kann auch die Wissenschaft nicht vordringen."

Wie also kam es zu einer so merkwürdigen Wechselbeziehung zwischen dem hohen und unausrottbaren Sehnen des Menschengeschlechts und der zarten und doch glorreichen Genügsamkeit der Hoffnung des Evangeliums Jesu Christi? Ist es psychologisch begreiflich, dass solche über das menschliche Denken hinausgehende Wechselbeziehungen durch Zufall zu stande gekommen sein sollen? Nein, wenn man noch einmal einen vergleichenden Blick auf die andern Darstellungen des jenseitigen Lebens wirft und das bedenkt, was von der Zeit der Verfasser des Neuen Testaments „natürlicherweise" zu erwarten gewesen wäre: dann ist man wohl berechtigt, hier die folgenden Worte aus

„The Unseen Universe" (p. 271) zu zitieren: „Die jetzt so hoch entwickelte Wissenschaft ist, anstatt den Ansprüchen des Christentums sich entgegenzustellen, in Wirklichkeit die wirksamste Fürsprecherin für sie, und die Aufgabe, zu zeigen, wie die ersten Christen eine Darstellung des ungesehenen Universums erlangten, die sich von jeder andern Lehre über das Weltall unterscheidet und der Auffassung der modernen Wissenschaft ähnlich ist, legt sich auf die Schultern der Gegner des Christentums."

Werfen wir also einen Blick auf die Ergebnisse dieser achten Untersuchung zurück, so können wir sie kurz so darstellen.

Wir fanden zuerst das unausrottbare Streben des Menschengeistes, einem Weltbaumeister zu huldigen. Dieses Streben findet seine erhabenste Befriedigung im Christentum. Der christliche Glaube bietet, um nur die Worte des bekannten Professor Romanes zu wiederholen, „die grossartigste Ausstellung des Schönen, Erhabenen und alles dessen, was unser geistliches Wesen anspricht, die je auf Erden bekannt geworden ist". Und dieses alles soll nun ganz und allein von einem unentwirrbaren Knäuel von Ignoranz, Aberglaube, Täuschung und Albernheit ausgegangen sein.

Was ferner die Wirkung anlangt, die das Christentum auf seine Anhänger ausübt, so sagt der eben zitierte Autor über dasselbe: Mag es wahr oder unwahr sein, gewiss ist es, dass weder die Philosophie noch die Wissenschaft noch auch die Poesie je solche Wirkungen auf das Denken und Verhalten ausgeübt hat, die in irgend einem Grade mit denen des Christentums verglichen werden könnten. Was hat alle Wissenschaft oder alle Philosophie der Welt für das Denken der Menschheit geleistet, das der Wirkung des einzigen Satzes „Gott ist die Liebe" gleich käme?

Wie sehr endlich die christlichen Ideen über die Unsterblichkeit denen aller andern Religionen und Gedankensysteme überlegen sind, ist soeben entfaltet worden.

Die Gegner des Übernatürlichen müssen demnach folgende Behauptungen wahrscheinlich machen: 1) Die reinste und erhabenste Idee von Gott, die in der Welt bekannt geworden ist, das einfachste und doch erhabenste Ideal der Gemeinschaft und Ähnlichkeit mit ihm entstand von selbst in der Brust eines ungelehrten, fanatischen, wenn nicht gar betrügerischen Juden, inmitten der Umgebung von Pharisäern und Sadduzäern, und zwar zu der Zeit, wo diese in geistlicher Hinsicht am niedrigsten standen. — 2) Das Ideal menschlicher Gemeinschaft, welche die zarteste, wirksamste und umfassendste von allen ist, nämlich das einer echten geistlichen Bruderschaft, aufgebaut auf der Liebe zu einem unendlichen Vater und daher unbeschränkt durch Rasse, Himmelsstrich oder Nationalität, stammt von einem galiläischen Zimmermann, der in einem verachteten Bezirk der kleinsten, exklusivsten und fanatischsten Nation lebte, deren unausrottbarer Stammesstolz gerade zu jener Zeit nur durch die Waffengewalt Roms gedämpft war. — 3) So war demnach das Evangelium, dessen wahres Wesen in Freiheit und Brüderlichkeit zwischen allen Menschen der Welt besteht, aus einer Gemeinschaft hervorgegangen, deren Glaube die Erhabenheit über alle andern Völker zu seiner Grundlage hatte. — 4) Auch die Unsterblichkeitsideen des Christentums mit aller ihrer Zartheit und Würde, ihrer Erhabenheit und Zurückhaltung, wie diese ihre Vorzüge auch von ungläubigen Religionsgeschichtsforschern anerkannt werden, haben also ihren Ausgangspunkt im blossen Menschengeiste eines niedriggeborenen Juden, der trotz seiner Versprechungen, dass er wieder auferstehen werde, hilflos dem Tode überlassen blieb, und dessen Schüler doch wieder trotzdem — ohne Ursache — aus ihrer Zaghaftigkeit in einem gewissen Zeitpunkt zum Heroismus des Glaubens übergingen und als Zeugen einer Auferstehung, die nie geschehen sein soll, für den religiösen Glauben, die brüderliche Liebe und eine beseligende Hoffnung selbst bis zum Märtyrertod gekämpft haben!

Es mag Geister geben, denen alle diese Schlussfolgerungen, wie dieselben sich von dem naturalistischen Standpunkt aus unvermeidlich ergeben, als leicht glaubhaft erscheinen. Aber für den gewöhnlichen Verstand, der mit den gewöhnlichen Gesetzen der Logik arbeitet, muss eine klare und starke Überzeugung entstehen, dass, wenn jene Dinge hätten geschehen können, alle Zeichen und Wunder der christlichen Geschichte in völlige Unbedeutendheit versinken. Denn betreffs der christlichen Wunder kann nur geltend gemacht werden, dass sie über unsere jetzige Fähigkeit der Wahrnehmung hinausgehen, aber sie widersprechen nicht unserer Vernunft. Wenn sie auch für unsere menschliche Erfahrung befremdend sind, so sind sie mit höheren Zielen verbunden, die sie unseren moralischen Ideen empfehlen. Sind sie auch übernatürlich, so sind sie dies nur in dem Sinne, dass sie Erweiterungen unserer Kenntnis dessen, was natürlich ist, liefern, aber nicht Widersprüche zu dem wirklich allgemeinen und Göttlichen enthalten.

Aber keine von diesen Erwägungen kann zu Gunsten der Wunder geltend gemacht werden, zu deren Annahme die Voraussetzungen des modernen Naturalismus hintreiben. Diese Wunder sind in Wirklichkeit einfache Widersprüche zu den Prinzipien des Denkens, die so sicher wie unser eigenes Bewusstsein sind. Sie sind ferner ganz ziellos, indem sie die blosse Laune eines geist- und herzlosen

Zufalls darstellen, der für dieses gegenwärtige Dasein in eine schmerzliche Täuschung und für irgend eine spätere Existenz in eine ungemilderte Hoffnungslosigkeit ausmündet.

Will man also diesen naturalistischen Annahmen Beifall spenden und die christlichen Überzeugungen verwerfen, so heisst das noch einmal „Mücken seihen und Kamele verschlucken".

Schluss.

Auf den vorhergehenden Seiten haben wir einen raschen Streifblick auf die Schwierigkeiten geworfen, die dann entstehen, wenn das Übernatürliche in verschiedenen Gebieten des Denkens und Seins geleugnet wird. In jedem einzelnen Falle könnte dieser Streifblick zu einer langausgedehnten Betrachtung erweitert werden. Aber auch schon durch das, was vorgelegt worden ist, dürfte die Einsicht ermöglicht worden sein, welche Schwierigkeiten entstehen, wenn nach der modernen Gewohnheit die alles wegfegende Verneinung des Übernatürlichen als eine leichtbekömmliche Arznei für die von Bedenken beschwerten Geister angepriesen wird. Ein solcher Ratschlag entfernt nur einen Maulwurfshügel, bringt aber eine Lawine ins Rollen.

Dies sind aber noch nicht alle Seiten des Thatbestandes. Vielmehr ist noch zwei Gegenständen eine abschliessende Betrachtung zu widmen.

1) Wir haben gesehen, wie jedes der verschiedenen Gebiete des Naturwissenschaftlichen, des Geschichtlichen, des Psychologischen etc. uns Thatsachen darbietet, die eine Erklärung fordern. Dabei muss aber die Eigenart jeder einzelnen Klasse von Thatsachen stets im Auge behalten werden. Die einzelnen Gruppen sind nur darin gleich,

dass sie gleichmässig real sind. Es bleibt also die Aufgabe des Ungläubigen, die Versuche, die verschiedenen Gruppen von Thatsachen zu erklären, in innere Harmonie zu bringen. Sonst kann keine nachhaltige Überzeugung gegen die Realität des Übernatürlichen begründet werden.

Nun ist nur eine sehr geringe Bekanntschaft mit der einschlägigen Literatur nötig, um einzusehen, wie wenig sich in ihr eine solche Harmonie findet. Die Vertreter des Zweifels haben es auch immer vorgezogen, nur die leichtere Aufgabe des Niederreissens ins Auge zu fassen. An die schwere, aber ebenso notwendig zu lösende Aufgabe des positiven Aufbaues einer befriedigenden Weltanschauung haben sie sich sehr selten gewagt. Z. B. der Verfasser des vor wenigen Jahren soviel Aufsehen erregenden Werkes „Supernatural Religion" giebt uns nach seinem ganz eingehenden Versuch des Niederreissens nur folgenden Schlusssatz als seinen Beitrag zur positiven Erlösung, Hoffnung und Tröstung der Menschheit: „Jenes geheimnisvolle Unbekannte und Unerkennbare [siehe darüber oben meinen Zusatz, S. 120] ist keine grausame Dunkelheit, sondern einfach ein undurchdringlicher Abstand, in den wir unmöglich einen Blick werfen können, der aber keine zu Recht bestehende [d. h. von den Voraussetzungen des Agnostizismus (s. o. S. 4) beherrschte] Spekulation ausschliesst und keine vernünftige Hoffnung verbietet." Das ist mager genug, und übrigens, wenn „das geheimnisvolle Unbekannte" auch „unerkennbar" sein soll, woher weiss dann der Verfasser, dass es „keine grausame Dunkelheit" ist?

Also wenn wir auch die einzelnen Erklärungsversuche, die von Ungläubigen gemacht worden sind, anerkennen könnten, so erwüchse uns wieder eine neue Schwierigkeit daraus, alle Versuche untereinander in Harmonie zu bringen.

2) Es würde schlimmer als bloss nutzlos sein, wenn wir versuchen wollten, die ganze Skala der Zwietracht, die uns aus den vielen Erklärungsversuchen entgegenkreischt, gehörig zu würdigen. Aber der Umstand, dass, wenn die christliche Erzählung zum Schweigen verurteilt wird, dann ein ganzer Chor von Widersprüchen seine Lippen öffnet, darf wenigstens nicht ganz übersehen werden.

Worin sie übereinstimmen, ist nichts weiter als ein Echo jenes Geschreies „Kreuzige ihn, kreuzige ihn!", das sich einstmals aus dem wilden Getümmel hervorrang. Es ist der Ruf „Weg mit dem Übernatürlichen!" Leider beruht gerade dieser Ruf auf einer unbewiesenen Voraussetzung.

Die Bekämpfer der biblischen Weltanschauung sehen ja immer die *gewöhnliche* Erfahrung als die einzige an. Dies hat auch Lias in seiner Schrift „Are Miracles Credible?" (p. 13) gut hervorgehoben.

So sinkt der „grosse" Einwand dahin, der, wie man sagt, sich gegen das übernatürliche Element der Evangelien erhebt.

3) Die moderne Abneigung gegen das Übernatürliche [besser: *Aussergewöhnliche*] kann nichts aufhellen, kann keine Begeisterung einflössen, nichts für die Zukunft in Aussicht stellen. Die letzten Untersuchungen der neuesten Wissenschaft bringen uns nur bis an den Rand „einer grossen Kluft, die befestigt ist" [vgl. Luk. 16, 26], an dem auch der kühnste Bannerträger der modernen Forschung sich hilflos dem Jenseits gegenübersteht sieht. Es ist noch heute ebenso wahr, wie vor etwa dreitausend Jahren, die „verborgenen Dinge gehören dem Herrn, unserem Gott, und die offenbarten Dinge uns und unseren Kindern" (Deut. 29, 28). Von allen diesen „verborgenen Dingen" hat der ausdauernde Fleiss unserer modernen Forschung

nicht eins der Hand des Allmächtigen entreissen können. Wie die Entwickelung einzutreten begann, wie das Organische aus dem Unorganischen hervorging, wie das Lebendige aus dem Leblosen entsprang, wie die höheren Organismen entstanden, wie das Bewusstsein und die Vernunft samt der Anlage für das Sittliche und Geistliche zum Körperlichen hinzutrat, über das alles belehrt uns die neuere Wissenschaft nicht mehr, als die ersten Kapitel der Bibel.

„Leben" mag, wie Herbert Spencer behauptet, die „bestimmte Verbindung verschiedenartiger Veränderungen sein, die sowohl gleichzeitig als auch nacheinander eintreten in Wechselbeziehung zu äusserlichen gleichzeitig existierenden Erscheinungen und Folgen." Aber wenn es so ist, dann wissen wir, nachdem es so genau vor uns definiert worden ist, weniger über dasselbe, als zuvor. Es war der verstorbene Dr. Carpenter, der mit einer Auktorität, die er sich sicherlich verdient hatte, behauptete, wir wüssten nicht nur noch nicht, sondern würden wahrscheinlich auch niemals erkennen, wie eine einzige Drüse oder Zelle im ganzen menschlichen Körper ihre bestimmte Funktion leistet. Dass wir leben, empfinden wir sicher, aber etwas Weiteres wissen wir nicht (vgl. Lionel S. Beale's „Life Theories and Religious Thought" und „Protoplasm"). Dass das Gehirn arbeitet, haben wir genug Grund zu glauben, aber wie seine letzten Moleküle, die eingestandenermassen materiell sind, die immateriellen Ideen und Gefühle, die wir Bewusstsein nennen, hervorbringen, das geht ebenso weit über unsere moderne Erkenntnis hinaus, wie die Differentialrechnung über die Fassungskraft eines Wilden. Niemand kann erklären, wie es zugeht, dass die schwarzen Zeichen auf dem weissen Blatte, die von der Letter des Buchdruckers auf dieser Seite gebildet werden, augenblicklich zu Vorstellungen des Verstandes werden. Sogar der verstorbene Professor Clifford erkannte an, dass, wenn diese wunderwirkenden Moleküle unseres Gehirns etwa sechzigmillionenfach vergrössert werden könnten, so dass wir sie in ihrer vollsten thatsächlichen Arbeit beobachten könnten, wir noch ebenso weit wie je von dem Geheimnis entfernt sein würden, das wir so gern begreifen möchten. Jedes Mal, wenn der Schrei eines Kindes an das Ohr einer besorgten Mutter schlägt, legt die Liebe, die auf den vernommenen Laut hin sich im Mutterherzen regt, der Wissenschaft das völlig unlösbare Problem vor, wie das Unkörperliche durch das Körperliche zum Dasein gebracht werden kann. [Man vergleiche auch oben S. 79 ff., 118—120!]

Allerdings Haeckel behauptet in seinem Buche „Die Welträtsel" (1899): „Es ist eine unentbehrliche [!? begründete] Annahme der natürlichen Entwickelungstheorie [S. 299], dass die erste Entwickelung der lebendigen Zelle eine Wirkung des Kohlenstoffs ist [S. 293. 297]. Das soll einfach durch Zufall geschehen, ohne irgendwelche Einwirkung von aussen, abgesehen von dem, was er „das Substanzgesetz" nennt, was aber [nur eine von ihm selbst angenommene, nicht bewiesene Fähigkeit der Materie ist, nämlich deren angebliche Fähigkeit zur ursprünglichen, unveranlassten Bewegung und zur Hervorbringung der ganzen Weltentwickelung bis zum bewussten Menschen herauf (S. 245—266)]. Er sagt auch ganz einfach so: Die Monere ist der individualisierte primitivste Organismus, hervorgehend aus Verbindungen des lebenden Plasma, das „aus anorganischen Kohlenstoffverbindungen" entspringt [S. 298].

Eine solche Behauptung besitzt wenigstens das Verdienst, deutlich zu sein. Aber die Stärke einer Kette bemisst sich nur nach ihrem schwächsten Gliede. Hier ist nun ein solches Glied, woran die Stärke dieser „monistischen Philosophie" — nicht Naturwissenschaft —, die Haeckel gleich nach dem Titelblatte seines Buches vortragen will, gemessen werden kann. Denn die sogenannte „monistische" Weltanschauung, die, weil sie die Existenz eines Weltendenkers von vornherein ausgeschlossen hat, *in diesem Sinne* eine „einheitliche" ist, muss zu allererst dies beweisen, dass das Organische aus dem Unorganischen, das Leben aus dem Leblosen hervorgegangen ist.

Ist es aber nötig, Tyndall aus dem Grabe zu rufen, um die Stellung der modernen Wissenschaft zu dieser Frage zum Ausdruck zu bringen? Sind die Namen von Pasteur, Drysdale, Dallinger, Roskoe, Kelvin, Beale und vielen anderen, die alle jenen Übergang verneinen, für nichts zu achten? [Vergleiche auch oben S. 55 f. etc.] Auf jeden Fall wird hier eine starke Bestätigung des von uns oben ausgesprochenen Satzes geliefert, dass die Anerkennung eines Weltgeistes unvermeidlich ist. Denn die Frage ist nur die, ob Gott als der Urheber des Lebensanfanges betrachtet werden soll, oder ob dieser neue Anfang von dem Kohlenstickstoff geleistet werden ist. Nun stimmt aber die moderne Wissenschaft darin überein, das der Kohlenstickstoff diesen Übergang vom Leblosen zum Lebendigen nicht auf natürliche Weise bewirken kann. Ein wohlbekannter Naturforscher sagt darüber: „Neues Leben wird nicht in Abwesenheit aller lebendigen Substanzen erzeugt, wenigstens nicht in einer Welt, wie die unserige ist." Dass nun einem welterhabenen Geistwesen die Hervorbringung wunderbarer Vorgänge [besser: die aussergewöhnliche Beeinflussung des gewöhnlichen Verlaufs der Ereignisse] möglich ist, wird allgemein zugestanden (s. o. S. 118 f.). Aber dass der Kohlenstickstoff, ohne Anregung und Leitung durch eine überragende Macht und einen überragenden Verstand, das Leben hervorbringen konnte, ist nicht bewiesen und nicht denkbar. Folglich müssen wir auf Grund der einfachen Prinzipien der Logik den Glauben an die Existenz eines Gottesgeistes gegenüber Haeckel in Schutz nehmen.

Folglich hat auch Haeckel nicht die oben erwähnten Weltprozesse erklärt, und doch besteht in der Erkenntnis gerade dieser Dinge das Wesen wirklicher Erkenntnis, weil sie die Quelle und den Zusammenhang des Einzelnen betreffen. Jedenfalls gilt folgendes. So lange die Wissenschaft nicht diese Geheimnisse uns entschleiern kann, so lange ist es völlig unberechtigt, das *Übernatürliche auf Grund seiner Unbegreiflichkeit* zu verwerfen.

So oft also die Weltauffassung, die jetzt als „Naturalismus" bekannt ist, anmassend genug wird, sich zu rühmen, dass er bei völliger Ausschliessung alles Übernatürlichen eine vollständige Theorie vom Universum bieten könne, so muss auf einen dreifachen Mangel dieses Naturalismus hingewiesen werden: seine intellektuelle Unfähigkeit, die die Vergangenheit betreffenden Probleme zu lösen, die wirklichen Erscheinungen der Gegenwart zu erklären und in Bezug auf die Zukunft etwas anderes zu thun, als die menschlichen Bestrebungen zu vernichten.

Auf allen Seiten von überwältigender Erhabenheit und zarter Schönheit umgeben, von einer wohlthätigen Fülle umflossen, die in erstaunlicher Weise den menschlichen Bedürfnissen angepasst ist und in ihrem Reichtum alle unsere — mit Mikroskop und Spektroskop bewaffnete — Wahrnehmungsfähigkeit übersteigt, — kann der sogenannte „Naturalismus" [besser die Gewöhnlichkeitstheorie] keine andere Erklärung betreffs der Quelle und Entstehung aller dieser Dinge geben, ausser dass sie sich von selbst *durch Zufall,* durch einen Prozess, der sich selbst bestimmte, aus uranfänglichen Atomen entwickelt hätten, die sich selbst veranlasst hätten, die „Manufaktur-Artikel" zu werden, als welche die Wissenschaft sie anerkennen müsse. Zu Gunsten dieser unlogischen Behauptungen verwirft man von diesem „naturalistischen" Standpunkt [richtiger: der Gewöhnlichkeits-Vergötterung] aus, die Aussagen der Zeugen Christi, die es trotz Schmach und Tod nicht lassen konnten, von dem zu reden, was sie gesehen und gehört hatten (Apostelgesch. 4, 20; 5, 29).

Schon aus rein logischem Bedürfnis wenden wir uns daher zur Thatsächlichkeit und Wirksamkeit des Übernatürlichen zurück, wie es im christlichen Gottesglauben angenommen wird. Weder durch Verhöhnungen noch durch Verdrehungen kann die Vernünftigkeit seiner Grundlagen erschüttert werden. Je gründlicher die Untersuchung ist, mit der diese geprüft werden, desto fester und klarer wird die Überzeugung, dass „wir nicht schlau ersonnenen Fabeln gefolgt sind" [wie wieder Haeckel (Die Welträtsel, S. 376—380) sie im Christentum zu finden wagte], indem wir den Christus der Evangelien als den Heiland der Welt anerkennen. Dann befinden wir uns vielmehr auf der Bahn zu jenem fernsten Ziele der menschlichen Gewissheit, die von Robert Browning in seiner Dichtung „A Death in the Desert" so trefflich mit folgenden Zeilen besungen worden ist:

> I say, the acknowledgment of God in Christ
> Accepted by thy reason, solves for thee
> All questions in the earth and out of it,
> And has so far advanced thee to be wise.

> [Den Weltengott in Christo zu erkennen,
> Wie es Vernunft dich lehrt, das löset dir
> Die Fragen, die im Herzen brennen,
> Und hilft dir weise sein. Das glaube mir!]

Die einzige Waffe, die gegen diesen Standpunkt geschwungen werden kann, ist der Vorwurf der Inkonsequenz, der gegen die erhoben werden kann, welche jenen Standpunkt einzunehmen bekennen. Denn es kann nicht verneint werden, dass das Bekennen des Glaubens an das Übernatürliche auch, wie eine logische Folgerung, das Führen eines Lebens in sich schliesst, das auch — wenigstens in einem gewissen Grade — übernatürlich ist: eines Lebens, dessen Güte wirklich die natürlichen Triebe menschlicher Wesen bemeistert, wie Jesus selbst es in seiner „Bergpredigt" betont hat. Die Folgerichtigkeit des Bekenners des Evangeliums Christi beansprucht freilich nicht einen hohen Grad des Glaubenseifers, aber sie fordert die volle Wahrheit der christlichen Heiligkeit. Christi dringliche Frage lautete ja „Was thut ihr Sonderliches?" (Matth. 5, 47), und seine unmissverständliche Behauptung ist diese: „Ich sage euch, es sei denn eure Gerechtigkeit besser, als die der Schriftgelehrten und Pharisäer, so werdet ihr nicht in das Himmelreich kommen" (5, 20). An diesem Massstabe gemessen, ist das Christentum — der Christen — in einem gewissen Grade ein Misserfolg. Die Gegner des Übernatürlichen, die bei ihren Angriffen auf die Wurzeln des Christentums zurückgeschlagen worden sind, können also vielleicht eine Revanche bekommen bei ihren Angriffen auf die Zweige des Christentums.

Indes sogar dieser Schlag der Gegner des Christentums verfehlt sein Ziel. Denn die menschliche Seite des Evangeliums, wie sie an erklärten Christen sichtbar wird, mag immerhin der Kritik eine Blösse geben, aber die Stellung des Evangeliums selbst zur sittlichen Wahrheit kann nur an Christus selbst geprüft werden. Nicht die falsche Darstellung des göttlichen Ideals in Menschen kommt dabei in Betracht, sondern dessen wahre Darstellung in Christo. Dagegen die Frage, ob Christen das ganz sind, was sie sein sollen, kümmert den Ungläubigen in Wirklichkeit nicht. „Jeder Knecht steht oder fällt seinem eigenen Herrn" (Röm. 14, 4).

Dieser Herr steht aber vor uns, wie er sich durch neunzehn Jahrhunderte hindurch in der Erhaltung seiner Kirche verklärt hat. Gern möchten wir noch immer unsere Augen vor der Glorie des Geheimnisses der wahrhaftigen Verkörperung Gottes in unserer Mitte verschliessen, indes an beunruhigte moderne Denker wendet sich ebenso ernsthaft, wie an seine ersten erschreckten Jünger, die freundliche Zurechtweisung „Wollt ihr auch weggehen?" [Joh. 6, 67]. Und von den Geistern der heutigen Menschen, die durch die spätere Erkenntnis klar und scharfsichtig gemacht sind, und aus den menschlichen Herzen, die durch eine tiefere Erfassung der Sünde und des Wehes der ganzen Welt beschwerter geworden sind, da mag wohl die Antwort kommen: „Zu wem sollen wir gehen? Du hast Worte des ewigen Lebens."

Aber wenn jetzt, wie in den Tagen seines irdischen Dienstes, noch Menschen geneigt gefunden werden sollten, sich wegen Schwierigkeiten seiner Lehre von ihm wegzuwenden, und sprechen: „Das ist eine harte Rede, wer kann sie hören?" [Joh. 6, 60], so bleibt noch ein Einwurf dagegen übrig, der ebenso feierlich, wie vernünftig ist. Wenn sie ihn für einigermassen weise oder gut halten, so sollten sie wenigstens dies von ihm lernen, den Balken aus dem Auge ihrer eigenen Philosophie zu nehmen, ehe sie sich über den Splitter in dem Auge der Lehre Christi beklagen.

Es ist und muss immer das Unvernünftigste bleiben, die Mücken herauszuseihen und dann die Kamele zu verschlucken. Weil das nun aber das Verfahren ist, zu dem die Verwerfung des Übernatürlichen unvermeidlich hinführt, so war ein hochangesehener gelehrter Franzose im guten Rechte, wenn er einem Bekämpfer des Christentums entgegnete: „Ich bin nicht leichtgläubig genug, um ein Ungläubiger zu sein."

Reprint Publishing

FÜR MENSCHEN, DIE AUF ORIGINALE STEHEN.

Bei diesem Buch handelt es sich um einen Faksimile-Nachdruck der Originalausgabe. Unter einem Faksimile versteht man die mit einem Original in Größe und Ausführung genau übereinstimmende Nachbildung als fotografische oder gescannte Reproduktion.

Faksimile-Ausgaben eröffnen uns die Möglichkeit, in die Bibliothek der geschichtlichen, kulturellen und wissenschaftlichen Vergangenheit der Menschheit einzutreten und neu zu entdecken.

Die Bücher der Faksimile-Edition können Gebrauchsspuren, Anmerkungen, Marginalien und andere Randbemerkungen aufweisen sowie fehlerhafte Seiten, die im Originalband enthalten sind. Diese Spuren der Vergangenheit verweisen auf die historische Reise, die das Buch zurückgelegt hat.

ISBN 978-3-95940-078-7

Faksimile-Nachdruck der Originalausgabe
Copyright © 2015 Reprint Publishing
Alle Rechte vorbehalten.

www.reprintpublishing.com

www.ingramcontent.com/pod-product-compliance
Lightning Source LLC
Chambersburg PA
CBHW062004220426
43662CB00010B/1222